人工智能驱动下

企业管理的
变革与实践

薛培琼　齐　影◎著

RENGONG ZHINENG QUDONG XIA
QIYE GUANLI DE
BIANGE YU SHIJIAN

山西出版传媒集团
SHANXI PUBLISHING MEDIA GROUP

山西经济出版社

图书在版编目（CIP）数据

人工智能驱动下企业管理的变革与实践 / 薛培琼，
齐影著. —太原：山西经济出版社，2024.10
ISBN 978-7-5577-1389-8

Ⅰ. F272.7

中国国家版本馆 CIP 数据核字第 20242GT278 号

人工智能驱动下企业管理的变革与实践

著　　者：薛培琼　齐　影
责任编辑：郭正卿
装帧设计：中北传媒

出 版 者：山西出版传媒集团·山西经济出版社
地　　址：太原市建设南路 21 号
邮　　编：030012
电　　话：0351-4922133（市场部）
　　　　　0351-4922085（总编部）
E-mail：scb@sxjjcb.com
　　　　　zbs@sxjjcb.com

经 销 者：山西出版传媒集团·山西经济出版社
承 印 者：三河市龙大印装有限公司

开　　本：710mm×1000mm　1/16
印　　张：18.5
字　　数：280 千字
版　　次：2025 年 1 月　第 1 版
印　　次：2025 年 1 月　第 1 次印刷
书　　号：ISBN 978-7-5577-1389-8
定　　价：99.00 元

前　言

在科技日新月异的今天，人工智能（artificial intelligence，AI）已经逐渐成为推动企业发展的重要力量。人工智能技术凭借其独特的智能化、自动化和数据分析能力，正在深刻改变着企业管理的理念、方法和实践，为企业注入新的活力，同时也给企业带来了前所未有的机遇与挑战。

在过去，企业管理主要依赖于人的经验、直觉和有限的数据信息。然而，随着人工智能技术的崛起，企业管理的边界正在逐渐拓宽，传统的以人为中心的管理模式正逐步向数据驱动、智能化决策的方向转变。人工智能技术不仅可以帮助企业快速、准确地分析和处理海量数据，还能通过学习算法不断优化决策模型，使企业的决策更加科学、精准和高效。

本书旨在探讨人工智能如何重塑企业管理，期望为企业在人工智能时代下的管理变革提供有价值的参考。本书共分为十章，以下是对本书内容的简单介绍。

第一章主要讲述了人工智能和企业管理，并探讨了人工智能对企业管理的影响。笔者希望通过对基础知识的介绍，让读者对人工智能和企业管理有一个全面的了解，为后续的管理变革与实践打下基础。

第二章至第九章主要讲述了人工智能如何推动企业管理的变革。笔者分析了人工智能对企业组织结构、决策过程、人力资源管理、运营管理、战略管理、财务管理、市场营销、企业文化、客户服务和创新管理的影响，揭示了人工智能在企业管理中的巨大潜力。

第十章主要讲述了人工智能驱动下的企业实践研究。同时，笔者也关注到人工智能技术在应用过程中所面临的挑战，如数据安全、隐私保护、伦理道德等问题，并提出了相应的对策与建议。另外，笔者对人工智能技术在企业管理中的应用进行了展望，希望能够帮助读者把握未来企业发展的脉搏。笔者相信人工智能将在企业管理中发挥更加重要的作用。随着技术的不断进步和应用场景的不断拓展，人工智能将为企业带来更加智能化、高效化的管理体验。

本书由郑州商学院薛培琼和齐影编写。具体分工为：薛培琼编写第一章、第三章、第四章、第五章、第六章、第七章；齐影编写第二章、第八章、第九章、第十章。

总之，本书是一本全面、系统地探讨人工智能在企业管理中应用的著作。笔者希望通过本书的研究和分享，能够帮助读者更好地理解和应用人工智能技术，推动企业管理变革，实现企业的持续发展与创新。最后，笔者也期待与广大读者一同探讨人工智能在企业管理中的未来发展方向，共同推动企业管理领域的进步与发展。

因为时间关系，加之笔者水平有限，书中难免存在考虑不周及疏漏之处，希望广大读者批评指正。

目录
CONTENTS

第六章

人工智能与企业战略管理 ·········· **127**

第九章

人工智能与企业文化、客户服务和创新管理 ············ **193**

第十章

人工智能驱动下的企业实践研究 ………… **233**

第一章　绪　论

第一节　人工智能

一、人工智能的概念

工具的发明是手的延伸，汽车的发明是脚的延伸，而计算机的发明，则是人脑的延伸。因此，当计算机出现以后，智能的概念就得到了延伸和扩展。到 20 世纪 60 年代，计算机的软硬件技术已经相对发展成熟，于是出现了一种有别于人的智能的一个新概念：人工智能。[①] 人工智能是一项源自计算机学科的技术，经过长时间的演进和拓展，已逐步发展成一个跨学科的综合领域。在人工智能时代，那些过去只能依赖人类劳动完成的任务，现在可以通过计算机高效快速地完成。目前，人工智能已经成为一个被国际学术界充分认可的独立学科，使计算机得以模拟并展现出人类某些智能行为。具体来说，人工智能是关于知识的学科，是如何表达知识以及怎样获取知识并实际应用的科学技术。[②]

① 刘玉然.谈谈人工智能在企业管理中的应用［J］.价值工程，2003（4）：95-96.
② 韩晔彤.人工智能技术发展及应用研究综述［J］.电子制作，2016（12）：95.

一般来说，可以从"强人工智能"和"弱人工智能"两个角度去认识人工智能。称作智能机器的弱人工智能，能够自主地在各种情境下执行各种类似人类的任务。它旨在让机器或计算机系统来处理一些原本由人类完成的工作，比如会计的工作。而强人工智能则追求机器像人类一样进行思维活动，例如识别、感知、理解、设计等。这要求机器具有自主的思考能力，能够理解外部环境并主动做出决策和行动，其表现类似于人类，甚至可能比人类反应更为卓越和可靠。但是不管分类和定义如何，人工智能作为20世纪的三大尖端技术（空间技术、能源技术和人工智能），同时也被认为是21世纪的三大尖端技术（基因工程、纳米科学、人工智能）正在蓬勃发展。[①] 人工智能的研究是一项技术性和专业性极高的工作，其涉及领域广泛。

二、人工智能的发展历程

人工智能的演进可以溯源至20世纪50年代，经历了三个主要的发展阶段。首先是20世纪50—80年代，这一时期被视为人工智能领域的萌芽阶段。在那个时候，符号主义理论飞速发展，然而受到很多事物无法被正式表述的限制，因此所构建的模型存在一定程度的不足。随着计算任务变得越来越复杂，人工智能的发展逐渐遇到了瓶颈。其次是20世纪80—90年代末，这一时期可以被视为专家系统大放异彩的阶段。数学模型取得了重大的突破，然而由于高昂的研发成本等因素，人工智能的发展再度受挫。最后是21世纪初至今，这段时期可谓是人工智能走向新时代的时期。人工智能在多个应用领域取得了重大进展，开启了一个新时代的繁荣。

在技术上，人工智能也实现了多个重要突破，包括深度学习技术的突破、自然语言处理技术的突破、智能机器人技术的突破，以及自动驾驶技术的突破等。这些技术的发展和应用进一步推动了人工智能的进步。此外，人工智能模型也在不断地演变和进化，从单一模式转向多模态，使人工智能能够更好地理解和处理不同类型的信息，为用户提供更高效、更个性化

① 贺倩. 人工智能技术发展研究［J］. 现代电信科技，2016，46（2）：18-21.

的服务。

总的来说，人工智能的发展历程是一个不断创新和进步的过程，其研究领域和应用范围都在不断扩大，为人类的生活和工作带来了前所未有的便利和改变。

三、人工智能的特征

第一，由人类设计并面向人类，其实质在于执行计算逻辑并依赖数据支撑。

在最根本的层面上，人工智能系统需以人类为核心。这些系统是人类智慧的结晶，它们由人类精心构建，遵循着人类精心设定的复杂程序，借助人类创造的高科技硬件设备来运行和操作。人工智能的精髓在于其强大的计算能力，通过对海量数据的精准处理，形成高效、准确的信息流。人工智能的根本目的在于拓展人类的能力边界，模拟并优化某些"智能行为"，以满足人类社会的多元化期望和需要。

第二，能感知环境，做出反应并与人类进行互动。

这种系统应当具备利用各种设备来感知外部环境的能力，从而像人类一样通过各种感觉器官接收并处理环境传递的信息。在面对外部输入时，系统具备产生相应反应的能力，甚至能够对环境和人类产生一定程度的影响。借助多种交互手段，人类与人工智能系统之间可以建立起互动关系，从而实现人工智能系统对人类行为的"理解"，甚至与人类相互补充优势。这种交互模式有助于人工智能系统协助人类完成那些人类并不擅长或不愿意从事但机器可以胜任的工作，同时让人类专注于那些更需要创造力的工作领域。

第三，具备适应性、学习能力、进化选择以及连接延伸的特征。

在最理想的情况下，人工智能系统应当具备某种程度的自适应特性和学习能力。具体来说，它应该能够根据所处环境、所处理数据或任务的变化而灵活地调整其参数或更新优化模型，以实现自我不断优化和适应的目标。此外，人工智能系统还应具备与云计算、边缘计算、人类以及物联网等广泛而深入的数字化连接扩展的能力，以促进机器客体和人类主体的进化迭代。通过这种连接扩展，系统能够不断演化和升级，从而更好地适应不断变化的现实环境，为各行各业提供丰富的人工智能应用场景。

四、人工智能的技术基础

（一）机器学习

机器学习是一门多领域交叉学科，涉及概率论、统计学等多门学科。它专门研究计算机如何模拟或实现人类的学习行为，以获取新的知识或技能，并重新组织已有的知识结构，从而不断改善自身的性能。机器学习是使计算机具有智能的根本途径，是人工智能中最具有智能特征的前沿研究领域之一。[①]

随着技术的不断发展，机器学习领域涌现出了许多重要的算法和模型，如人工神经网络模型等。同时，机器学习也在各个领域中得到了广泛的应用，如物体识别和智能驾驶、市场营销和个性化推荐等。在物体识别和智能驾驶方面，机器学习可以帮助计算机识别图像和视频中的物体，并进行分类和标记，从而实现智能驾驶等功能。在市场营销领域，机器学习可以分析用户的购买行为和偏好，提供个性化的产品推荐和定制化的营销策略。

随着技术的不断进步，机器学习领域的研究也在不断深入。例如，深度学习的概念被提出并得到了广泛的应用，使机器能够处理更加复杂的数据和任务。同时，新的算法和模型也在不断被提出和优化，进一步提高了机器学习的性能和效率。

机器学习的优点主要体现在几个方面。第一，自动化处理大量数据。机器学习技术可以自动处理大量数据，避免人工处理时可能出现的错误和遗漏，提高处理效率。这使机器学习在大数据处理和分析方面表现出色，能够更准确地揭示数据中的规律。第二，模型泛化能力强。机器学习算法可以通过训练建立出具有泛化能力的模型，这意味着模型能够在新数据集

① 丁世飞.人工智能导论（第 3 版）[M].北京：电子工业出版社，2020：164.

中表现良好，而不仅仅是表现在训练数据集中。这使机器学习技术在现实生活中具有广泛的实用价值。第三，自学习能力强。机器学习算法具有自我学习和优化的能力，可以从数据中不断学习，改进自身的性能。这使机器学习能够适应变化的数据和环境，提高预测和分类的准确性。

然而，机器学习也存在几个方面的不足。第一，数据依赖性。机器学习模型的性能和质量高度依赖于训练数据的质量和代表性。如果训练数据存在偏差或缺乏代表性，模型的性能可能会受到影响。此外，机器学习对数据的质量要求很高，需要大量的标注数据才能训练出准确的模型，这可能会增加数据采集和标注的成本和时间。第二，解释性和可解释性不足。机器学习模型通常被视为黑盒子，难以解释其内部的决策逻辑。这使人们很难理解模型是如何得出某个决策或预测的，可能在某些需要解释决策过程的场景下造成困扰。第三，计算资源和存储空间需求大。机器学习需要大量的计算资源和存储空间来支持模型的训练和推理过程。这可能会增加实施机器学习技术的成本，特别是在处理大规模数据集和复杂模型时。

机器学习是一门充满活力和发展潜力的学科，它正在不断地改变着我们的生活和工作方式。随着技术的不断进步和应用场景的不断拓展，相信机器学习将在未来发挥更加重要的作用。

（二）知识图谱

知识图谱是一种基于图的数据结构，用于描述客观世界中概念、实体及其关系。它由节点和边组成，每个节点代表一个实体或概念，每条边表示实体与实体之间的语义关系。知识图谱可以理解为以图结构存储的语义网络，它将互联网的信息表达成更接近人类认知世界的形式，提供了一种更好地组织、管理和理解互联网海量信息的能力。现在的知识图谱已被用来泛指各种大规模的知识库。[1]

知识图谱源于 20 世纪 50 年代，发展至今可大致分为三个阶段。在人工智能技术的蓬勃发展下，底层图数据库存储、算力规模化部署等知识图谱关键技术难点得到一定程度解决。这使知识图谱在各个领域得到了广泛

---

[1] 杨正洪，郭良越，刘玮.人工智能与大数据技术导论［M］.北京：清华大学出版社，2019：373.

的应用，如智能问答、推荐系统、语义搜索等。

在构建知识图谱时，实体识别和链接是一个关键步骤。实体识别是从文本中识别出命名实体，如人名、地名等。这些实体在知识图谱中被表示为节点，并通过边与其他实体或概念相连。通过实体识别和链接，知识图谱能够建立起实体之间的关联，进一步丰富和完善图谱的结构和内容。

知识图谱具有一些明显的优点，主要体现在几个方面。第一，数据整合与统一。知识图谱能够有效地整合和统一不同来源的数据，无论是结构化的还是非结构化的数据，都可以被纳入图谱中，形成一个统一的知识库。第二，语义推理与查询。通过图谱中的节点和边，可以进行复杂的语义推理和查询，从而发现数据之间的隐藏模式和关联，为决策提供有力支持。第三，可视化展示。知识图谱能够以图形化的方式展示知识，使知识更加直观和易于理解，有助于用户快速获取所需信息。第四，可扩展性与灵活性。知识图谱具有较好的可扩展性和灵活性，可以随着数据的增加而不断完善和扩展，适应不同的应用场景。

然而，知识图谱也存在一些缺点，主要体现在几个方面。第一，数据质量问题。由于知识图谱的数据来源广泛，可能存在数据质量不一致、不准确等问题，这会影响图谱的准确性和可靠性。第二，构建与维护成本。构建和维护一个大规模、高质量的知识图谱需要投入大量的人力、物力和财力，包括数据收集、清洗、标注、推理等多个环节。第三，技术挑战。知识图谱的构建和应用涉及多个领域的知识和技术，如自然语言处理、机器学习等，具有较高的技术门槛。第四，隐私与安全问题。知识图谱中包含大量的个人信息和敏感数据，如何保护用户隐私和数据安全是一个需要关注的问题。

知识图谱在数据整合、语义推理和可视化展示等方面具有显著优势，但也面临着数据质量、构建成本、技术挑战和隐私安全等问题。在实际应用中，需要根据具体需求和场景来权衡这些优缺点，选择适合的方案和技术来构建和应用知识图谱。

知识图谱是一种强大的工具，它能够帮助我们更好地理解和利用互联网上的海量信息。随着技术的不断进步和应用场景的不断拓展，知识图谱将在未来发挥更加重要的作用。

（三）自然语言处理

自然语言处理是计算机科学领域与人工智能领域的一个重要方向，研究能实现人与计算机之间用自然语言进行有效通信的各种理论和方法，涉及的领域较多，主要包括机器翻译、语义理解和问答系统等。[①]

自然语言处理不是一般地研究自然语言，而是在于研制能有效地实现自然语言通信的计算机系统，特别是其中的软件系统。因此，它是计算机科学的一部分，主要应用于机器翻译、自动摘要、观点提取、文本分类、问题回答、文本语义对比、语音识别等方面。

在进行自然语言处理之前，通常需要对文本进行预处理，以便更好地应用各种自然语言处理方法。文本预处理的步骤可以包括去除标点符号、停用词，进行词干提取或词形还原等。通过预处理可以降低文本的难度，并去除一些干扰信息，帮助模型更好地理解文本。

在自然语言处理中，词袋模型是一种常见的自然语言处理方法，它将文本表示为词汇表中词语的计数向量。在词袋模型中，文本的顺序和语法结构被忽略，只关注词语的出现次数。

近年来，自然语言处理领域取得了显著的进展。预训练模型已经进步，使人工智能能够在聊天机器人和虚拟助手中生成更连贯的上下文感知响应。多模态自然语言处理的发展使自然语言处理正在与计算机视觉融合，允许人工智能将文本和图像一起处理以获得更丰富的理解。此外，对话式人工智能、语言翻译、内容生成、情感分析等方面的进步也改变了我们与人工智能系统的交互方式，提高了生产力和创造力。

自然语言处理是涉及多个学科领域的复杂任务，它的发展为我们提供了更自然、更高效的人机交互方式，为人工智能的广泛应用奠定了坚实基础。

自然语言处理涵盖了多个方面的应用，以下是一些自然语言处理的例子。第一，机器翻译。谷歌翻译等应用就是利用了自然语言处理技术，实现了一种语言到另一种语言的自动翻译功能。例如，用户可以将英文文本输入应用中，应用会自动将其翻译成中文。第二，智能客服。许多企业使

① 刘刚，张果峰，周庆国．人工智能导论［M］．北京：北京邮电大学出版社，2020：9.

用自然语言处理技术创建智能客服系统，这些系统能够理解和回答用户的问题，提供产品信息，甚至处理投诉。通过理解用户的自然语言输入，智能客服系统能够为用户提供个性化的服务。第三，文本分类。新闻网站可能使用自然语言处理技术对新闻进行分类，将不同主题的新闻归类到相应的栏目中，帮助读者更快地找到他们感兴趣的内容。第四，情感分析。在社交媒体监控或市场分析中，情感分析是一项关键任务。通过自然语言处理技术，可以对用户的评论或反馈进行情感分析，判断其是正面的、负面的还是中性的，从而帮助企业了解用户对产品的态度和情绪。第五，问答系统。它能够理解用户提出的问题，并从大量的文本或知识库中提取信息，生成准确的回答。这些只是自然语言处理的一些例子，实际上，自然语言处理的应用领域还在不断扩大，未来我们可能会看到更多创新的应用出现。

（四）人机交互

人机交互，顾名思义，就是人和机器系统的互动。它是指通过计算机输入、输出设备，以有效的方式实现人与计算机对话的技术。无论是收音机的播放按键、飞机上的仪表板，还是发电厂的控制室，都是人机交互技术的应用实例。

人机交互的核心在于理解和满足用户的需求。为了实现这一目标，认知理论被广泛应用于人机交互的设计和评估中。这包括了解用户的感知能力、信息加工过程、记忆和注意力，以及语言和交流方式，从而设计出符合人类认知规律的界面。

随着技术的发展，人机交互体验得到了大幅提升。例如，增强现实和虚拟现实技术的发展，使用户能够更加直观、自然地与计算机系统进行交互。同时，自然语言处理技术的进步也使人们可以用更自然、方便的语言与计算机进行交互，而不仅仅是机械地输入指令。

此外，人机交互技术还在不断发展中，呈现出许多新的趋势。例如，情感识别技术、个性化推荐算法、智能家居与物联网的融合等，都为人机交互带来了新的可能性。然而，随着人工智能的广泛应用，数据安全和隐私保护也成为人机交互领域需要关注的重要问题。

人机交互是一门包括多个学科在内的交叉技术，其目标是创建一个友好、直观和高效的交互环境，以满足用户的需求。人机交互包含多方面的内容，下面对语音交互、情感交互、体感交互及脑机交互进行详细介绍。

1. 语音交互

语音交互是指用户与设备通过自然语音进行信息的传递和沟通。这是一种直接、自然且高效的交互方式，使用户能够无需复杂操作即可与设备进行交互。语音交互的实现主要依赖于语音识别和自然语言处理等技术。

一次完整的语音交互过程通常包括以下几个步骤，首先，设备通过语音识别技术将用户的语音输入转化为文本或命令。其次，设备利用自然语言处理技术对转化后的文本进行理解和分析。最后，设备根据理解的结果执行相应的操作或给出相应的回应。

语音交互的应用范围非常广泛，涵盖了智能家居、智能助手、智能客服、医疗保健、教育、金融、物联网和娱乐等多个领域。例如，在智能家居中，用户可以通过语音控制家电设备，如打开电视、调节空调温度等；在智能助手中，用户可以通过语音查询天气、设置提醒等；在医疗保健领域，语音交互可以帮助医生更高效地获取病人的病史信息，提高诊断效率。

随着技术的不断进步，语音交互的准确性和效率也在不断提高。未来的语音交互将更加自然、智能和个性化，能够更好地理解和满足用户的需求。同时，随着多模态交互技术的发展，语音交互将与其他交互方式（如手势、视觉等）相结合，为用户提供更丰富、更便捷的交互体验。

然而，语音交互也面临一些挑战，如噪声干扰、口音识别、隐私保护等问题。为了克服这些挑战，研究者们正在努力提高语音识别技术的抗干扰能力，优化口音识别算法，并加强数据安全和隐私保护措施。

语音交互是一种具有广阔应用前景的交互方式，它正在改变人们的生活方式和工作方式，为人们带来更加便捷、高效和智能的交互体验。

2. 情感交互

情感交互是一种交互状态，旨在赋予计算机类似于人一样的观察、理解和生成各种情感的能力，从而使计算机能够与人进行自然、亲切和生动的交互。它是人工智能领域中的热点方向，目标在于让人机交互变得更加自然。然而，目前在情感交互信息的处理方式、情感描述方式、情感数据获取和处理过程、情感表达方式等方面还存在诸多技术挑战。

　　情感交互在多个领域都有着广泛的应用。在移动应用产品设计中，情感交互通过分析文本信息中的情感，可以用于电子商务产品的用户反馈分析、网络搜索产品的个性化检索以及网络社区或游戏产品的用户兴趣挖掘等方面。这些应用不仅能够提升用户体验，还有助于商家高效地利用用户的反馈信息，以及在社会关系网络分析中挖掘潜在的应用价值。

　　此外，情感识别技术也在人与机器交互中发挥着重要作用。通过分析声音的音调和语调等特征，机器可以推测出人的情感状态，从而更准确地理解用户的需求和情绪。这种情感识别能力在智能助手、虚拟现实和教育等领域得到了广泛应用，并有望在未来进一步拓展其应用场景。

　　尽管情感交互在技术上还存在一些挑战，但随着人工智能和机器学习技术的不断发展，相信未来情感交互将更加成熟和精准。它有望为我们带来更加智能、人性化的交互体验，使人与机器之间的交流更加自然和顺畅。

3. 体感交互

　　体感交互是一种新型的人机交互方式，它允许用户通过自己的身体动作、手势、语音等自然方式与计算机或其他智能设备进行交互，而无需依赖传统的键盘、鼠标或触摸屏等输入设备。

　　体感交互技术基于对人体动作和姿态的精确识别与分析，通过传感器、摄像头等设备捕捉用户的动作信息，并将其转化为计算机可理解的指令。这使用户可以更加直观、自然地与计算机进行交互，提高了交互的效率和用户体验。

　　在体感交互中，用户可以用手势来控制屏幕上的光标移动、点击按钮、滑动页面等，就像在空中操作一样。此外，体感交互还支持全身动作识别，用户可以通过身体的移动和姿态来与游戏中的角色进行互动，或者在虚拟现实中模拟各种动作和场景。

　　体感交互技术的应用领域非常广泛。在游戏娱乐领域，体感游戏为玩家带来了更加沉浸式的游戏体验，让他们能够全身心地投入游戏。在教育培训领域，体感交互技术可以帮助学生更加直观地理解抽象概念，提高学习效果。在医疗康复领域，体感交互技术可以用于辅助患者进行康复训练，监测其动作和姿态，提供及时的反馈和指导。

然而，尽管体感交互技术具有许多优点，但其发展仍面临一些挑战。例如，如何提高识别精度和稳定性，如何降低设备成本和功耗，如何保护用户隐私和数据安全等问题，都需要进一步研究和解决。

体感交互作为一种新型的人机交互方式，为用户带来了更加自然、直观的交互体验，具有广阔的应用前景和发展潜力。随着技术的不断进步和应用的深入拓展，相信体感交互将在未来发挥更加重要的作用。

4. 脑机交互

脑机交互，也称为脑机接口，是一种新兴的技术领域，它旨在不依赖于外围神经和肌肉等神经通道，直接实现大脑与外界信息的传递。这种技术通过检测中枢神经系统活动，并将其转化为人工输出指令，从而能够替代、修复、增强、补充或者改善中枢神经系统的正常输出。

脑机交互技术的工作原理主要是通过对神经信号进行解码，实现脑信号到机器指令的转化。这通常包括信号采集、特征提取和命令输出三个模块。从脑电信号采集的角度，脑机接口可以分为侵入式和非侵入式两大类。此外，根据信号传输方向的不同，脑机接口还可以分为脑到机、机到脑和脑机双向接口；根据信号生成的类型，可分为自发式脑机接口和诱发式脑机接口；根据信号源的不同，可分为基于脑电的脑机接口、基于功能性核磁共振的脑机接口以及基于近红外光谱分析的脑机接口等多种类型。

脑机交互技术的应用领域十分广泛。在医疗领域，它可以帮助中风患者、神经损伤患者等进行康复训练，甚至在治疗神经疾病方面，也取得了一定的成果。在智能家居领域，脑机交互技术可以通过识别人体脑电波的信号，控制家电设备的开关、音量等操作，甚至能够识别环境，调节室内温度、光亮等。在游戏娱乐领域，脑机交互技术可以将用户的脑电波信号转化成对应的游戏操作信号，实现玩家通过简单的思考来控制游戏角色。此外，在教育领域，脑机交互技术也开始被应用于专业技能训练方面，通过读取学习者的脑电波信号，进行专业技能评估和培养。

随着脑机交互技术的不断进步，其应用场景也在不断拓展。例如，神经解码速度的提升使脑机接口能够更接近正常人的文字或语音输出速度，未来有望通过脑机接口实现更快速、更准确的意念控制。脑机交互技术的广泛应用，不仅有望为医疗健康、教育以及游戏娱乐等领域带来推动，未来还可能催生出全新的治疗模式、治疗工具和商业模式，为各个行业注入新的活力。

然而，尽管脑机交互技术具有巨大的潜力和广阔的应用前景，但目前仍面临一些挑战和限制。例如，如何实现更精确、更稳定的脑电信号采集和解析，如何确保脑机接口的安全性和隐私保护，如何降低技术成本和推动其普及等问题，都需要进一步的研究和探索。

脑机交互作为一种前沿技术，正在逐渐改变人类与机器的交互方式，为我们的生活和工作带来更多的可能性。随着技术的不断进步和应用场景的拓展，相信脑机交互将在未来发挥更加重要的作用。

（五）计算机视觉

计算机视觉是使用计算机模仿人类视觉系统的科学，让计算机拥有类似人类提取、处理、理解和分析图像以及图像序列的能力。[1]

具体来说，计算机视觉技术通过相机或其他图像采集设备获取图像或视频，然后对采集到的图像数据进行预处理，如去噪、调整亮度和对比度等操作，以提高后续算法的处理效果。接着，从处理后的图像中提取出特征，这些特征包括边缘、纹理、颜色等，这些特征可以用来描述图像中物体的属性。然后，利用特征匹配算法将检测到的目标与事先训练好的模型进行比对，从而识别出目标的类别。

计算机视觉技术已被广泛应用于各个领域，如自动驾驶汽车的识别和感知、工业制造领域的机器人视觉系统、医疗诊断的影像分析、安防监控的人脸识别、增强现实的虚拟现实应用，以及垃圾分类、农业、娱乐等多个领域。

随着人工智能技术的飞速发展，计算机视觉作为其中一个重要分支，正在经历从简单的图像识别到深层次图像理解的智能升级。深度学习，特别是卷积神经网络的广泛应用，为计算机视觉技术带来了革命性的变革。计算机不仅能够识别图像中的物体，还能理解物体的属性、关系和上下文信息，从而实现更高级别的图像理解。

① 刘刚，张果峰，周庆国.人工智能导论［M］.北京：北京邮电大学出版社，2020：12.

计算机视觉技术的应用相当广泛且多样，以下是一些关键领域和应用示例。第一，自动驾驶汽车。自动驾驶汽车依赖计算机视觉技术感知道路、识别交通标志、检测行人和其他车辆，以确保安全驾驶。使用目标检测识别道路上的障碍物，并使用姿态估计跟踪其他车辆的位置和速度。第二，医学影像分析。计算机视觉在医学领域中的应用包括病理图像分析、病人监测等。这有助于医生更准确地诊断和治疗疾病。第三，安全监控。监控摄像头使用计算机视觉技术来检测入侵者、异常活动和火灾等事件。图像识别和目标检测用于实时监控，并可以提供报警和自动化响应。第四，智能家居。智能家居中的摄像头可以通过计算机视觉技术识别人脸、手势等信息，从而自动启动家庭设备。例如，当走到门口时，摄像头会识别面部特征，自动开启门锁。第五，农业。计算机视觉可用于监测农作物生长、检测病虫害、预测产量等。第六，增强现实。通过智能手机或耳机等设备将数字信息叠加到现实世界，实现逼真的交互式体验。第七，自然语言识别。与计算机视觉技术结合，如语音指令控制智能家居设备或自动驾驶汽车。第八，零售业。无人商店使用图像识别来追踪顾客所选的商品，自动货架可以自动检测并记录商品的库存水平。

除此之外，还有更多交叉学科的应用，例如，将计算机视觉技术与脑机交互相结合，创造更加直观和自然的人机交互方式。同时，随着技术的不断进步，计算机视觉在虚拟现实、游戏娱乐等领域的应用也在持续拓展。总的来说，计算机视觉技术的最新应用正在不断推动各行业的智能化升级和变革，为人们的生活带来更多的便利和可能性。

（六）生物特征识别

生物特征识别技术是指通过个体生理特征或行为特征对个体身份进行识别认证的技术。[①]生物特征识别技术的基本原理是利用生物特征个体之间的差异性来进行身份鉴别。它通常包括特征提取、特征匹配和特征识别三个步骤。首先，特征提取是将生物特征从图像或信号中提取出来，形成数字化的特征数据。其次，特征匹配是将采集到的特征数据与已有的特征模

---

① 刘刚，张果峰，周庆国．人工智能导论［M］．北京：北京邮电大学出版社，2020：13.

型进行比较，确定两者之间的相似度。最后，特征识别是针对待识别的生物特征数据，通过比对已有的特征库，最终得出实际身份。

生物特征识别技术具有安全性好、不易丢失、难以仿冒和携带方便等诸多优点，因此，其应用场景广泛，涵盖了多个领域，以下是一些主要的应用场景。第一，安全领域。生物特征识别技术在安全领域的应用非常成熟。指纹识别、面部识别、虹膜识别等生物特征，由于其唯一性，被广泛应用于门禁系统、考勤系统、电子支付等领域，以提高安全性和便捷性。第二，金融领域。银行和金融机构也广泛采用生物特征识别技术进行身份验证，如使用面部识别或指纹识别进行交易验证，从而提高交易的安全性。第三，医疗领域。生物特征识别技术也在医疗领域得到了广泛应用。例如，指纹识别可以用于病人身份识别、医疗器械管理等方面。第四，执法和刑事识别。生物特征识别在执法中也有广泛应用，例如使用指纹和面部识别技术来识别嫌疑人或者寻找失踪人员。第五，机场安全。在机场，生物特征识别可以用于确认乘客身份，提高飞行的安全性。第六，个性化服务。在零售或其他服务行业，生物特征识别可以帮助提供更个性化的服务，提高客户满意度。第七，自动驾驶和车辆安全。在汽车行业，生物特征识别可用于驾驶员身份验证，评估驾驶员的注意力和疲劳度，从而提高行车安全。

此外，随着技术的不断发展，生物特征识别技术的应用前景正在不断扩大。例如，在计算机视觉技术的推动下，人脸识别技术正在变得更加精准和高效，进一步拓展了生物特征识别技术的应用领域。

总的来说，生物特征识别技术以其独特性和便捷性，正在逐步改变我们的生活和工作方式，为各个领域提供更高效、更安全的身份验证和管理手段。

（七）虚拟现实 / 增强现实

虚拟现实（Virtual Reality，VR）和增强现实（Augmented Reality，AR）是两种互补但不同的技术，它们在改变着我们与数字世界的交互方式。

虚拟现实是一种在计算机生成的环境中模拟真实环境中的人和物，并生成逼真的感官体验的技术。虚拟现实技术结合了多媒体技术、传感技术等，为用户提供了一种身临其境的、计算机仿真的虚拟世界中的体验。用户借助必要的装备与数字化环境中的对象进行交互，相互影响，获得近似真实环境的感受和体验，通过显示设备、跟踪定位设备、触觉交互设备、数据获取设备、专用芯片等实现。①

增强现实则是一种实时地计算摄影机影像的位置及角度并加上相应图像的技术，它将真实世界信息和虚拟世界信息"无缝"集成，形成一种新的互动体验。AR技术使用户能够在现实世界中看到并交互虚拟物体，且无需离开他们的实际环境。它可以通过智能手机或平板电脑等设备来实现，用户可以通过这些设备看到并与虚拟物体进行交互，从而扩展了信息访问和学习的可能性。

这两种技术都为用户提供了与数字内容的新颖互动方式，具有广阔的应用前景，以下是一些具体的例子。第一，游戏娱乐。虚拟现实技术为游戏玩家提供了身临其境的体验。玩家可以戴上VR头盔，进入一个完全虚拟的游戏世界中，与虚拟环境和其他角色进行实时互动。比如，探险冒险类游戏能让玩家感受到高山峭壁的险峻、沉入海底的深邃或是飞越峡谷的刺激。第二，建筑设计。设计师可以通过VR设备在虚拟环境中进行空间浏览和交互式设计，更直观地展示不同材料的效果，从而做出最佳的材料选择。VR技术还能帮助设计师在设计过程中进行"虚拟实地"测试，以确定建筑方案的可行性，并在最短的时间内找出方案中的问题，提高设计效率。第三，医学领域。VR在医学教育、手术模拟和培训、疼痛管理以及精神健康治疗等方面都有广泛的应用。例如，通过虚拟手术模拟器，医学学生和外科医生可以在高度逼真的环境中进行手术实践，提高手术技能和操作精确性。第四，教育领域。AR技术为实践教学提供了有力支持。学生可以通过AR技术参与虚拟实验，更直观、有效地了解实验原理和过程。同时，AR技术还可以将虚拟信息和实地情况结合起来，使学生感受到更加真实的场景信息。在课堂教学中，AR技术可以实现课件内容的互动、多媒体呈现，帮助学生更深入地理解和记忆学习内容。第五，日常生活。AR技术也在我们的日常生活中发挥着作用。例如，通过AR眼镜，我

① 刘刚，张果峰，周庆国．人工智能导论［M］．北京：北京邮电大学出版社，2020：15.

们可以在浏览商品时看到虚拟的试穿效果，或者在旅行时查看虚拟的导游信息，增强现实体验。

这些只是虚拟现实和增强现实技术应用的一部分例子，随着技术的不断进步和普及，这两种技术将在更多领域发挥更大的作用，为人们的生活带来更多便利和乐趣。然而，这两种技术也面临着一些挑战，如硬件性能的提升、内容创作的限制以及用户隐私和数据安全等问题。但随着技术的不断发展和完善，这些问题也有望逐步得到解决。

第二节　企业管理

一、管理

（一）管理的定义

所谓管理，实际上是指一定组织中的管理者，通过实施计划、组织、人员配备、指导与领导、控制等职能来协调他人的活动，使别人同自己一起实现既定目标的活动过程。[①] 管理是人类各种组织活动中最普通和最重要的一种活动。近百年来，人们把研究管理活动所形成的管理基本原理、方法和技术统称为管理学。作为一种知识体系，管理学是管理思想、管理原理、管理技能和管理方法的综合。随着管理实践的发展，管理学不断充实其内容，成为指导人们开展各种管理活动、有效达到管理目的的指南。

（二）管理的特征

为了更全面深刻地理解管理的概念，梳理管理学研究的内涵，可以从以下几个方面，进一步把握管理的几项核心特征。

① 杨爱华，梁朝辉，吴小林.企业管理概论［M］.成都：电子科技大学出版社，2019：4.

第一，管理具有社会性质。管理作为一种社会现象，广泛存在于人类社会的各个角落之中，可以说只要人类社会得以存在，管理就总会被引入其中，其普遍性不言而喻。

第二，管理活动所承载的实践主体是"组织"。管理活动总是在某种类型的组织内部展开，组织被定义为是由两个或两个以上个体构成，共同合作以实现共同目标的集体。

第三，管理实践的核心在于处理各类人际关系。对于从事管理的个体而言，其职责关键在于协调下属成员的行为，促使他人与自己共同致力于实现组织目标的行动。管理由人完成传递与处理组织中的各种事情，因此，管理者既管理人员又管理事务，管理实践实际上也就是管理人员，管理活动在每个环节上持续地与人互动。

（三）管理工作的内容

管理涵盖了一系列工作，它们共同构成了管理的基本框架，帮助管理者有效地实现组织目标。然而，实际的管理工作可能更加复杂和多样，需要根据具体情况进行调整和优化。

1. 计划

计划作为管理的首要步骤，具有举足轻重的地位。它不仅是组织行动的前提，更是确保目标得以实现的基础。计划涉及对未来趋势的预测。这要求管理者具备敏锐的市场洞察力和前瞻性思维，能够准确判断行业走向和市场变化。通过收集和分析相关信息，管理者可以预测未来的机遇和挑战，为组织的发展提供有力指导。设立目标是计划的核心内容。目标为组织的发展指明了方向，使团队成员能够明确自己的工作职责和期望成果。管理者需要确保目标的具体性、可衡量性和可实现性，以便为团队提供清晰的行动指南。

在确定策略方面，计划要求管理者根据组织的实际情况和目标要求，制定切实可行的行动方案。这些策略应充分考虑组织的资源、能力和竞争环境，以确保组织在激烈的市场竞争中保持优势。此外，规划资源的需求也是计划的重要环节。管理者需要评估组织现有资源的状况，预测未来资源的需求，并制订相应的资源调配计划。这有助于确保组织在关键时刻能够获取足够的资源支持，实现既定目标。通过制订良好的计划，管理者可以有效地引导团队朝着正确的方向前进。计划为团队成员提供了明确的行动框架和预期成果，使他们能够有目的地开展工作，避免盲目和随意。同时，计划也有助于确保资源的有效利用，减少浪费和损失，提高组织的整体绩效。

计划是管理工作的基石，它能够为组织的发展提供有力支持。管理者应重视计划的制订和实施，不断优化和完善计划内容，以适应不断变化的市场环境和组织需求。

2. 组织

组织作为管理的核心工作之一，其重要性不言而喻。一个高效的组织能够将各种资源有效整合，形成强大的合力，从而有力地执行组织计划，实现既定目标。以下是关于组织工作的详细阐述。

首先，设计合理的组织结构是组织工作的基石。一个良好的组织结构应当清晰明了，能够明确各部门和岗位的职责和权限，避免职能重叠和遗漏。同时，组织结构还应当具有一定的灵活性和适应性，能够随着组织的发展和市场的变化进行调整和优化。

其次，分配任务是组织工作的重要环节。管理者需要根据组织目标和员工能力，合理分配工作任务，确保每项任务都能够得到妥善处理和完成。在分配任务时，管理者还应考虑任务的优先级和紧急程度，确保重要任务能够得到优先处理。

再次，协调活动也是组织工作不可或缺的一部分。在组织运行过程中，各部门和团队之间需要密切协作，共同完成任务。管理者需要协调各方资源，确保各项活动能够顺利进行，解决可能出现的冲突和问题。通过有效的协调，可以提高组织的运行效率，减少浪费和损失。

最后，管理资源也是组织工作的重要职责。管理者需要对组织的资源进行合理调配和使用，确保资源能够得到充分利用，避免资源的浪费和闲置。同时，管理者还应关注资源的获取和更新，确保组织能够持续获得所需的资源支持。

组织工作对于实现组织目标具有至关重要的作用。一个高效的组织能够确保团队成员之间的有效合作，推动整个组织朝着共同的目标努力。因此，管理者应重视组织工作，不断优化和完善组织结构，合理分配任务和资源，提高组织的运行效率和绩效。

3. 领导

领导作为管理工作的灵魂，其重要性不言而喻。一个优秀的领导者能够激发团队成员的积极性和创造力，引导他们面对挑战，克服困难，共同实现组织目标。以下是关于领导工作的详细阐述。

首先，领导的核心在于指导和影响下属。管理者通过自身的言行和示范，向团队成员传达组织的价值观和期望。他们利用赋予的权力，确保团队成员能够明确自己的职责和目标，并按照既定的方向努力工作。同时，领导者还需关注团队成员的个人发展和成长，为他们提供必要的支持和资源，帮助他们不断提升能力和技能。

其次，有效的领导需要激发团队成员的积极性和创造力。这要求领导者具备敏锐的观察力和洞察力，能够及时发现团队成员的潜力和优势，并为他们提供合适的舞台和机会。通过设定具有挑战性的目标和任务，领导者可以激发团队成员的斗志和热情，使他们能够充分发挥自己的才能和创造力，为组织的发展贡献力量。

再次，领导者还需要具备应对挑战和解决问题的能力。在组织运行过程中，难免会遇到各种困难和挑战。这时，领导者需要保持冷静和理智，迅速作出决策并采取措施，确保组织能够顺利渡过难关。同时，领导者还应关注团队成员的情绪和心态，及时为他们提供心理支持和帮助，使他们能够保持积极向上的态度，共同面对挑战。

最后，领导工作还包括为团队成员提供指导和支持。领导者需要关注团队成员的工作进展和成果，及时给予反馈和建议，帮助他们改进工作方法和提高效率。同时，领导者还应关注团队成员的职业规划和发展路径，为他们提供必要的培训和晋升机会，促进他们的个人成长和职业发展。

总而言之，领导工作是管理工作的核心和灵魂。一个优秀的领导者能够激发团队成员的积极性和创造力，引导他们面对挑战、克服困难、实现目标。因此，管理者应重视领导工作，不断提升自己的领导能力和水平，为组织的发展提供有力的保障。

4. 协调

协调是管理工作中至关重要的一个环节。作为管理者，其核心职责之一便是确保组织内部不同部门和团队成员之间的顺畅沟通与合作，以便高效地完成共同的任务和目标。协调工作的具体内容有以下几点。

一是沟通桥梁的建立。管理者需要充当组织内部各部门和团队之间的沟通桥梁，确保信息准确、及时被传递。这有助于减少误解和冲突，提高工作效率。二是资源的分配与调整。根据各部门和团队的实际需求，管理者需要合理分配资源，包括人力、物力、财力等。当资源出现短缺或过剩时，管理者需要及时进行调整，确保资源的有效利用。三是冲突的解决与调解。在组织运行过程中，难免会出现各种冲突和问题。管理者需要具备敏锐的洞察力和高效解决问题的能力，及时介入并妥善处理这些冲突，维护组织的稳定和谐。四是任务的协同与进度把控。管理者需要确保各项任务能够按照既定的计划和要求顺利进行。这包括协调各部门和团队之间的合作，确保任务的衔接和配合，同时关注任务的进度，确保按时完成。五是建立激励机制。为了激发团队成员的积极性和创造力，管理者需要设计合理的激励机制，如奖励制度、晋升渠道等。这有助于增强团队的凝聚力和向心力，提高整体绩效。

总之，协调是管理工作中不可或缺的一环。通过有效的协调，管理者可以促进组织内部的和谐与稳定，推动各项任务的顺利完成，为组织的持续发展奠定坚实的基础。

5. 控制

控制作为管理过程的重要一环，其核心目的在于确保实际工作与既定目标保持一致，从而推动组织朝着既定的方向稳健发展。

控制工作涉及对各部门、各环节工作系统的检查和监督。管理者需要依据预先设定的标准，对组织内部各项活动的执行情况进行全面评估，这包括检查工作的进度、质量、成本等方面，确保各项活动能够按照既定的计划和要求进行。

评估工作结果是否符合目标要求是控制工作的关键环节。通过对比实际成果与预期目标，管理者可以判断组织是否偏离了既定的方向。如果发现实际成果与目标之间存在偏差，管理者需要进一步分析偏差产生的原因及其对目标活动的影响程度。

针对偏差产生的原因，管理者需要制定相应的纠偏措施。这些措施可能涉及调整工作策略、优化资源配置、加强团队协作等方面。通过实施这些措施，管理者可以引导组织重新回到正确的轨道上，确保决策活动的顺利进行和目标的有效实现。

控制工作还需要关注绩效的评估与反馈。管理者需要定期对团队成员的绩效进行评估，及时发现问题并给予指导。通过绩效反馈，管理者可以帮助团队成员了解自己的优点和不足，激发他们的工作积极性和创造力。

此外，控制工作是一项持续性的任务。随着组织内外部环境的变化，管理者需要不断调整控制策略和方法，以适应新的形势和需求。通过不断优化控制工作，管理者可以确保组织在正确的方向上持续发展。

控制是确保组织在正确方向上发展的重要保障。管理者需要重视控制工作，加强对各项活动的监督和评估，及时纠正偏差并优化资源配置，以推动组织目标的实现。

6. 创新

创新是组织发展中不可或缺的重要职能，它涉及组织内部活动技术与方法的不断变革、组织活动与人的安排的持续优化以及组织活动方向、内容与形式的灵活调整。这些变革、优化和调整都是通过管理的创新职能来实现的，旨在应对不断变化的组织环境及可利用资源，确保组织能够持续、稳定地发展。创新的重要性体现在多个方面。

首先，创新是提升组织效率和竞争力的关键。通过引入新的管理理念、技术和方法，组织能够优化资源配置、提升工作效率，从而在市场竞争中占据优势地位。

其次，创新有助于推动组织的可持续发展。在快速变化的市场环境中，组织需要不断创新以适应新的需求和挑战。通过创新，组织能够开发出新的产品或服务，拓展新的市场领域，实现持续的增长和发展。

最后，创新还能够激发员工的积极性和创造力。一种鼓励创新的组织文化能够激发员工的创新思维和创造力，使员工更加积极地投入工作中，为组织的发展贡献更多的力量。

为了实现管理的创新职能，组织需要采取一系列措施。例如，建立创新团队或部门，专门负责研究和实施新的管理理念和技术；开展创新培训和活动，提升员工的创新意识和能力；营造鼓励创新的文化氛围，让员工敢于尝试新的想法和方法；建立创新奖励机制，激励员工积极参与创新实践。

创新是组织发展中的核心驱动力，通过不断推动变革、优化和调整，组织能够应对挑战、抓住机遇，实现持续、稳定的发展。

二、企业管理

（一）企业管理的概念

企业管理，是企业对自身的生产经营、业务拓展等活动进行计划、组织、实施、监督、总结等一系列职能活动的总和，是企业自身具有综合性和统筹性的管理过程和运营过程。① 它是一个复杂且持续的系统性课题，旨在实现企业的长期稳定发展和创造更大的价值。企业管理不仅涉及对各种资源的管理，如财务、材料、产品等，还涵盖对成员行为的管理，包括组织设计、机制变革、激励、工作计划、个人与团队的协作以及文化等。

企业管理的发展大致经历了三个阶段：传统企业管理、科学企业管理、现代企业管理。② 企业管理的核心在于规划、组织、领导、控制和协调企业内部及其外部销售活动。它要求管理者具备正确的管理意识、敏锐的市场洞察力，以及在企业内部建立一套完整且良好的管理运作体系，以实现有限资源条件下的合理分配，并推动企业最大限度地实现生产目标和发展预期。

（二）企业管理的特征

企业管理是一个复杂且重要的过程，它涉及多个职能和关注焦点，旨在实现企业的长期稳定发展和盈利。在实际操作中，管理者需要全面考虑

---

① 李玉颖.人工智能时代下企业管理的改革［J］.中小企业管理与科技，2022（3）：17-19.
② 李玉颖.人工智能时代下企业管理的改革［J］.中小企业管理与科技，2022（3）：17-19.

企业内部和外部的各种因素，制定科学、合理的管理策略，确保企业的稳健发展。企业管理的特征主要体现在以下几个方面。

第一，企业管理是一个连续且不断的过程，它涉及计划、组织、领导和控制等多个职能。这些职能相互关联、相互支持，共同构成了企业管理的完整体系。计划职能为组织设定了明确的目标和方向；组织职能则确保资源的合理配置和人员的有效协作；领导职能通过激励和指导，激发员工的积极性和创造力；控制职能则对执行过程进行监控和调整，确保目标的实现。

第二，企业管理的关注焦点是企业内部的各类资源。这些资源包括人力、物力、财力、信息、时间等。管理者需要对企业内部的资源进行全面的分析和评估，确保资源的合理配置和有效利用。通过优化资源配置，企业可以提高生产效率、降低成本、增强竞争力。

第三，企业管理的根本目标在于完成各项事先制定的任务，实现企业的经营目标，并最终实现企业盈利。企业管理的所有活动都是围绕这个目标展开的。通过有效的管理，企业可以确保各项任务的顺利完成，实现经营目标，进而实现盈利。盈利不仅是企业生存和发展的基础，也是企业为社会作出贡献的前提。

第四，企业管理是在一定的社会和自然背景条件下进行的活动。这些环境因素包括政策、法规、市场、技术、文化等。企业需要在这种环境中寻求机会、应对挑战，才能实现有效管理。同时，企业也需要不断调整和优化自身的管理方式和策略，以适应不断变化的外部环境。

（三）企业管理的使命

企业管理的使命是多元且复杂的，它涉及满足市场需求、为国家积累财富、为员工谋求利益、企业自身发展以及履行社会责任等多个方面。这些使命共同构成了企业管理的核心价值和意义，也体现了企业在社会经济发展中的重要地位和作用。

第一，根据市场的需求为社会生产产品和提供服务，满足人们的物质文化生活需求，是企业管理的首要使命。企业作为社会经济的基本单位，其存在的主要目的就是满足市场需求，通过生产和销售符合消费者需求的产品和服务，为社会创造价值。这要求企业管理必须紧密关注市场动态，了解消费者需求，通过创新、优化产品和服务，不断提升客户满意度。

第二，为国家积累财富也是企业管理的重要使命。企业作为国民经济的细胞，其经营活动的成果直接体现在国家财富的增长上。通过合法经营、纳税和创造就业机会等方式，企业为国家经济的发展和社会的进步作出了巨大贡献。

第三，为企业员工谋求利益也是企业管理的关键使命。员工是企业的重要资产，他们的积极性和创造力是企业发展的重要动力。企业管理需要关注员工的成长和发展，为员工提供良好的工作环境和福利待遇，激发员工的工作热情和创造力，实现企业与员工的共赢。

第四，企业自身的发展也是企业管理的核心使命。通过不断提升企业的竞争力、创新能力和适应能力，确保企业在激烈的市场竞争中立于不败之地，实现持续、健康的发展。

第五，企业还需要为环境保护、社会公益事业发展、社会精神文明建设作出相应的贡献。这是企业社会责任的体现，也是企业管理的重要使命。企业需要在追求经济效益的同时，积极履行社会责任、关注环境保护、支持社会公益事业、参与社会精神文明建设，为社会和谐稳定和可持续发展作出贡献。

（四）企业管理的基础工作

企业管理的基础工作可以被大致划分为两类。其一是标准化的工作系统，包括规章制度建设工作、标准化工作、定额工作、计量工作，主要通过设立和执行各项标准和制度，使所有员工严格遵守企业规章制度，营造出良好的生产和工作秩序。其二是执行层面的保障系统，其中包括信息工作和员工培训等，着重于通过信息传达机制加强员工的综合素养，提供一个有效的管理平台，从而确保基础工作得以切实有效地执行，为提升企业管理水平打下坚实的基础。

1. 规章制度建设工作

规章制度建设工作是企业管理中不可或缺的一环，它涉及为全体员工设立行为规范和准则，以确保企业运营的有序进行和员工行为的规范化。

这一过程不仅有助于企业维持正常的生产秩序，还推动企业实施科学管理和现代化管理，进而提升企业的整体管理水平和效益。

规章制度建设工作的首要任务是明确企业的各项规定和准则，包括员工的行为规范、工作流程、安全操作规程等，使员工能够清晰地了解企业的要求和期望。通过明确的规章制度，企业可以规范员工的行为，减少不必要的纷争和冲突，营造和谐的工作氛围。

同时，规章制度建设工作也是推动企业实施科学管理和现代化管理的重要手段。通过制定科学合理的规章制度，企业可以优化管理流程，提高工作效率，降低运营成本。此外，规章制度还可以为企业提供法律保障，确保企业的运营活动符合相关法律法规的要求，避免因违规行为而引发的法律风险。

在规章制度建设工作中，企业还需要注重规章制度的执行和监督。一方面，要确保员工遵守规章制度，对违规行为进行及时纠正和处理；另一方面，要定期对规章制度进行审查和更新，以适应企业发展和市场环境的变化。

健全企业管理的规章制度建设是提升企业管理水平和效益的重要途径。通过制定明确、合理、有效的规章制度，并加强执行和监督，企业可以规范员工行为、优化管理流程、提高工作效率，为企业的可持续发展奠定坚实基础。

2. 标准化工作

在企业管理领域，标准化具有举足轻重的地位，它如同一盏明灯，为企业的生产活动提供了明确的指引。标准化不仅为企业生产者提供了一套可遵循的指导方针，更是确保生产活动有序、高效进行的关键所在。

从新项目的投产到每个微小细节如螺丝的固定，标准化都发挥着不可替代的作用。它要求每个环节都制定符合标准化的规程、操作步骤以及质量保障措施，确保每一个环节都严格遵循标准，从而实现整体生产任务的顺利完成和作业质量的稳步提升。

任何环节上的偏差都可能对整体生产任务和作业质量造成负面影响，甚至可能威胁到企业的安全生产和经济效益。因此，标准化工作的重要性不言而喻。只有通过做好标准化工作，企业才能够确保生产活动的稳定性、可靠性和高效性，进而实现持续、快速和高效的发展。

根据标准适用的范围不同，我国的标准分为四个级别：国家标准、行业标准、地方标准以及企业标准。这些标准相互补充、相互协调，共同构成了我国标准化的完整体系，为企业提供多样化的选择空间，有助于企业根据自身实际情况选择合适的标准，提升企业的竞争力和市场适应能力。

标准化是企业管理不可或缺的一部分，它对于确保生产活动的有序进行、提升作业质量、保障企业安全生产和经济效益具有重要意义。因此，企业应高度重视标准化工作，不断完善和提升标准化水平，为企业的持续、快速和高效发展奠定坚实基础。

3. 定额工作

定额工作在企业管理中占据重要地位，它涉及在特定的生产技术条件下，对人力、物力、财力等生产要素的消耗、使用和利用进行标准化规定。企业根据自身情况和需求，制定各种定额，如劳动定额、设备定额、物质定额、资金定额和费用定额等，以确保资源的合理分配和有效利用。

定额的制定不仅有助于规范企业的生产经营活动，提高管理效率，还有助于降低成本，增加经济效益。通过定额，企业可以明确各个生产环节的消耗标准，使生产活动更加有针对性和可控性。同时，定额也是企业评价和考核员工工作绩效的重要依据，有助于激发员工的工作积极性和创造力。

在制定定额时，企业需要充分考虑生产技术的先进性和适用性，结合自身的生产条件和资源状况，确保定额的合理性和科学性。此外，企业还应定期对定额进行审查和更新，以适应市场变化和技术进步的需求。

定额工作是企业管理的重要组成部分，它有助于规范生产经营活动，提高管理效率，降低成本，增加经济效益。企业应重视定额工作，不断完善和优化定额体系，以适应不断变化的市场环境和企业发展需求。

4. 计量工作

计量工作在企业管理中占据至关重要的地位，它涉及运用标准计量器具对各种计量对象进行精确的测量，确保数据的准确性和可靠性。计量工作不仅关乎企业生产经营活动的正常进行，还直接关系着产品质量、成本控制以及企业的整体竞争力。

在计量工作中，对计量器具的管理是至关重要的一环。企业需要确保计量器具的齐全、标准和先进，定期对其进行校测，以保证计量检测的真实性和准确性。同时，随着技术进步和产品更新换代，计量检测设备和仪器也需要及时更新，以适应新的测量需求。

除了计量器具的管理，计量与测试工作也是计量工作的核心部分。这一环节需要由专门人员进行，坚持制度化和常态化，确保每一次测量都能得到准确、可靠的数据。

此外，计量数据的统计、分析和储存工作同样不容忽视。这些数据是企业进行质量控制、成本核算的基础，因此需要进行妥善保管和归类分析。通过对计量数据的深入挖掘，企业可以更好地了解生产过程中的问题，优化生产流程，提高产品质量和降低生产成本。

计量工作是企业管理中不可或缺的一环。通过做好计量工作，企业可以确保生产经营活动的正常进行，提高产品质量和竞争力，为企业的可持续发展奠定坚实基础。

5. 信息工作

在现代企业生产经营中，信息扮演着至关重要的角色。信息，作为反映事物变化及其特征的各种数据、资料、信号的综合体，不仅揭示了事物之间的联系，还为企业决策提供了重要的依据。信息工作在企业中是一个系统工程，它涉及对企业内外部信息的全面管理。这包括收集各种与企业经营、市场、竞争对手、政策环境等相关的数据和信息，对这些信息进行加工和整理，以便更好地理解和分析。同时，信息的传递和储存也是信息工作中不可或缺的一环，它确保了信息在企业内部的流通和共享，为企业的决策提供有力的支持。

具体来说，信息在现代企业中的作用主要体现在以下几个方面。

首先，信息可以提高企业的决策效率。通过对市场、竞争对手、客户需求等信息的深入了解，企业可以更加准确地把握市场动态，制定出更加符合实际情况的经营策略。

其次，信息有助于优化企业的资源配置。通过对企业内部资源的有效管理，企业可以更加合理地调配人力、物力、财力等资源，实现资源的最大化利用。

再次，信息还可以帮助企业提高生产效率。通过对生产流程、设备状态、产品质量等信息的实时监控，企业可以及时发现生产过程中的问题，采取有效措施进行改进，从而提高生产效率。

最后，信息还有助于提升企业的竞争力。通过对行业动态、技术趋势等信息的持续关注，企业可以不断创新和改进，提高自身的竞争力，在激烈的市场竞争中立于不败之地。

因此，信息工作在现代企业中具有举足轻重的地位。企业需要高度重视信息工作，加强信息管理和应用，以应对日益复杂多变的市场环境。

6.员工培训

企业为了保障员工顺利融入企业工作环境，或者跟随企业发展需求学习新技术，会对员工进行培训，帮助员工掌握相关技术。[①]员工培训是企业发展的重要环节，其深远意义在于塑造卓越的企业文化和提升整体竞争力。优秀的员工是企业最宝贵的财富，他们的文化素养、专业技能水平和操作技巧直接决定了企业的运营效率和创新能力。因此，加强员工培训、提升员工能力，是企业实现可持续发展的基础性工作之一。

首先，员工培训是企业践行"以人为本"经营理念的具体体现。企业关注员工的成长与发展，通过培训帮助员工提升自我，不仅是对员工个人价值的尊重，也是企业增强凝聚力和向心力的重要手段。员工在培训中感受到企业的关怀和支持，会更加积极地投入工作，为企业的发展贡献自己的力量。

其次，员工培训是企业在市场竞争中脱颖而出的重要策略。随着市场竞争的日益激烈，企业之间的竞争已经不再是单纯的产品和价格竞争，而是转向了人才和文化的竞争。通过培训，企业可以培养出一支高素质、高技能的员工队伍，提升企业的整体竞争力，从而在市场中立于不败之地。

最后，员工培训的最终目标是实现企业发展与员工个人成长的和谐统一。企业不仅要关注员工现有技能上的不足，更要关注员工的长期发展和职业规划。通过提供多样化的培训内容和形式，帮助员工实现个人能力的提升和职业发展的突破，同时也为企业的发展注入新的活力和动力。

① 刘贺敏.人工智能对现代企业管理的影响分析［J］.中国管理信息化，2021，24（10）：107-108.

员工培训对于任何一家企业都具有重要意义。它不仅是提升员工能力和素质的必要手段，更是企业实现可持续发展和市场竞争优势的重要途径。因此，企业应该高度重视员工培训工作，制订科学的培训计划和方案，为员工的成长和企业的发展提供有力的支持。

第三节　人工智能驱动下的企业管理

一、人工智能对企业管理的影响

人工智能对企业管理产生了深远的影响，正逐渐改变着企业管理的方方面面。

（一）人工智能的民主化推动更多企业使用人工智能

人工智能的民主化是一个重要趋势，它极大地推动了更多企业使用人工智能技术。随着技术的不断进步和普及，人工智能的技术门槛逐渐降低，使更多的中小型企业和个人能够接触、理解和应用人工智能技术。

成熟的大规模人工智能工具和框架的出现，为各种类型的企业提供了便捷的应用途径。这些工具和框架通常具有易用性、灵活性和可扩展性，企业可以根据自身需求选择合适的工具，快速构建和部署人工智能应用。这不仅降低了企业的技术门槛和成本，还提高了人工智能应用的效率。

人工智能的民主化带来的益处是多方面的。首先，它使更多的企业能够享受到效率提升和成本降低的直接优势。通过应用人工智能技术，企业可以自动化处理烦琐任务、优化业务流程、提高决策准确性等，从而提升整体竞争力。其次，人工智能的民主化也促进了创新和创业。越来越多的个人和团队开始利用人工智能技术探索新的商业模式和服务方式，这为市场带来了更多的活力和机会。最后，人工智能的广泛应用还有助于推动社会进步和可持续发展。通过优化资源配置、提高生产效率、降低能源消耗等方式，人工智能技术可以为解决环境、经济和社会问题提供有力支持。

然而，值得注意的是，在推动人工智能民主化的过程中，也需要关注其可能带来的挑战和问题。例如，数据隐私和安全问题、人工智能的伦理和道德问题、人工智能对就业市场的影响等都需要认真思考和解决。

人工智能的民主化是推动更多企业使用人工智能技术的重要动力之一。通过降低技术门槛、提供成熟工具和框架等方式，可以让更多的企业和个人享受人工智能带来的益处。

（二）公司雇用及培训机制将发生变革

随着人工智能技术的不断发展和普及，企业的雇佣及培训机制将迎来深刻的变革。人工智能技术的应用不仅将改变企业的业务模式和运营方式，也将对人力资源的配置和管理产生重要影响。

在雇佣方面，为了更有效地利用人工智能技术，企业会倾向于招聘具有数学、算法或人工智能等专业背景的人才。这些人才将帮助企业构建、优化和维护人工智能系统，确保其稳定运行并为企业创造价值。同时，随着人工智能技术的深入应用，一些大型企业可能会设立首席人工智能官等高级职位，以更好地将人工智能纳入公司的整体战略考量中，并推动人工智能在企业内部的广泛应用。

在培训方面，企业的培训系统也将面临改革。随着人工智能技术的普及，员工需要掌握与人工智能协同工作的技能，以便能够更高效地完成任务。因此，未来的企业培训将更加注重培养员工的数字化素养和人工智能技术应用能力。培训内容可能包括数据分析、机器学习、自然语言处理等方面的知识和技能，以帮助员工更好地理解和应用人工智能技术。

此外，企业还需要注重培养员工的创新意识和跨界合作能力。在人工智能时代，不同领域的知识和技能将相互融合，产生新的应用场景和商业模式。因此，员工需要具备跨界的思维方式和合作能力，以便能够更好地应对市场的变化和挑战。

人工智能技术的应用将推动企业的雇佣及培训机制发生深刻的变革。

企业需要积极应对这些变化，招聘和培养具有相关专业背景和技能的人才，并注重培养员工的创新意识和跨界合作能力，以便能够更好地适应未来的市场竞争和发展需求。

（三）员工面向客户的工作和流程将会极大得益于人工智能

员工面向客户的工作和流程在人工智能的技术趋势下将极大受益，这揭示了未来商业发展的一个重要方向。在企业内部，人工智能对于客户关系管理和流程优化的影响将日益显著，从而为企业带来前所未有的商业价值。

市场营销和销售团队是客户交互的关键环节，而人工智能产品的全面应用将使他们的工作发生革命性的变化。通过利用人工智能技术，团队可以更深入地了解客户的需求和行为，从而制定更为精准的营销策略。这不仅能够提高销售业绩，还能增强客户对企业的信任和忠诚度。

此外，人工智能在减少重复性任务执行方面的优势也将使员工有更多精力专注于业务核心。员工不再需要花费大量时间在烦琐的数据录入、报表制作等任务上，而是可以将这些工作交给智能系统来处理。这样，员工就可以将更多精力投入与客户沟通、解决问题和创新性工作上，从而实现效率的显著提升。

在客户关系管理方面，智能系统可以通过分析客户数据，优化客户互动，提高客户满意度。例如，系统可以根据客户的购买历史和偏好，为他们推荐合适的产品或服务；同时，系统还可以实时监测客户满意度，并在出现问题时及时发出预警，帮助企业及时采取措施解决问题。

在流程优化方面，人工智能可以自动化处理许多烦琐的流程，如订单处理、发票生成等，从而提高工作效率。此外，智能系统还可以通过优化业务流程，减少不必要的环节和浪费，提高企业的整体运营效率。

人工智能的技术趋势将极大地改善员工面向客户的角色和流程。通过利用人工智能技术，企业可以更加精准地了解客户需求、优化客户体验、提高工作效率，从而在激烈的市场竞争中脱颖而出。

（四）智能助手将成为企业不可或缺的工具

智能助手在企业中的角色日益凸显，它们已经不仅仅是技术前沿的尝试，而是会成为企业运营中不可或缺的工具。特别是在金融、零售和媒体等大规模面向消费者的行业中，智能助手的应用已经变得至关重要。

在金融领域，智能助手可以通过与客户进行自然语言交互，解答关于投资、贷款、保险等复杂金融产品的疑问，提供个性化的理财建议，并辅助完成一系列金融服务流程。这不仅提升了客户体验，还降低了人工客服的工作压力，提高了服务效率。

在零售行业，智能助手则可以通过聊天机器人等形式，为客户提供产品推荐、订单查询、售后服务等一站式服务。它们能够 24 小时在线，随时响应客户需求，大大提高了客户的满意度和忠诚度。

在媒体行业，智能助手可以帮助编辑筛选新闻素材、分析舆情趋势，甚至辅助完成稿件的撰写和编辑工作。它们能够快速处理大量信息，提供有价值的洞察和建议，为媒体行业的内容生产带来革命性的变化。

除了面向消费者的智能助手应用，基于人工智能技术的语音助手也逐渐普及至企业后台。这些语音助手能够识别员工的语音指令，快速完成数据查询、报告生成、任务调度等工作，从而帮助员工减轻工作负担，提高工作效率。

随着人工智能技术的不断进步和应用场景的不断拓展，智能助手将在企业中发挥更加重要的作用。它们将不再局限于简单的问答和任务执行，而是能够更深入地理解企业需求，提供更加智能化、个性化的服务，成为企业数字化转型的重要推动力。

（五）企业将充分运用人工智能技术改进用户体验

企业将充分运用人工智能技术改进用户体验，这一趋势正在成为行业内的共识。人工智能技术具有巨大的潜力，可以在多个方面提升用户体验，从而增强企业的竞争力。

以零售行业为例，人工智能技术的应用正在改变购物体验、支付流程等。通过运用智能推荐系统，企业可以根据用户的购买历史和偏好，为他们推荐合适的产品，提高购物的便捷性和满意度。同时，支付流程也通过人工智能技术得到了优化，比如通过人脸识别、语音识别等技术，实现快速、安全的支付体验。

此外，对于那些采用低代码或无代码开发应用的企业来说，人工智能也扮演着重要的角色。通过利用人工智能辅助应用开发工具，企业可以更加精准地识别用户行为模式，进而自动调整应用以符合特定角色的需求。这不仅可以提供更加流畅的用户体验，还能够帮助企业客户定制符合其需求的功能组合，实现个性化服务。

通过改进用户体验，企业不仅能够提升客户的满意度和忠诚度，还能够提高生产效率、减少安全风险和合规风险。例如，通过智能客服系统，企业可以自动化处理大量客户咨询和投诉，提高响应速度和解决问题的效率。同时，通过数据分析和预测，企业可以更加精准地了解市场需求和客户需求，从而制订出更加有效的市场策略和产品开发计划。

人工智能技术在改进用户体验方面具有巨大的潜力和价值。企业应当积极拥抱这一技术趋势，充分利用人工智能技术的优势，提升用户体验和服务质量，为企业的可持续发展打下坚实的基础。

（六）人工智能技术将协助企业消除偏见现象

人工智能技术正逐渐成为企业消除偏见现象的重要工具。在过去，企业的决策过程中往往难以避免情感因素或外部偏见的影响，这可能导致不公平的决策结果，并对业务行动造成潜在干扰。然而，随着人工智能技术的引入和应用，企业能够在决策过程中减少人为偏见，使决策更加客观和公正。

人工智能通过算法和数据分析，能够处理大量信息并识别出潜在的模式和趋势。在招聘、晋升等关键业务决策中，人工智能可以协助企业消除意识和无意识的偏见。例如，通过自动化筛选简历和评估候选人能力，人工智能能够减少主观判断的影响，确保所有候选人得到公正和平等的考虑。

此外，人工智能还可以提供数据驱动的决策支持，帮助企业制订基于事实的策略和计划。通过对市场趋势、消费者行为等数据进行深入分析，人工智能能够为企业提供有关市场需求、竞争态势等方面的洞见，帮助企业做出更明智的决策。

然而，需要注意的是，人工智能本身也可能存在偏见问题。如果训练数据存在偏见或不平衡，那么人工智能系统的输出也可能受到影响。因此，在使用人工智能技术时，企业需要确保数据来源的多样性和质量，避免使用带有偏见的训练数据。

人工智能技术的应用将有助于企业在各项业务决策中减少情感因素或外部偏见的干扰，提高决策效率和公正性。随着技术的不断进步和完善，相信人工智能将在企业消除偏见方面发挥更大的作用。

（七）人工智能在网络安全保障领域的应用

人工智能在网络安全保障领域的应用正在逐步深化，其强大的数据处理和学习能力使网络安全防护变得更加智能和高效。

人工智能能够实现对网络威胁的智能检测与防御。传统的网络安全防护方法往往基于规则和签名库，难以应对新颖和复杂的攻击。而基于人工智能技术的入侵检测与防御系统，可以通过学习和分析网络中的正常行为模式，快速发现并应对未知或变种攻击。例如，利用机器学习算法对网络通信数据进行深度分析，可以构建出网络流量行为模型，从而检测和预防各类入侵行为。

人工智能可以实现对恶意代码的智能检测和防范。恶意代码种类繁多、形式复杂多变，传统的检测方法往往难以有效识别。而基于人工智能技术的恶意代码检测系统，能够通过深度学习算法对恶意代码进行自动分类和识别，实现对恶意代码的快速检测和处理。

人工智能还可以在网络舆情分析与安全监测、内容风控等方面发挥重要作用。例如，通过对社交媒体上的信息进行实时监测和分析，人工智能可以帮助识别和预警不实信息和谣言的传播，从而维护网络空间的清朗和稳定。

在实现人工智能与网络安全保障的深度融合方面，将人工智能与人类专业技能相结合是关键。通过不断学习和优化，人工智能系统可以逐渐提高自身的准确性和效率，为网络安全领域的防御工作提供全新的竞争优势。同时，企业也需要加强网络安全人员的培训和教育，提高他们的技能和素质，以更好地应对日益复杂的网络安全挑战。

（八）人工智能技术的不断发展将深刻改变企业的经营模式

随着人工智能技术的不断发展，企业经营模式正迎来一场深刻的变革。在这场数字化和智能化的全面转型中，人工智能技术发挥着举足轻重的作用，推动企业不断探索新的经营方式，以适应快速变化的市场环境。

在营销领域，人工智能技术帮助企业精准识别目标客户，制定个性化的营销策略。通过对大量数据的分析和挖掘，企业能够更深入地了解客户需求和行为，从而提供更加精准的产品和服务。这不仅提高了营销效果，也增强了客户对企业的信任和忠诚度。

在客户服务方面，人工智能技术使企业能够提供更加高效、便捷的服务。智能客服系统能够实时响应客户咨询，解决客户问题，提高客户满意度。同时，通过智能分析客户的反馈和意见，企业可以及时发现并改进产品和服务中的不足，提升客户体验。

在生产制造环节，人工智能技术的应用也带来了显著的改变。通过引入智能制造系统，企业能够实现生产过程的自动化和智能化，提高生产效率和产品质量。此外，人工智能技术还可以对生产数据进行实时监控和分析，帮助企业优化生产流程，降低生产成本。

除了业务流程的变革，人工智能技术的发展还将深刻影响企业的组织结构和业务内容。随着智能化系统的普及和应用，企业内部的沟通和协作将变得更加高效和便捷。同时，企业需要不断调整和优化组织结构，以适应新的技术环境和市场需求。在业务内容方面，企业需要积极探索新的商业模式和增长点，以充分利用人工智能技术的优势，提升企业的核心竞争力。

人工智能技术的不断发展将深刻改变企业经营模式，推动企业实现数字化和智能化的全面转型。在这个过程中，企业需要积极拥抱变革，加强技术创新和人才培养，以应对未来的挑战和机遇。

二、人工智能推动企业数字化转型

近年来，随着信息技术的快速发展，大数据、人工智能、云计算等新兴技术被广泛应用于企业管理领域，推动了企业管理数字化转型的发展。

企业管理数字化转型是指以信息技术为支撑，实现企业管理数字化、网络化和智能化的过程，旨在提高企业管理效率和决策水平，降低管理成本并促进企业可持续发展。[①]

（一）人工智能推动企业数字化转型的步骤

随着信息数字化时代的来临，越来越多的企业启动数字化改革的步伐。人工智能被视为推动全球经济增长的重要引擎之一。具体来说，人工智能引领的企业数字化转型通常包括以下几个关键步骤。

第一，建立一个精通目标用户、业务流程、商业模式、产品及品牌的专业指导团队。这个团队将是数字化转型的核心驱动力，他们需要对企业有深入的理解，并且具备前瞻性的视野。团队成员应包含业务专家、数据分析师、技术专家等多方面的人才，以确保能够从多个角度审视并推动转型。

第二，利用人工智能技术对指导团队成员进行专业培训，持续提升他们的数字化素养和创新能力。人工智能不仅可以提供大量的学习资源和模拟场景，还可以根据团队成员的学习进度和能力进行个性化的教学，确保培训效果的最大化。

第三，赋予指导团队推动企业数字化转型的合理权限，并引导他们在人工智能设备与系统的支持下，在组织内部小范围开展试点项目。试点项目可以帮助团队在实践中学习和调整，同时也是对转型策略的有效验证。人工智能系统可以提供实时数据反馈，帮助团队快速识别问题并进行优化。

第四，试点团队和部门逐渐认识到企业数字化转型的重要性，并根据实际经验为指导团队提供反馈意见，以协助制定完善的数字化转型战略路线图。这个过程是一个持续迭代的过程，通过不断地反馈和调整，可以使转型策略更加贴近实际，提高转型的成功率。

第五，全面推进企业内部的数字化转型，利用人工智能系统实时监测和优化转型进程，从而降低转型成本，提高成功转型率。在这个阶段，人工智能的作用将更加明显，它可以帮助企业实现自动化的流程管理，提高

① 卢竞攸 . 基于大数据技术的企业管理数字化转型方法探析 [J] . 现代商业，2023（11）：89-92.

运营效率，同时还可以通过数据分析来预测和优化业务决策。

第六，通过对转型数据的分析，优化人工智能系统，为下一阶段的数字化转型做好充分准备。数据分析不仅可以揭示转型过程中的问题和不足，还可以发现新的增长点和优化空间。同时，通过不断地优化人工智能系统，可以使其更好地服务于企业的数字化转型。

（二）人工智能推动企业数字化转型的意义

人工智能技术已经被广泛运用于各个领域。这种技术的应用，促使企业调整传统的业务模式，更加注重满足客户需求。在当今新时代，企业想要扩大市场份额，就必须加强对人工智能的重视。

1.有利于消除组织内部孤岛

在推动企业数字化转型的过程中，打破传统的思维模式限制是至关重要的。这要求企业领导层具备前瞻性的视野，勇于尝试新的管理理念和工具，以推动整个组织的变革。

在重构组织架构方面，企业需要建立更加扁平化、灵活和协作的组织结构。这意味着减少层级，增加跨部门沟通与合作的机会，使各部门能够更好地协同工作。此外，企业还应设立专门的数字化转型团队或部门，负责统筹和协调整个组织的数字化进程。

加强部门间的协作关系是实现数字化转型的关键。企业可以通过建立跨部门项目组、定期召开协作会议、共享信息和资源等方式，促进各部门之间的沟通和合作。此外，企业还可以利用数字化工具和技术，如项目管理软件、协同办公平台等，提高协作效率。

以信息部门为例，其在数字化转型后需要与其他部门紧密合作。信息部门可以发挥其在数据处理、分析等方面的专业优势，为其他部门提供数据支持和技术解决方案。同时，信息部门还可以参与业务决策和战略规划过程，为企业的数字化转型提供全面的支持和保障。

2.实现大规模个性化定制

实现大规模个性化定制是企业提升市场竞争力、满足消费者多样化需求的重要手段。在数字化时代，借助人工智能等先进技术，企业可以更有效地实现这一目标。

企业需要深入了解市场需求和消费者偏好。通过市场调研和数据分析，企业可以掌握消费者的购买习惯、兴趣点以及对于产品的期望。这些信息为企业的产品开发和设计提供了宝贵的参考。

企业需要根据市场需求进行项目开发和产品设计。在产品开发阶段，企业应充分利用人工智能等技术，实现产品的个性化定制。例如，通过智能算法分析消费者的个性化需求，设计出符合其喜好的产品。同时，企业还应注重产品的质量和性能，确保产品能够满足消费者的实际需求。

企业应开展个性化的内容营销。通过分析消费者的兴趣和偏好，企业可以制定有针对性的营销策略，提供符合消费者需求的个性化信息。此外，企业还应加强内容运营，提升品牌在消费者心中的认知度和好感度。

为了实现规模化的个性化营销，企业应充分利用人工智能技术。通过智能算法和数据分析，企业可以实现对海量数据的处理和信息挖掘，发现消费者的潜在需求和购买意向。这有助于企业更精准地定位目标市场，制定更有效的营销策略。

实现大规模个性化定制需要企业在产品开发、设计和营销等方面进行全面创新。借助人工智能等先进技术，企业可以更好地满足消费者的个性化需求，提升市场竞争力，实现可持续发展。

3. 提高企业整体运营效率

在数字化转型的道路上，提高企业整体运营效率是关键的一环。这不仅涉及对现有组织架构的审视和调整，还需要借助自动化和人工智能技术来优化管理流程和提升工作效率。

审视和调整组织架构是实现高效运营的基础。企业应打破传统的部门壁垒，建立更加灵活和协作的组织结构。通过加强部门间的沟通和协作，可以实现资源的优化配置和业务流程的顺畅进行。同时，建立跨部门的协作团队或项目小组，可以集中优势资源，快速响应市场变化，提高整体运营效率。

自动化和人工智能技术的应用是提高效率的关键手段。通过引入自动化设备和系统，企业可以实现生产、物流、财务等各个环节的自动化管理，减少人工干预和人为错误，提高工作效率。同时，人工智能技术可以通过数据分析和机器学习等方法，为企业提供智能化的决策支持和优化建议，进一步提高运营效率。

在运用这些技术时，企业需要关注员工的角色和体验。自动化和人工智能并不是要取代员工，而是要让员工从烦琐的重复工作中解放出来，将更多精力投入创新和价值创造中。因此，企业应提供必要的培训和支持，帮助员工适应新的工作环境和技术要求，同时关注员工的心理健康和工作满意度，确保数字化转型能够真正带来积极的变化。

此外，提升客户体验也是企业在提高效率过程中需要关注的重要方面。通过优化业务流程、提高服务质量、加强与客户的沟通互动等方式，企业可以为客户提供更加便捷、高效和个性化的服务体验。这不仅有助于增强客户的忠诚度和满意度，还能够为企业带来更多的商业机会和竞争优势。

提高企业整体运营效率需要企业在组织架构、技术应用和员工角色等多个方面进行综合考虑和优化。通过不断创新和改进，企业可以逐步实现数字化转型的目标，并在激烈的市场竞争中脱颖而出。

第二章　人工智能与企业组织结构管理

第一节　企业组织结构管理

一、组织与企业组织

（一）组织

组织是人们为了实现某一特定的目的而形成的系统集合，它有一个特定的目的，由一群人组成，有一个系统化的结构。[①]组织的目标是其存在的根本。这些目标不仅为组织指明了方向，也为成员提供了行动准则。为了达成这些目标，组织必须对其成员进行系统的分工。分工意味着根据每个成员的技能、经验和专长，将其安排在最适合的岗位上。这种分工使每个成员都能发挥其最大价值，从而提高整个组织的效率。

然而，仅有分工是不足以支撑组织运作的。成员之间的紧密协作同样至关重要。协作是指不同岗位、不同职能的成员之间，为了共同的目标而进行的相互配合与协作。这种协作有助于打破部门壁垒，促进信息共享，

① 何荣宣.现代企业管理（第2版）[M].北京：北京理工大学出版社，2021：19.

从而提高决策的质量和速度。同时，协作还能增强团队成员之间的信任与默契，进一步推动组织目标的实现。

值得注意的是，分工与协作是基于组织设定的目标而展开的。这意味着组织的分工与协作机制必须与目标保持高度一致。如果分工与协作机制与目标脱节，那么组织将无法有效地实现其目标。因此，组织需要不断地对分工与协作机制进行调整和优化，以确保其始终与目标保持一致。

由此可知，组织是一个复杂的系统。在这个系统中，明确的分工与紧密的协作是不可或缺的要素。它们共同构成了组织运作的基础，使组织能够高效地实现其目标。如果一个群体缺乏明确的分工与高效的协作，那么它就不能被称为一个真正的组织。

管理学意义上的组织，首先必须有一个共同的目标，其次还要有不同层次的分工与协作以及相应的权力与责任制度。例如企业，作为一个组织，它有特定的经营目标，所有的员工都为之努力奋斗；它有不同的部门，如生产制造、物资采购、人力资源、财务等部门；企业中的每个员工，都可以归属到某个部门、处于某个层次，拥有自己的权力和责任。[1]

（二）企业组织

企业组织则是为有效地向社会提供产品或劳务，将企业的各种资源按照一定形式结合起来的社会系统。[2]

企业组织的核心在于职工与生产资料的紧密结合，这形成了企业生产劳动组织。这是企业运营的基石，因为职工是执行生产任务、创造价值的主体，而生产资料则是他们实现这一目标的工具和手段。这种紧密结合确保了生产活动的连续性和高效性，为企业创造了源源不断的价值。

企业组织的另一个重要方面是管理组织。这个组织由一定数量的管理人员构成，他们具备丰富的管理经验和卓越的管理能力。这些管理人员根据分工协作的原则，明确各自的职责和角色，共同构建了一个高效、有序的管理体系。管理组织通过全面的活动和信息传递，确保企业生产劳动组织的配置更加合理、高效。

① 安景文，荆全忠．现代企业管理［M］．北京：北京大学出版社，2012：54.
② 何荣宣．现代企业管理（第2版）［M］．北京：北京理工大学出版社，2021：19.

管理组织在企业中扮演着至关重要的角色。它不仅领导着直接的生产过程，确保生产活动的顺利进行，还负责解决企业在生产经营过程中遇到的各种问题。这些问题可能涉及市场分析、资源调配、成本控制等多个方面，需要管理人员运用专业的知识和技能进行妥善处理。通过有效的管理，企业能够优化资源配置、提高生产效率，进而增强市场竞争力。

企业组织是一个复杂而精密的系统，它依赖于生产劳动组织和管理组织的紧密协作，共同实现企业的目标和愿景。在未来的发展中，企业应不断优化组织结构，提升管理水平，以适应不断变化的市场环境和客户需求。

二、企业管理组织的作用

企业管理组织在企业中扮演着至关重要的角色，它负责规划、组织、协调和控制企业的各项运营活动，确保资源的高效利用和目标的顺利实现。同时，企业管理组织还负责建立和维护良好的企业文化，促进员工的凝聚力和归属感。企业管理组织的作用主要体现在以下四个方面。

（一）确立企业的生产经营目标

确立企业的生产经营目标是管理组织的首要任务，也是整个企业运营的关键所在。这一步骤的重要性在于，它为企业指明了前进的方向，提供了明确的衡量标准，同时也为所有员工提供了共同努力的目标。

在制定企业的经营目标和战略决策时，管理组织需要深入研究市场需求、竞争态势以及自身的资源与能力。通过科学分析和判断，制定出既符合市场趋势又符合企业实际的发展目标。这些目标应同时具备可衡量性、可达成性和挑战性，以便激发员工的积极性和创造力。

当然，仅仅制定目标是不够的，还需要有效地将其付诸实施。管理组织需要制订详细的实施计划，明确各项任务的责任人、时间节点和预期成果。同时，还需要建立有效的监控和评估机制，确保计划的顺利推进和目标的最终实现。

在这一过程中，领导者的作用不可忽视。他们的能力和智慧对于整个组织的运行和发展具有重要影响。然而,领导者并不能单打独斗,他们需要依靠组织的力量和集体智慧来推动目标的实现。因此,领导者需要倾听员工的意见和建议,激发员工的参与热情和创新精神,使整个组织形成一个团结、协作、高效的工作团队。

(二)组织生产经营活动,最终实现企业的目标

组织生产经营活动,以实现企业设定的经营目标,是企业运营过程中的核心环节。这一环节涉及企业各种资源的安排和配置,对企业有至关重要的作用。

恰当的资源安排是确保生产经营活动顺利进行的关键。这包括人力资源、物资资源、技术资源以及资金资源等多个方面。例如,人力资源的配置需要根据岗位需求和员工的技能特长进行合理搭配,确保每个岗位都有合适的人选。物资资源的安排则需要考虑原材料的采购、库存管理和物流配送等方面,确保生产过程的连续性和稳定性。技术资源的运用则需要不断更新和升级,以提高生产效率和产品质量。而资金资源的筹措和运用则需要精打细算,确保企业的财务稳健和可持续发展。

合理的资源配置是实现企业经营目标的重要保障。企业需要对各类资源进行全面的分析和评估,明确各类资源的优势和不足,并根据企业的实际情况进行有针对性的配置。这不仅可以提高资源的利用效率、降低生产成本,还可以增强企业的市场竞争力、提升企业的整体效益。

在实际操作中,企业可以通过制订详细的生产计划、加强生产过程的监控和管理、优化生产流程等方式来组织生产经营活动。同时,企业还需要不断学习和借鉴先进的管理经验和技术手段,以不断提升自身的生产经营水平。

(三)协调各职能部门之间的工作

协调各职能部门之间的工作是企业组织管理的重要职能之一,对于确保企业生产经营活动的平衡发展和良性循环至关重要。

在企业内部,由于各要素、各环节以及不同部门之间的职能差异和目标差异,往往会出现不协调和失衡的情况。这些不协调和失衡问题不仅

会影响企业的生产效率和经济效益，还可能对企业的长期稳定发展造成威胁。

组织管理的主要任务之一就是要及时发现并解决这些不协调和失衡问题。为此，企业需要建立一套有效的协调机制，促进各职能部门之间的沟通与协作。通过加强部门之间的信息交流、建立跨部门协作团队、制定统一的协调标准等措施，可以打破部门壁垒，促进资源的共享和优化配置，提高整体工作效率。

此外，企业还需要注重平衡发展。在生产经营活动中，各部门之间往往存在相互依存和相互制约的关系。因此，企业需要综合考虑各部门的利益和需求，制订合理的生产计划和经营策略，确保各部门的协调发展。同时，企业还需要关注生产经营活动的良性循环，通过优化生产流程、提高产品质量、加强市场营销等手段，促进企业的可持续发展。

（四）强调组织的凝聚作用和群体效应

组织的凝聚作用和群体效应对于企业的持续稳健发展和整体竞争力的提升具有至关重要的作用。通过建立完善的组织制度和有效的激励措施，管理者能够成功地将分散的员工凝聚成一个强大的整体，使他们紧密围绕企业的总体目标协同工作。

组织制度是企业内部管理的基石，它明确了企业的组织结构、职责分工和工作流程，为员工提供了清晰的工作指南和行为规范。一套完善的组织制度能够确保企业内部各项工作的有序进行，减少冲突和摩擦，提高工作效率。同时，它还能够激发员工的归属感和责任感，使他们更加积极地投入工作中。

激励措施是激发员工工作热情和创造力的关键。通过设立合理的薪酬体系、晋升机制以及奖励制度，企业能够激发员工的积极性和创造力，使他们更加努力地追求个人和企业的共同目标。此外，企业还可以通过提供培训和发展机会，帮助员工提升个人能力和职业素养，进一步增强他们的凝聚力和向心力。

当员工紧密围绕企业的总体目标展开工作时，就会形成强大的群体效应。群体效应是指个体在集体中相互影响、相互激励，从而产生比个体单独行动更大的力量和效果。在企业中，这种效应表现为员工之间的合作与协作更加紧密，信息共享和沟通更加顺畅，创新能力和解决问题的能力得到提升。这些因素共同推动了企业的持续稳健发展，提高了整体竞争力。

三、企业组织的设计原则

不同组织的环境、技术应用、战略制定和规模发展各不相同，因此，所需职务和部门以及它们之间的关系也不尽相同。然而，无论何种组织，在进行结构设计时，都应遵循一些通用的原则。

第一，目标一致原则。任何企业都拥有其独特的战略和目标。组织设计是一种手段，其目的在于确保组织战略的顺利实施和目标的实现。在企业管理中，组织设计的首要任务是明确组织的发展战略和目标，并以此为基础设计总体框架。同时，在组织设计过程中，应以任务为中心，按照任务设定机构、职务和人员。

第二，有效管理幅度原则。一个主管可以有效监督和管理的直接下属数量是有限的，这被称为管理幅度。管理幅度与组织规模成正比，随着组织规模的增大，管理层次也会增加，这是因为组织包含的成员会变多。在规模不变的情况下，管理幅度与管理层次成反比，主管负责的直接下属越多，管理层次就越少。管理幅度缩小会导致管理层次增加，形成不同的管理组织结构。管理幅度的大小受多种因素影响。若管理幅度扩大，管理层次减少，过大的管理幅度可能导致领导者难以有效管理。而管理幅度缩小会增加管理层次，导致机构庞大、信息传递效率低下。

第三，统一指挥原则。为了保障现代大规模生产的高效开展，必须确保机构设置能够实现行政命令和生产经营指挥的集中统一。统一指挥的原则要求组织内的每个成员只能接受来自一个领导的指示，这样才能有效地统一和协调各个力量和单位的行动。此外，统一指挥还要求进行逐级授权，实现严格的自上而下的一级指挥原则，不得出现跨级指挥的情况。

第四，权责对等原则。职权指的是在特定职位上为履行工作职责而应具备的权力。职责表示职位所承担的任务和义务。权责对等原则要求工作职责与职权相匹配，一个人在获得某项职权的同时，也应该承担相应的责任。在建立组织结构时，必须清晰规定每个管理层级和各职能部门的职责范围，并赋予必要的授权以完成这些职责。当然，权责匹配也意味着授予某个部门或职位的权力不应超过其相应的责任。如果权力超过工作要求，虽然可以保证任务的完成，但可能导致滥用职权、不负责任的行为。因此，建立何种机构、配置何种人员、规定何种职责，都必须相应授予适当的职权。

第五，分工协作原则。分工是为了提高管理专业化水平和工作效率而对职责范围进行划分。在组织结构中，分工体现在管理层次、部门以及职权的划分上。管理层次的分工即为分级管理，而部门的分工则是指部门的划分。在组织中，存在三种不同类型的职权，包括直线职权、参谋职权和职能职权。其中，直线职权代表着指挥权，而参谋职权则是指提供咨询和建议。职能职权则处于直线职权和参谋职权之间，扮演着协调作用。分工与协作相辅相成，缺一不可。只有分工，缺乏协作，分工就显得无意义；反之，缺乏分工，也谈不上协作。

第六，精干高效原则。所谓精干高效，即在确保实现既定目标高效且高质量的基础上，致力于减少管理层级、简化机构和人员配置，充分发挥组织机构的活力和创新能力，以提升管理效率、工作效能，并节约非生产性支出。

第七，集权与分权相结合的原则。集权意味着把企业的经营管理权力集中在顶层管理层，而分权则是将经营管理权合理地下放到企业的中下层。集权对于维持社会化大生产的一致性和协调性是必要的，然而集权存在弹性不足、适应性差等致命问题。因此，有必要对部分管理权进行下放。在制定和调整组织结构时，企业应根据具体情况正确处理集权和分权之间的关系。

第八，稳定性与适应性相结合的原则。为了确保企业生产经营活动的有序性，提高效率，企业应首先保持一定程度的组织机构稳定性，确保组织机构权责关系和规章制度相对稳定。环境条件发生变化，也应相应注意企业目标和成员态度的变化，因此企业组织机构需要做相应调整以适应新的环境条件。

四、企业组织结构的类型

企业组织结构是指构成企业管理组织各要素的组合方式，也就是组织中各部门以及各层次之间所建立的一种人与事、人与人的相互关系，它是管理者实现组织目标的手段。[①]组织结构被认为是组织的框架，它提供了支持，使组织内的各类资源如人力、财务、物资和信息能够顺畅流动，进而有助于实现组织的目标。鉴于组织结构是管理者创设的框架，因而呈现出多样化的具体形式。企业组织结构常见的类型包括以下几种。

（一）直线制组织

直线制组织是一种经典的组织结构形式，其特点在于各级行政单位从上到下实行垂直领导，下属部门只接受一个上级的指令，各级主管负责人对所属单位的一切问题负责。这种组织结构的优点是结构简单、权责分明、工作效率高等。然而，它也存在一些缺点。由于直线制组织要求行政领导通晓多种专业知识，亲自处理许多具体业务，这在实际操作中往往难以实现。在直线制组织中，各职能单位自成体系，往往不重视相互间的横向联系和协调，容易造成工作中的脱节和矛盾。

（二）直线职能制组织

直线职能制，又称为直线参谋制，旨在整合直线型组织和职能型组织的优势，致力于弥补它们的缺陷。这种组织形式通常包含两个系统，一个是依据命令统一原则设计的指挥系统，另一个是基于专业化原则构建的管理职能系统。在直线部门中，主管在自己的职责范围内拥有决策权，指挥下属的工作，但同时需要承担责任，而职能部门和人员起到的仅是直线主管的顾问角色，缺乏指挥权。直线职能制组织的优势在于融合了统一指挥和专业管理，工作效率较高，整体稳定性也较强。尽管如此，其劣势也是非常明显的。当职能部门与直线部门的目标存在差异时，很容易引发矛盾，上级主管需要加大协调工作的力度；下属部门的主动性和积极性受到一定

---

① 彭艳，马娅，李丽.现代企业管理［M］.南昌：江西高校出版社，2019：8.

程度的限制；不利于培养具备全局观的管理人才；整个组织系统缺乏灵活性，对环境变化的反应相对迟缓，难以有效迎接具有挑战性的环境变化。

（三）事业部制组织

事业部制度是企业的一种管理组织形式，其实施层级管理、分级核算，并强调自负盈亏的原则。企业常根据自身实际情况设立多个事业部，每个事业部负责特定产品或地区的全部业务。高层管理者通常仅保留人事决策、确定价格范围等关键职权。事业部制度的优势主要体现在：有助于高层管理人员解脱日常琐事，从而更加集中精力思考战略问题，激发下属组织的积极性，展示个人才华，促进专业化生产和内部合作。然而，这种管理模式也存在一些弊端，例如容易导致人力资源浪费，各个事业部往往只关注自身利益而忽视整体发展等。

（四）矩阵制组织

一种由交叉的纵向职能系统和横向项目系统组成的综合结构是矩阵制组织。职能系统沿着垂直方向展开，而项目系统则横跨其中，专门致力于特定任务。在项目系统中，没有固定人员，而是根据任务进展从不同职能部门调派员工参与，完成相关工作后又返回原部门。矩阵制组织具有灵活性和适应性，能够针对需求集结各类具有专业知识和技能的成员，快速完成重要任务。因为项目小组集聚了各类人才，有利于观点的交流，推动新思路和设想的形成。然而，由于项目组成员是根据工作需要暂时调动的，保持原隶属关系并不改变，可能会导致他们产生短期思维，影响责任感。另外，接受并不一致的双重领导也可能会对他们产生困扰。矩阵制组织适用于工作内容频繁变化、需要各种技术知识的组织，或者作为常规组织的临时任务安排的补充结构形式。

（五）多维立体组织结构

多维立体组织结构是矩阵制和事业部制相结合的一种组织形式，以适应新时代的需求。这种组织结构由三个管理系统构成：首先是根据产品划分事业部，这些事业部被视为产品利润中心；其次是根据职能划分专业参谋机构，作为专业成本中心；最后是按地区划分管理机构，作为地区利润中心。在这种管理模式中，事业部经理无法独断专行，而是通过产品事业委员会的方式，由产品事业部经理、专业参谋部门以及地区部门的代表共同领导各类产品的产销。这样，产品事业部经理和地区经理以生产经营为主的管理方式，与专业参谋部门以成本为主的管理方式得到有效结合，协调解决矛盾，有助于及时沟通信息，并做出共同决策。

五、现代企业组织结构类型

从 20 世纪 80 年代开始，随着外部环境出现快速且复杂的变化，企业组织结构逐渐向扁平化和柔性化的方向发展。许多企业开始采用工作团队的方式，并将团队作为主要商业运作方式。同时，企业开始设立其他新兴的组织形式。

（一）团队组织结构

团队组织结构在当前的商业环境中显得尤为重要，特别是在面对错综复杂、快速变化的组织环境时，相较于传统的层级式组织结构，工作团队展现出了更高的灵活性和适应性，从而成为提高组织效率的关键手段。

团队组织结构能够更好地应对复杂性和不确定性。传统的组织结构往往过于僵化，难以快速响应市场变化和业务需求。而团队组织则可以根据项目的需求灵活组建，迅速调整成员和职能，以更好地适应外部环境的变化。这种灵活性使团队在面对复杂问题时，能够更快速地找到解决方案，从而提高组织效率。

团队组织结构有助于促进跨部门的协作和沟通。在传统的组织结构中，部门之间往往存在壁垒，信息流通不畅，导致工作效率低下。而团队组织则打破了这种壁垒，不同部门和职能的成员可以共同参与同一个项目，共享信息、知识和资源。这种协作和沟通有助于减少重复劳动，避免资源浪费，从而提高整体工作效率。

团队组织结构还能够激发员工的创新精神和主动性。在团队中，成员们可以共同讨论、集思广益，激发创新思维。同时，团队目标的一致性也能够激发员工的主动性和责任感，使他们更加积极地投入工作。这种氛围有助于提升员工的工作满意度和绩效，进一步推动组织效率的提高。

要充分发挥团队组织结构的优势，企业还需要注意以下几点：一是要明确团队的目标和职责，确保团队成员能够清晰地了解自己的工作重点和方向；二是要建立良好的沟通机制，确保信息在团队内部能够畅通无阻地流通；三是要注重团队成员的培训和发展，提升他们的专业技能和综合素质；四是要建立有效的激励机制，激发团队成员的积极性和创造力。

（二）虚拟组织结构

虚拟组织结构是一种高度灵活和动态的组织形式，它突破了传统组织结构的束缚，通过合同和其他协作方式进行业务活动，以实现主要的商业功能。这种组织结构规模较小，但具有高度的适应性和响应能力。

虚拟组织结构的优势在于其灵活性。由于虚拟组织没有固定的组织形式和内部命令系统，它可以根据市场需求和业务变化迅速调整成员和合作伙伴，形成动态的合作关系。这种灵活性使虚拟组织能够快速响应市场变化，抓住商业机会，降低长期风险和成本。

虚拟组织结构通过合同和其他协作方式进行业务活动，使企业能够专注于自身的核心业务和核心竞争力。虚拟组织可以将非核心业务外包给专业的合作伙伴，从而实现资源的优化配置和成本的降低。同时，这种协作方式也有助于企业拓展业务范围，进入新的市场领域。

虚拟组织结构还促进了跨地域、跨行业的合作与交流。虚拟组织的成员可以来自世界各地，具有不同的专业背景和技术能力。这种多样性为组织带来了丰富的资源和创意，有助于解决复杂的问题和应对挑战。同时，虚拟组织也为企业提供了更广阔的人才库和合作伙伴网络，有助于提升企业的创新能力和市场竞争力。

虚拟组织结构也存在一些挑战和限制。例如，由于成员之间缺乏面对面的交流和互动，可能导致沟通不畅和协作难度增加。此外，虚拟组织在管理和协调方面也需要付出更多的努力，以确保各项任务能够按时完成并达到预期目标。

（三）无边界组织结构

无边界组织结构是一种追求灵活性和高效性的组织形式，它旨在打破传统的组织边界，推动组织向更加扁平化、灵活化和协作化的方向发展。这种组织结构的核心思想在于简化指挥结构、减少组织层级，以及通过多功能团队的授权来消除水平障碍。

无边界组织结构通过减少管理层级，使决策过程更加迅速和直接。传统的垂直化组织结构往往导致决策过程冗长且效率低下，而无边界组织则通过减少中间管理层，让高层管理者能够更直接地与基层员工互动，从而快速了解实际情况并做出决策。这种扁平化的结构有助于加速信息的流通，提高组织的响应速度。

无边界组织结构强调跨部门、跨职能的协作。传统的职能部门往往因为职责划分过于明确而导致沟通不畅和协作困难，而无边界组织则通过废除这些职能部门，代之以授权多功能团队来打破这种壁垒。这些团队由不同背景和技能的成员组成，能够共同解决复杂的问题，推动项目的顺利进行。这种协作方式有助于打破组织内部的孤岛现象，促进资源的共享和知识的传播。

无边界组织结构还注重员工的自主性和参与度。通过授权给多功能团队，组织能够激发员工的主动性和创新精神的活动，鼓励他们提出新的想法和解决方案。这种自主性不仅有助于提高员工的工作满意度和忠诚度，还能够增强组织的创新能力和竞争力。

然而，实施无边界组织结构也面临一些挑战。例如，如何确保团队成员之间的有效沟通和协作，如何建立合适的激励机制来鼓励员工进行参与和贡献，如何保持组织的稳定性和连续性，等等。因此，在引入无边界组织结构时，组织需要谨慎地考虑这些问题，并制定相应的策略和措施来应对。

第二节　人工智能驱动下的企业组织结构管理

一、人工智能驱动下企业组织结构创新的意义

在人工智能的推动下，有效推进企业组织创新，有助于企业适应数字化时代的需求，不断提升整体竞争力，对企业的长远发展具有积极意义。

第一，通过完善内部管理，提升竞争力。当下正值数字化时代，新技术的不断涌现对企业产生深远影响。那些能充分利用这些新技术并加强内部管理的企业，将会提升竞争力。同时，在新技术的支持下，企业管理开始展现出与传统时代截然不同的面貌。现有的组织结构已经无法满足新技术的应用需求，传统管理模式也暴露出各种不足，难以支撑企业数字化和智能化的发展。因此，企业需要对组织结构进行调整，并在此基础上开展管理模式的革新。随着企业组织结构的优化调整和管理模式的日益创新，内部管理也将得到进一步完善，各个环节运作更加规范。这将有助于企业长期发展，并推动整体竞争力的提升。

第二，通过优化管理模式，提升经济效益。在数字化转型的背景下，企业组织创新是一项需要系统化进行的工作。这不仅要求对原有的组织模式进行改革和优化，同时也必须完善管理模式。只有结合实际发展需求，对组织模式做出相应改革以更好地适应企业的发展需求，企业才能够实现更理想的效果。为了使企业发展更贴合实际需求，提升数字化转型的效果，我国许多企业已经开始对组织架构和管理模式进行改革。持续改革和完善制度不仅能使内部管理更科学规范，提升各个环节的运行效果，还能推动企业经济效益的提升。举例来说，通过有效的管理方法可以消除多余的组织层级，清晰划分各个部门的职责，确保每个部门的管理者具有明确的管理职责，同时对部门工作责任进行明确划分，将各项工作任务分派至个人，

促进工作的有效执行。随着企业工作职责的清晰划分、各项工作内容有序执行，企业的经济效益也将得到有效提升。

第三，通过创新组织体系，建设一流企业。当前，在我国市场经济迅速发展的背景下，企业数量不断增加，竞争变得更加激烈。为了推动企业实现高质量发展，提升市场经济效益，政府倡导创建一流企业。一流企业的建设是一项复杂任务，涉及内部流程、业务规范和组织优化等多个方面。很多企业在这方面仍存在不足，一流企业的建设进展缓慢。通过数字化转型，创新组织架构，精细管理内部运营环节，可以提高管理效率，确保企业内部运行规范，促进部门间协调和融合，推动企业规范化发展。随着企业规范化水平的提升，经济活动增加，营销渠道日益拓展，一流企业建设正在被逐步实现。

二、人工智能驱动下企业组织创新面临的问题

人工智能驱动下企业组织创新面临的问题主要体现在战略定位模糊、高端人才缺乏、资金匮乏三个方面。

第一，战略定位模糊。在人工智能的背景下，战略定位是企业组织创新的基础。无论企业类型如何，要想在人工智能时代促进组织创新，必须提前进行有效的战略定位。当前，尽管许多中国企业已经意识到了数字化转型和组织创新的重要性，但往往仅从宏观层面要求转型，过于笼统地开展数字化转型和组织调整，缺乏对企业发展情况的微观细致分析。因此，所制定的数字化转型策略存在不足，并且战略定位模糊，导致企业数字化转型效果不尽如人意。此外，一些企业对数字化转型的理解不够深入，仅仅将其视为引入互联网和软件平台建设，而缺乏对数字化转型的战略全局规划，从而造成数字化建设无法得到系统推进，进而影响整体转型效果。

第二，高端人才缺乏。人才对于一个企业的生存与发展起着关键性的作用，企业之间的竞争在一定层面上来说就是人才的竞争。[①] 在人工智能的背景下，企业组织的创新离不开具有高水平指导能力的人才。不论是数

---

① 孙连嵩，鹿峰.人工智能时代企业管理创新研究［J］.黑龙江科学，2020，11（16）：118-119.

字化转型还是机构创新，都是一项繁复的任务，涉及内容多元且零散，需要进行全面分析并提前规划。然而，目前我国许多企业存在高端人才匮乏的难题。尽管各企业意识到了数字化转型的重要性并完善了组织结构，但由于缺乏高端人才，很难站在整体视角对数字化转型做深入剖析，无法将数字化转型与企业战略规划、发展需求相结合，无法系统梳理数字化转型，从而导致面临多重难题。由于缺少能够全局协调、全面分析的高端人才，企业无法调整优化组织架构，目前采用的金字塔式架构仍存在部门之间分工不明确、责任不清晰的问题，影响企业整体发展水平。因此，高端人才被视为企业长期发展的推动者，也是促使企业转型创新的核心力量。

第三，资金匮乏。资金是推动企业数字化转型的基础。只有企业确保资金充足，才能够在数字化转型中取得预期效果。数字化转型实质上是对企业各个管理环节进行规范化的过程，引入互联网技术提升整体运营效率，采用先进手段收集和分析各类数据信息，从而推动各个环节的信息化和现代化。信息化和现代化建设关键在于互联网相关硬件和软件设备，而引入这些设备需要大量的资金储备。然而，当前我国中小型企业普遍存在资金短缺问题，难以拨出足够的资金用于数字化建设，这直接影响了企业整体发展的成果。

三、人工智能驱动下企业组织创新的措施

人工智能驱动下企业组织创新的措施主要包括明确战略定位、培养高端人才、做好资金安排三个方面。

（一）明确战略定位

为了促进企业组织创新取得成功，首要步骤是企业必须准确定义其战略定位，并从整体上重新定位数字化转型和组织创新，以有效指导企业职工的工作。一般情况下，可以从以下两个层面展开。第一，构建数字化转型和组织创新的全面框架至关重要。企业可以根据自身的独特情况，建立系统的数字化转型和组织创新体系，逐步推进转型和创新。第二，制定并

实施长期战略规划也不可或缺。如果实施长期战略规划，企业需要立足当前形势，融合时代潮流和行业趋势等多方面因素，从宏观战略视角审视未来的发展方向。企业必须对未来发展做出深入剖析，并设计出符合长期发展目标的策略规划。另外，企业还要根据数字化转型和战略需求，进一步健全组织结构，逐步提升组织体系效能。

（二）培养高端人才

企业应该致力于数字化转型，激励组织内部的创新活力，并且着重致力于培养高端人才。如今，我们生活在一个知识经济的时代，不同行业之间的竞争核心在于人才和知识。那些具备高端人才，并且能够善加利用其才能的企业，将会在激烈的竞争中脱颖而出。因此，企业必须加强引进和培养高端人才的工作。

首先，引进高端人才。企业在招聘过程中，必须重视筛选应聘者，对其进行深入细致的分析和综合评估，力求选拔出经验丰富、技能专业的人才。此外，企业应当制定详细明确的入职标准，对每个职位的应聘者进行全面综合的能力评估和验证，最终录用符合标准的人才。

其次，必须加强对现有人才的培训工作。通过持续不断的培训和学习，提升企业员工的综合技能素养，使他们更好地适应企业的发展需求，引领企业朝着数字化转型的方向不断前进。举例来说，企业可以定期为各部门管理者提供专业培训，侧重于数字化转型相关内容的教授，从而让他们在深入研究和学习的基础上增强技能，更加有效地运用数字化技术。

最后，建立有效的激励机制，营造自主学习的氛围。企业需要设立激励机制，促使员工自主学习，并在企业内部培养积极向上的学习氛围。

（三）做好资金安排

为了最大程度地实现数字化转型的效果，企业在资金管理方面需要加强控制，合理规划和运用资金，确保数字化转型过程中有充足的资金支持。一方面，对数字化转型项目进行深入细致的分析，根据制定的规划和流程合理布局和分配资金，从而确保项目所需的投入资金得到充分满足。另一方面，对组织架构的创新进行深入研究和分析，引入适当的软件管理平台，通过该平台对各部门的工作进行调度和管理，有效保障信息在平台上的顺畅流转和运作。

需要特别关注的是，由于软件平台的建设相当复杂，必须与企业的实际运营情况相互契合。因此，在开始构建软件平台之前，应该全面考虑和分析实际情况，结合组织架构的特点进行平台的构建。鉴于企业的情况各不相同，在进行软件平台建设时，必须细致地分析，避免盲目套用标准模式。与此同时，由于软件平台的建设需要投入大量资金，企业必须制定合理的资金安排，做好提前规划。如果资金状况比较紧张，可以采取分阶段建设的方式，首先在关键部门着手构建软件平台，等到资金充足时再逐步扩展并完善全面的平台建设。

四、人工智能对企业组织结构的影响

人工智能对企业组织结构的影响非常显著，主要体现在以下几个方面。

（一）组织结构的扁平化

传统企业的组织结构往往呈现垂直层级式的特点，这种结构在一定程度上保证了企业的稳定运营和秩序。然而，随着企业规模的扩大和业务的复杂化，这种垂直层级式的组织结构逐渐暴露出一些问题，如决策过程复杂烦琐、信息传递效率低下等。

人工智能技术的广泛应用，特别是自动化和机器学习的不断发展，为企业解决上述问题提供了新的思路和方法。通过应用人工智能技术，企业可以实现决策和流程的优化，减少对人力的依赖，提高工作效率。

在人工智能技术的推动下，企业的组织结构逐渐向扁平化方向发展。扁平化组织结构意味着减少中间层级，使决策层和执行层之间的信息传递更加直接和高效。这种结构有助于加快决策速度，提高响应市场的灵敏度，使企业适应快速变化的市场环境。

此外，扁平化组织结构还有助于激发员工的积极性和创造力。在垂直层级式结构中，员工往往被束缚在固定的职责和权限范围内，难以发挥个人的主观能动性和创新精神。而扁平化结构则更加强调团队合作和跨部门协作，鼓励员工积极参与决策和创新活动，从而推动企业的整体发展。

（二）促进部门之间加强协作

在人工智能技术的推动下，企业不同部门之间的数据共享和协同工作得到了显著的提升，这为企业带来了前所未有的机遇和优势。

通过人工智能技术，营销部门可以对大量的客户数据进行深入分析和挖掘，从中提取出有价值的信息。这些信息不仅可以帮助营销部门更好地了解客户的需求和偏好，还可以为产品研发部门提供宝贵的建议。

当营销部门将这些分析报告和反馈意见传递给产品研发部门时，产品研发部门可以迅速响应并调整产品策略。他们可以根据市场需求和客户的反馈，对产品进行改进或创新，使产品更加贴近客户的实际需求。这种基于数据驱动的产品研发过程不仅提高了产品的市场竞争力，还降低了研发成本和时间。

部门之间的顺畅协作还使企业组织结构变得更加灵活和高效。传统的组织结构往往存在信息壁垒和沟通障碍，导致部门之间难以形成合力。而借助人工智能技术，企业可以打破这些壁垒，实现信息的实时共享和高效沟通。这使企业能够更快速地响应市场变化，调整战略方向，抓住发展机遇。

（三）人才梯队调整

随着人工智能技术的广泛应用，企业对人才的需求发生了巨大的变化。这种变化不仅体现在人才岗位需求的日益分化与细化上，更体现在对人才技能和素质要求的全面提升上。

随着技术的不断发展，传统岗位上从事重复、简单工作的员工不可避免地面临着被人工智能所取代的风险。这是因为人工智能技术可以自动化处理大量烦琐的数据和信息，提高工作效率和准确性。因此，企业需要加强员工对新技术的学习力度与适应力度，帮助员工提升技能，以适应这种变化。

企业对于擅长人工智能等技术的人才需求也在迅速扩大。这些人才不仅具备深厚的技术功底，还能够利用人工智能技术解决实际问题，推动企业创新发展。为了吸引和留住这些人才，企业需要提供良好的工作环境和福利待遇，并为他们提供充分的成长空间和职业晋升机会。

企业还需要更加注重人才梯队的建设。这意味着企业不仅需要关注高层管理人才的培养，还需要注重中层和基层员工的培养和发展。通过制订科学的培训计划和晋升机制，企业可以激发员工的积极性和创造力，提高整体团队的凝聚力和执行力。

在拥抱数字化转型的过程中，企业还需要加大对相关人才的培训和引进力度。这包括加强对现有员工的技能培训，使他们能够掌握新技术和工具。同时，积极引进具有数字化思维和创新能力的新型人才，为企业注入新的活力和动力。

（四）项目管理方式革新

人工智能技术的广泛应用，为企业带来了显著的优势，特别是在提升项目管理的智能化程度和精细化水平方面表现尤为突出。借助先进的人工智能算法，企业不仅实现了对项目进展的精准预测和监控，还在成本控制等方面取得了重要的突破。

在项目进展管理方面，人工智能技术打破了传统项目管理对经验估计和定期报告的依赖。通过对大量历史数据的分析，人工智能能够学习项目进展的规律和模式，进而实现项目进度的实时预测和预警。这不仅大大提高了项目管理的效率，也显著提升了预测的准确性，使企业能够更加灵活地应对项目中的各种挑战。

在成本控制方面，人工智能技术的应用同样取得了显著成效。传统的成本控制方法往往依赖于预算和核算，这种方式不仅烦琐，而且难以做到精准控制。而人工智能可以通过对成本数据的实时分析和预测，帮助企业快速发现成本超支的原因，并提供有效的成本控制措施。这使企业能够更加精准地控制项目成本，实现项目成本的最优化。

人工智能技术在项目管理中的应用还体现在风险评估和预测、资源优化配置等多个方面。通过智能分析，企业可以更加全面地了解项目的风险状况，制定更加科学的风险应对策略。同时，人工智能还可以帮助企业实现资源的优化配置，提高资源利用效率，降低项目成本。

（五）决策机制优化

人工智能技术具有独特的能力，能够为企业提供更加准确、完整的数据支持，从而极大地提升企业决策的科学性和合理性。

借助大数据分析，企业能够深入剖析市场趋势。传统的数据分析方法往往受限于数据量和处理速度，难以全面、深入地挖掘市场信息。而人工智能技术则能够处理海量数据，并通过机器学习、深度学习等方法，发现数据中的潜在规律和趋势。这使企业能够更准确地把握市场动态，制定更加符合市场需求的战略规划。

人工智能能够帮助企业实施风险评估和预测。在决策过程中，风险评估是至关重要的一环。传统的风险评估方法往往依赖于经验和直觉，难以准确量化风险。而人工智能可以通过对历史数据的分析，预测风险发生的规律和模式，从而实现对风险的精准预测和评估。这有助于企业在决策过程中充分考虑各种风险因素，制定更加稳健的策略。

人工智能还可以提供智能化的决策支持工具。这些工具可以根据企业的实际需求，提供定制化的决策方案和建议。例如，基于人工智能的预测模型可以预测产品的销量、价格等关键指标，为企业制订生产计划、定价策略等提供有力支持。同时，人工智能还可以自动化处理一些烦琐的决策任务，提高决策效率。

第三章 人工智能与企业决策管理

第一节 企业决策管理

一、决策的含义

所谓决策，指的是按组织目标的要求，在组织内外部条件的约束下，对多个可行的行动方案进行选择并执行选择结果的管理活动。[①] 这一过程涉及信息搜集、分析和评估，以及决策者对不同选择进行比较和判断的过程，其最终目的是实现企业的长远利益和可持续发展。从定义中可以看出，企业决策涵盖以下几个方面的内容。

第一，决策主体。在制定决策时，参与问题分析、提出解决方案并进行评价的主体通常被称为"决策分析者"，而最终负责做出决策并确定最佳方案的主体则被称为"决策领导者"。这两个角色在决策过程中发挥着关键作用，必须协同合作以确保最终的决策能够达到预期的效果。

第二，决策目标。决策的目的在于解决各种问题。为了达成特定目标，确定清晰的目标是决策过程的第一步，而最终实现这些目标则是整个决策

① 杨爱华，梁朝辉，吴小林. 企业管理概论［M］. 成都：电子科技大学出版社，2019：38.

过程的终点。若缺乏明确的目标，则将无法有效展开决策过程。

第三，决策方案。企业在做决策时，通常需要拥有不同的备选方案，并且必须进行详尽的比较分析。至少需要有两个可供选择的可行方案，同时必须明确评价标准，对这些可行方案进行全面综合的分析与评价。

第四，决策结果。决策结果的确定涉及选择一个能够满足特定需求的解决方案，这个过程通常需要对各种方案的贡献和潜在问题进行全面深入的分析和比较，最终确定一个最为令人满意的方案来实现既定目标。

从这个角度来看，企业进行决策实际上是一个非常复杂的过程，其中包含了多个规范和步骤。在这个过程中，企业需要将科学理论方法与人类智慧和经验相结合，以便决策者更好地发挥判断力和决策能力，从而提升决策结果的准确性和科学性。

二、决策的特点

决策的特点主要体现在其目标性、选择性和风险性上。

第一，目标性。管理活动中经常需要进行决策，决策的目的通常是为了实现组织设定的具体目标。如果组织缺乏清晰具体的目标，或者这些目标缺乏明确的界定，那么做出准确的决策将变得极为困难。

第二，选择性。决策的显著特点之一是需要在众多可行方案之间进行综合评估，以便做出最终的最佳选择。如果只有一个方案可供选择，那么决策者无需进行评估和比较，因此无法称之为真正的决策。在决策过程中，决策者需要考虑各种不同的选项，并根据不同方案的优劣势来进行权衡取舍。

第三，风险性。决策是一种涉及风险管理的活动，因为每个可选方案都取决于对未来的预测。客观事物的变化受多种因素的影响，再加上人类认知在某种程度上的局限，因此，决策方案的不确定性是无法完全避免的。决策者无法绝对确定其所做决策能实现期望的目标，因此需要承担不同程度的风险。

三、决策的原则

第一，信息准确完整原则。信息的准确性和完整性至关重要，因为这能够真实地描绘经济发展的进程。为此，需要广泛而深入地搜集各种适用的信息源，进行全面的、系统化的综合整理和筛选，以确保最终呈现的研究结果能够全面、准确地反映所研究的经济问题，从而为研究提供坚实的基础。

第二，未来预测导向原则。经济决策的制定过程必须充分考量并深刻洞察过往经验，深入了解当前形势，系统分析与精准判断未来发展走势，尽量将主观臆断的偏见减至最低，强化完备科学的前瞻谋划。

第三，可行性分析原则。所选择的经济预测方案和决策行动不应该超越主客观条件，而是应该根据实际情况来制定。通过对不同方案的可行性进行科学论证和评价，同时结合定性和定量分析，以期找出实现成功的最佳可能性，选择出最具潜力的方案进行推动。

第四，系统性权衡原则。经济决策应该遵循系统性权衡原则，从整体出发，全面考虑各种因素，综合考虑并统筹规划人力、物力、财力等资源，建立在对客观条件深入分析的基础上，确保能够拟定出最具有效性且相对最优的实施方案。

第五，对比取舍原则。在多个备选方案中，需要选择具有最高满意度并且能够达成既定目标的方案。换句话说，在诸多选择中应该优先考虑那些消耗人力、物力和财力最少、成本最低、进展最快、耗时最短、经济效益最高的方案。整体而言，需要汲取不同方案的优点，以实现利润最大化，并找到损失最小化的方法。

第六，民主集中制原则。所有组织系统的决策必须建立在民主基础之上，并由高层管理机构集中决定。下层管理机构则应依照其职权范围分级负责做出决策，但需遵循整个组织系统的总目标。这种做法不仅有助于增强集体统一领导的凝聚力，还能够促进集体智慧，使决策更具科学性和合理性。

第七，监控追踪原则。经济决策一旦确立，其执行过程往往会出现各种偏差。为确保实现既定目标，决策机构需要不断跟踪监控决策的执行情况。通过识别执行过程中与目标要求之间的差异，获取反馈信息，以便根据具体情况做出必要的调整，助推目标的达成。

四、决策的程序

概括起来，决策程序主要有以下几个步骤。

第一，明确问题，对问题进行分析并确定应采取的决策层次。

决策作为一项重要的管理活动，需要围绕着特定问题展开充分的讨论与分析。举例来说，在软件企业这样高度竞争的环境中，管理层面临着诸如如何在市场竞争中实现持续发展、如何有效筹措资金以支持业务增长、如何精准定位开发的软件产品等一系列复杂而关键的问题。在组织结构被划分为多个层次的情况下，单纯提出问题远远不够，还需要对每个问题进行深入透彻的分析，以厘清问题的实质，明确这些问题是牵涉到整体战略层面还是具体业务程序的层面。准确把握问题的本质有助于确定适当的决策层级，从而避免高级管理人员被琐碎的普遍问题干扰，导致对重大问题做决策时出现困难。对于决策者，尤其是高层管理人员来说，深刻认识潜在问题的可能性，提前准确预测事态发展，具有极其重要的战略意义和实践指导意义。

第二，明确目标。

在制定决策解决方案时，决策目标是至关重要的，也是执行和评估决策效果的依据。实际上，决策目标就是要达到的标准。因此，在设立决策目标时，需要确保其既合理又可行。一个合理可行的决策目标应当是具有一定挑战性的，需要付出努力才能实现的。如果设定的目标过高，不切实际，可能会让人望而却步，失去前进的动力和勇气，最终导致决策失败。相反，如果目标设定过低，没有挑战性，容易达到，可能会让人产生得过且过的想法，丧失必要的紧迫感和积极性。已有管理实践证明，保持适当的工作压力是必要的，而设立目标和计划指标是形成工作压力的主要途径。

第三，拟定备选方案。

为达到相同的决策目标，可供选择的方法和途径有很多种。然而，不同途径的效率不同。为确保在最小化费用、最大化效率、最丰厚回报的前提下实现目标，需要比较和选择各种可能的备选方案。备选方案的拟定不仅仅是管理活动，同时也具有较高的技术性，任何备选方案都必须建立在科学规划的基础之上。若方案可进行量化和定量分析，则需要建立量化指标，运用科学合理的方式进行定量分析，以确保各方案尽可能基于客观基础，减少主观假设的影响。

第四，评选并确定最优方案。

比较和评价备选方案，确定最优方案是决策过程中至关重要的一环。为了确定最优方案，首先，需要建立一个专业的评选小组，对方案的合理性和科学性进行准确评估。其次，必须明确方案选择的标准。在经济组织决策中，评选方案往往以经济效益作为主要标准。最后，评选方案的工作必须深入、细致。评价一个方案不仅仅是根据评价指标中的最优值来选择，还需要详细审查方案的可行性。方案可行性分析报告是确认最优方案的关键依据，即使某方案在评价指标上表现突出，若缺乏实际可行性，也将毫无意义。在确定最优方案之前，还需要对备选方案进行充分的调研，并考虑不同方案可能带来的影响和潜在风险。专业的评选小组可以通过专业讨论和数据分析来确保评估结果的客观和准确。此外，为了更好地确定最优方案，还应注重方案实施后的影响和长远效果，从而更好地服务于组织的整体发展战略。

第五，组织决策实施。

决策的意义不仅仅在于做出正确选择，还在于具体执行所选方案。决策的有效性和正确性必须经过实践的验证。另外，决策的首要目标是将其实施出来，解决最初的问题。若说选择令人满意的方案只是成功解决了一半问题，那么另一半则在于有效组织决策实施。确保决策有效实施的关键在于获得广大组织成员的积极参与。为了高效组织决策实施，决策者应该通过多种渠道给组织成员传达决策方案，争取获得他们的认可。当然，最有效的方式之一是设计一种决策模式，鼓励更多的成员参与决策，深入了解决策的内容，以便更好地推动决策的实施。

第六，信息的反馈，决策的修订和补充。

唯一可靠的验证决策准确性的方式就是将其付诸实施。在做决策时，即使再周全考虑，也只是事前推测，难免会有偏差或不当之处。况且，随着外部社会市场形势的变化，实际执行条件难以与最初设想完全一致。在某些不可预见和不可控制因素的影响下，执行条件与环境可能与决策方案所依据的条件和环境存在较大差异。这时，需要调整的不是现实状况，而是决策方案本身。因此，在决策实施过程中，决策者应当及时获取和了解决策实施的各种信息，及时发现新问题，对原来的决策方案进行必要的调整，使之能够适应不断变化的情况。

第七，汲取经验教训，加强决策能力。

在实施某项决策后，需要对整个过程和最终结果进行详细总结，这样可以更清晰地了解成功和失败之处，从而制定相应的奖励和惩罚措施，同时也可以提高个人的决策智慧。通过总结决策经验，可以揭示出一些起初看起来正确但最终效果不佳的决策。比如，有些决策可能在短期内带来明显的益处，但是会对长期效益造成负面影响，这些经验都是通过总结决策结果而获取的。

五、决策的类型

鉴于企业活动的复杂性，管理者需要做出各种各样的决策。不同的分类方式涉及不同类型的决策。

根据决策所涉及的范围不同，可将决策分为三种不同的类型，分别是战略决策、管理决策和业务决策。其中，战略决策通常由高级管理人员制定，涉及企业未来发展方向等重要事项。管理决策通常是由中层管理人员制定，是为了实现整体战略目标在解决具体问题时做出的重要决策。至于业务决策，则是基层管理人员为解决日常工作和任务中所遇到的具体问题而做出的决策。

根据决策的频率不同，可将决策分为两类，分别是程序化决策和非程序化决策。程序化决策是指处理与常规、重复性问题相关的决策过程。而非程序化决策则包含处理偶发事件或首次出现但又具有关键意义的非重复性决策。

根据决策的目标与应用方法，决策可以被归类为定量决策和定性决策两类。其中，定量决策，即计量决策，是指根据明确定义的数量目标，采用数学方法进行决策的过程。相反，定性决策，也被称为非计量决策，因为其难以精确量化，主要依靠决策者的分析、判断和定性方式来做出决策。

根据决策问题所具备的条件和决策可能性，决策可以被分为确定型、风险型和不确定型三种类型。确定型决策是指只有一个自然状态的选择条件，决策条件是确定的。风险型决策，则是指可供选择的方案中存在两种或多种自然状态，但每种自然状态发生的概率是可以被估计的。不确定型决策描述了在可供选择的方案中存在两种或多种自然状态，但是这些自然状态发生的概率是无法被准确估计的。

根据时间对决策的影响，可以将决策细分为长期决策和短期决策两大类别。长期决策是指涉及企业未来发展方向的全局性、长远性，对企业命运具有决定性影响的重要决策。相对应的，短期决策则是指为了实现长期战略目标而采取的临时性战略措施。

根据决策目标的数量，决策可被划分为单目标决策和多目标决策两大类别。在单目标决策中，重点放在对特定时点或时期发展过程整体结果的决策制定上。而多目标决策则更着眼于对较长时间跨度内涉及两个或两个以上相互关联目标以及相对应行动方案的决策制定过程。

第二节　人工智能驱动下的企业决策管理

一、人工智能在企业决策中的意义

决策智能化的核心在于充分利用人工智能技术建立决策模型，并通过对数据的广泛收集、深入分析和精细处理，将决策模型应用于广泛多样的实际决策场景，有效辅助管理者做出基于事实、经过周密推敲的科学、合理的抉择。人工智能对企业决策过程具有诸多重要意义。

首先，利用人工智能技术可以极大提升决策效率。人工智能技术可以快速高效地处理海量数据，经过深度分析和全面梳理，为决策者提供有效的信息支持，并根据数据挖掘的结果提出全面细致的决策方案，进而显著提高整体决策效率。

其次，借助人工智能技术，能够运用包括机器学习和深度学习等精密算法，构建更加精确全面的决策模型，从而大幅提高决策的准确性和可靠性。通过技术手段完善决策模型，不仅可以消除决策过程中的主观偏差，还有助于提升整体决策质量。

再次，人工智能技术的自动化特性可以极大地简化决策流程，实现决策的智能化和自动化。人工智能技术可以显著减少管理者在决策过程中的时间投入和精力耗费，从而有效降低决策的人力资源成本和物力资源消耗。

最后，运用人工智能技术能够帮助企业更加灵活地应对市场环境的快速变化，增强企业抵御不确定性风险的水平，有效提高企业在市场中的竞争力和抗风险能力。这种适应市场挑战、优化资源配置、提升企业整体竞争实力的作用，凸显了人工智能对企业发展的积极推动意义。

二、人工智能在企业决策中的应用

人工智能在企业决策中的应用日益广泛，它通过大数据分析和机器学习等技术，为企业提供了精准的市场预测、风险评估和策略优化等支持，帮助企业做出更科学、更高效的决策，提升企业的竞争力和市场响应速度。

第一，在财务决策领域，人工智能技术发挥着至关重要的作用。它如同一位得力助手，精准而高效地助力企业完成一系列关键任务。从繁杂的财务数据分析，到精细的预算编制，再到资金筹集的优化，乃至投资决策的精准把握，人工智能技术都展现出了其独特的优势。通过智能算法和大数据分析，企业能够更准确地把握市场动态，制定更合理的财务策略，从而在激烈的市场竞争中立于不败之地。

第二，在人力资源决策领域，人工智能技术的引入为企业带来了革命性的变革。通过智能招聘系统，企业能够高效筛选和匹配人才，降低招聘成本。同时，利用人工智能技术，企业还能实现绩效考核的精准化，确保公正、客观的评价体系。在薪酬管理和员工发展方面，人工智能也能提供数据支持，帮助企业制定更合理的激励措施和职业规划，优化人力资源决策流程，提升企业整体绩效。

第三，在营销领域的决策中，人工智能技术的运用显得尤为关键。它能够深入分析市场趋势，帮助企业洞察消费者需求，为产品策略的制定提供有力依据。同时，人工智能技术还能协助企业制定精准的产品定价策略，确保在竞争激烈的市场环境中保持优势。此外，在销售渠道管理方面，人工智能技术能够优化资源配置，提高销售效率，从而助力企业实现营销目标，增强市场竞争力。

第四，在生产方面的决策中，人工智能技术的运用为企业注入了新的活力。它能够帮助企业精确预测生产需求，制订合理的生产计划，确保资源的优化配置。同时，通过智能库存管理系统，人工智能技术能够实时监控库存状态，避免库存积压或短缺，提升企业的运营效率。此外，在生产质量控制方面，人工智能技术为企业提供了强大的支持，能够协助企业实现产品质量的全过程监控，确保产品质量的稳定可靠。

第五，在运营方面的决策中，人工智能技术的应用也十分广泛。它能够为企业提供强大的数据分析能力，协助企业进行供应链管理的优化，确保原材料和产品的流通顺畅。同时，人工智能技术还能通过智能算法优化物流路径，降低运输成本，提高物流效率。此外，在客户关系管理方面，人工智能技术可以帮助企业更好地了解客户需求，提供个性化的服务，从而增强客户黏性，提升企业的市场竞争力。

三、人工智能在企业决策中应用的具体路径

人工智能在企业决策中应用的具体路径包括四个方面。

首先，着手构建企业数据平台。企业数据平台扮演着人工智能应用的基石角色。需要确保建立一个一体化的数据平台，将企业内外的数据集合在一起，为各类人工智能算法提供数据支撑。

其次，着手开发各类人工智能算法模型。企业必须打造各式各样的人工智能算法模型，让企业数据转变成洞察力。

再次，将各类人工智能算法模型纳入企业决策管理系统中。企业需要将各类人工智能算法模型融入企业的决策管理系统中，以确保这些算法模

型能够为企业的决策管理提供支持。

最后，加强对企业管理人员的人工智能知识和技能培训。企业在当前形势下亟需加大对企业管理人员相关人工智能知识和技能的培训力度，这样能够确保这些管理人员具备充分的人工智能技术应用能力，从而使其在决策过程中能够更有效地运用所掌握的人工智能技术。

四、构建基于人工智能技术的企业管理决策智能化体系

（一）构建企业管理决策智能化体系的步骤

构建基于人工智能技术的企业管理决策智能化体系是一个复杂而庞大的系统工程，其设计与实施过程需要经历一系列步骤。

第一，必须明确企业管理决策智能化建设的目标。第二，制定企业管理决策智能化体系框架。第三，筛选适用的人工智能技术。第四，建立企业管理决策智能化体系模型。第五，研发企业管理决策智能化体系原型。第六，部署企业管理决策智能化体系。第七，操作和维护企业管理决策智能化体系。

（二）构建企业管理决策智能化体系的注意事项

在搭建基于人工智能技术的企业管理决策智能化体系时，企业需要注意以下几个问题。

首先，需要关注数据品质与数据治理。企业在建立企业管理决策智能化体系时，数据品质和数据治理非常重要，因为智能化体系的建设和操作都是依赖数据的，数据品质的优劣直接影响着智能化体系的性能和效果。为此，企业应该确立一套完善的数据品质管理机制，以确保数据品质，并对数据进行有效治理。

其次，需要注重模型的选择与优化。在搭建企业管理决策智能化体系时，模型的选择和优化非常关键，因为模型是智能化体系的核心，所选模型的优劣直接影响智能化体系的性能和效果。因此，企业应该根据实际情

况选择适合的人工智能技术和模型，并对模型进行优化，以提升模型的性能和效果。

最后，需要重视安全和隐私保护。企业在搭建企业管理决策智能化体系时，安全和隐私保护尤为重要，由于智能化体系处理和存储大量企业数据，这些数据可能含有敏感信息。因此，企业应该建立健全安全保障机制，确保企业数据的安全和隐私，防范数据泄露和滥用的风险。

五、人工智能技术应用于企业决策过程的优势

人工智能技术应用于企业决策过程的优势主要体现在五个方面，分别是决策的全面性、决策的科学性、决策的及时性、决策的准确性和决策的创新性。下面对这五个方面进行详细阐释。

（一）决策的全面性

决策的全面性主要表现在两个方面。一方面是智能化信息搜集的能力。利用人工智能技术，可以获取来自多个渠道、不同来源和各种格式的数据。此外，通过社交媒体、物联网设备等途径，人工智能还能够实时收集数据，以全面覆盖企业决策所需的信息范围。另一方面是智能化数据处理的能力。人工智能技术通过机器学习、数据挖掘和自然语言处理等技术，能够对海量数据进行清洗、整理和分析，然后将这些数据转化为结构化、易于理解的格式，以帮助管理者全面把握决策环境。

（二）决策的科学性

决策的科学性主要体现在两个方面。一方面是智能化分析的能力。引入人工智能技术后，能够借助机器学习、深度学习等技术对数据进行智能分析，揭示潜在的模式和规律，进而进行未来趋势的预测。此外，通过模拟、仿真等技术，评估不同的决策方案，为管理者提供科学依据，助力实现科学决策。另一方面是智能化推理的能力。利用人工智能技术，能够对决策问题进行推理，从而推断出合理的结论。此外，人工智能还能够将专

家知识和经验转化为可执行的决策模型，借助专家系统等技术，帮助管理者做出科学决策。

（三）决策的及时性

决策的及时性主要体现在两个方面。一方面是智能感知的能力。人工智能技术能够利用传感器、物联网设备等收集实时数据，并对这些数据进行分析，及时察觉决策问题。此外，借助事件驱动、规则引擎等技术，人工智能还能够迅速响应决策问题，帮助管理者及时做出决策。另一方面是智能执行的能力。人工智能技术可以通过机器人、自动驾驶汽车等实施决策。此外，通过流程自动化、智能助理等技术，人工智能还能够将决策转化为可执行的行动，协助管理者及时执行决策。

（四）决策的准确性

决策的准确性主要体现在两个方面。一方面是智能学习的能力。人工智能技术利用机器学习、深度学习等方法进行持续学习和改进，以提高决策的准确度。此外，人工智能还能利用知识融合、专家系统等手段，将不同专家的知识和经验整合到决策模型中，以增强决策的准确性。另一方面是智能化的优化能力。人工智能技术通过优化技术，对决策方案进行优化，以找到最佳的决策方案。

（五）决策的创新性

决策的创新性主要体现在两个方面。一方面是智能化创造的能力。人工智能技术可以利用神经网络等技术产生独具创意的解决方案。此外，借助头脑风暴、思维导图等工具，人工智能还能辅助管理者开阔思维，从而促成独到的决策方案的出现。另一方面是智能化探索的能力。人工智能技术可以借助强化学习等手段，发掘新的决策途径。此外，人工智能可以快速推进对决策方案的探索，助力管理者发现富有创意的决策路径。

六、人工智能驱动下企业决策的未来发展展望

在人工智能的驱动下，企业决策将迈入智能化新纪元。未来，通过深度学习和大数据分析等技术，企业能够实时洞察市场变化，做出更为精准、高效的决策。这将极大提升企业竞争力，开启智慧管理新时代。对于未来企业决策在人工智能赋能下的发展展望，可以从以下几个角度进行探讨。

第一，在企业管理决策领域，人工智能技术的广泛应用正在日益显著。当前，人工智能技术已被广泛应用于财务、营销、生产等多个领域，未来预计其应用范围将不断扩大至更多领域，进一步深化其在企业管理决策中的作用。

第二，人工智能技术将与其他先进技术实现紧密融合，创造出全新的智能化管理决策工具。人工智能技术有望与大数据、云计算、物联网等前沿技术相互融合，从而孕育出更加智能、高效的管理决策工具，有助于企业实现更智能、高效的决策流程。

第三，人工智能技术将扮演协助企业打造更具敏捷性和弹性的管理决策体系的重要角色。人工智能技术将助力企业打造更加灵活、具有弹性的管理决策体系，使企业能够更好地应对市场变化和竞争压力。

第四，人工智能技术预计将引发对传统企业管理决策模式的改变。未来，企业的管理决策将逐渐转变，从依赖经验和直觉为主的模式，向更加依赖数据和算法为主的模式迈进。

第四章　人工智能与企业人力资源管理

第一节　企业人力资源管理

一、人力资源

（一）人力资源的概念

人力资源是指能够推动生产力发展、创造社会财富、具有智力劳动和体力劳动能力的人们的总和。从时间序列上看，包括现有劳动力和潜在劳动力；从空间范围上看，可分为某个国家、某区域、某产业或某企业的劳动力。[①]人力资源是企业实现绩效目标、保持竞争优势的核心力量。有效的人力资源管理能够激发员工的潜力，提高工作满意度和效率，进而促进企业的整体发展。

---

① 安景文，荆全忠.现代企业管理［M］.北京：北京大学出版社，2012：201.

（二）人力资源的特点

人力资源与其他社会资源相比，具有以下几个方面特点。

1. 能动性

这种能动性是人力资源与其他资源最本质的区别。它指的是人具有意识，能够主动地认识世界，并通过自己的行动有意识地改造世界。这种特性使人力资源在社会和经济活动中起着主导和积极的作用。人的能动性还体现在其具有自我开发的能力。人可以通过学习、实践和积累经验，不断提升自己的知识和技能，从而增强自身的价值。这种自我开发的能力是人力资源所独有的，也是其他资源无法比拟的。

2. 两重性

作为生产者，人力资源是社会经济活动中最活跃、最具有创造力的因素。人们通过自身的劳动、知识和技能，为社会创造物质财富和精神财富。人力资源还具有高度的灵活性和适应性，能够根据市场需求和变化迅速调整自己的行为和策略，保持生产的连续性和稳定性。作为消费者，人力资源在社会经济生活中也有着不可忽视的作用。人们需要消耗各种资源和服务来满足自己的基本生活需求和发展需求。人力资源的消费行为直接影响了市场需求和经济结构。同时，人力资源的消费能力和水平也反映了社会的经济发展水平和生活质量。

3. 时效性

人力资源的时效性指的是人力资源的形成和利用受到生物学意义上的时间限制。人如同其他生物体一样，经历从成长到衰亡的生命过程，并在不同的生命阶段具有不同的能力和特点。因此，对于企业而言，充分认识和把握人力资源的时效性特点，及时、合理地开发和利用人力资源，对于实现企业的战略目标、提升企业的竞争力具有重要意义。同时，这也要求企业在人力资源管理方面要有前瞻性和预见性，根据企业发展的需要和市场环境的变化，及时调整人力资源策略，确保人力资源的有效供给和合理配置。

4. 持续性

人力资源是一种可再生的资源。与物质资源不同，人力资源不会因使用而耗尽，反而可以通过持续的教育和培训进行提升。随着经验的积累和学习能力的增强，人力资源的价值会不断提高，为企业和社会创造更多的价值。人力资源的投入具有长期性和稳定性。一旦人力资源被投入生产、经营和管理的各个环节中，它就会持续地发挥作用，不存在间歇性和约束性。人力资源与其他资源形式的紧密结合，可以提高生产管理的运行效率，为企业创造持久的竞争优势。人力资源的持续性还体现在其对社会和经济发展的长期贡献上。一个拥有高素质、高技能人力资源的企业或国家，能够更好地应对市场变化和技术挑战，推动创新和发展。这种持续性的贡献不仅体现在经济效益上，还体现在社会进步和可持续发展等方面。

5. 社会性

人力资源的形成、配置、开发和使用都是一种社会活动。人们通过社会实践活动，逐渐了解自然的现象、自然的性质、自然的规律性、人和自然的关系以及人与人之间的关系等。离开社会实践活动，人力资源就无法形成。同时，人力资源的配置依赖于社会，其使用也需要处于社会劳动分工体系之中。因此，人力资源应当归属于整个社会所有，而不仅仅归属于某一个具体的社会经济单位。

6. 复杂性

人力资源的复杂性源于其个体差异性。每个人在素质、能力、态度等方面都存在显著的差异。这种差异不仅体现在人们的基本生理特征上，更体现在其思想意识、道德观念、情感倾向等深层次的心理特征上。这使人力资源管理变得异常复杂，因为需要针对每个个体的特点进行差异化的管理和激励。由于复杂性的存在，人力资源管理需要综合运用多种知识和技能，包括心理学、社会学、经济学、管理学等多个学科的理论和方法。同时，还需要具备敏锐的洞察力和判断力，能够准确地识别和分析人力资源的问题和挑战，并制定出有效的解决方案。

二、人力资源管理

（一）人力资源管理的概念

人力资源管理就是对企业人力资源的有效开发、合理利用和科学管理，以更好地实现企业的工作目标。[①] 它是企业管理的重要组成部分，对于企业的成功运营和长远发展至关重要。

人力资源管理是一个综合性的概念，它涉及对人力资源的全方位管理，旨在实现企业目标的同时，也关注员工的发展和成长。通过科学、系统的方法和技术，对人力资源进行有效的配置和利用，以推动企业的持续发展和创新。

（二）人力资源管理的内容

人力资源管理通常包含多个模块，每个模块都有其特定的功能。以下是人力资源管理中的几个主要模块。另外，人力资源管理还包括其他模块，比如职业生涯规划、人力资源信息系统等，这些模块共同构成了完整的人力资源管理体系。

1. 人力资源规划

人力资源规划是企业实现战略目标的关键环节。它基于企业的整体发展需求和未来战略方向，对人力资源进行全面、系统的规划和管理。

在这一过程中，企业首先会进行人力资源需求分析，明确当前和未来一段时间内所需的人力资源数量、结构和质量。接着，企业会进行供给分析，评估内部员工的潜力和外部招聘的可能性，以确定人力资源的供给情况。然后，通过对比需求和供给，企业会识别出人力资源的缺口，并制定相应的解决方案。这些解决方案可能包括招聘新员工、提升内部员工技能、调整组织架构等。最终，企业会制定一套完整的人力资源规划方案，以确

① 彭艳，马娅，李丽.现代企业管理［M］.南昌：江西高校出版社，2019：153.

保企业拥有足够且合适的人力资源来支持其战略目标的实现。这一过程不仅有助于企业提高人力资源的利用效率，还能为企业的发展提供有力的人才保障。

2. 招聘与配置

招聘与配置是人力资源管理的基础模块。它涉及一系列复杂的过程，旨在通过各种渠道寻找并吸引那些真正符合企业要求的人才，以满足企业的人力资源需求。

首先，招聘团队会根据企业的战略目标和业务需求，制定招聘计划，明确所需人才的数量、岗位、职责和资格要求。接着，他们会选择适合的招聘渠道，如在线招聘平台、校园招聘、猎头公司等，以确保招聘信息能够覆盖到目标人群。在招聘流程的设计上，企业会注重各个环节的衔接，确保从简历筛选、面试安排到最终录用的整个过程都能够顺利进行。面试是其中最为关键的环节之一，企业会通过一系列的问题和测试来评估应聘者的能力、素质和潜力，以确保找到最适合的人选。在录用环节，企业会与应聘者进行薪资、福利等方面的谈判，并签订正式的劳动合同，完成整个招聘与配置的过程。

3. 培训与发展

培训与发展模块在人力资源管理中占据举足轻重的地位。它专注于员工专业技能和综合素养的提升，旨在提高员工的工作能力和促进职业发展。

这一模块首先涉及制定全面的培训计划，根据企业战略目标和员工发展需求，量身定制各种培训课程和活动。接下来，组织培训活动是关键一步，通过内部培训、外部培训、在线学习等多种形式，为员工提供丰富的学习机会和平台。在培训过程中，评估培训效果是不可或缺的环节。通过考试、问卷调查、案例分析等多种方式，对培训成果进行客观、全面的评估，确保培训效果达到预期目标。

4. 绩效管理

绩效管理在人力资源管理中扮演着至关重要的角色。它是评估和管理员工工作表现的核心过程，旨在通过明确的目标设定和公正的评估，促进员工的工作积极性。绩效管理首先要设定明确的绩效目标。这些目标应当与企业的战略目标和员工的岗位职责紧密相连，确保员工的工作方向与企业的整体发展方向一致。

制定绩效评价指标是绩效管理的重要环节，这些指标应当具体、可衡量，能够客观反映员工的工作表现。通过定期的绩效评估，企业可以了解员工的工作成果和存在的问题，为员工提供有针对性的反馈和建议，帮助他们改进工作方法和提高效率。

绩效管理还包括奖惩措施的制定和实施，对于表现优秀的员工给予适当的奖励和激励，对于表现不佳的员工则采取相应的纠正措施，确保整个团队的绩效水平不断提升。有效的绩效管理能够激发员工的工作积极性和创造力，推动企业不断向前发展。

5. 薪酬福利管理

薪酬福利管理在人力资源管理中占据核心地位，它直接关联员工的切身利益和工作动力。这一模块涉及对员工的工资、福利和奖金等进行科学、合理的管理和分配，旨在通过构建具有竞争力的薪酬福利体系，激发员工的工作积极性和创造力。

在制定薪酬福利政策时，企业需要充分考虑市场水平、行业标准和员工需求，确保薪酬福利水平具有市场竞争力，能够吸引和留住优秀人才。同时，薪酬福利管理还需要关注员工的公平感和满意度，通过公正的薪酬分配和多样化的福利项目，满足不同员工的需求和期望，增强员工对企业的认同感和归属感。

薪酬福利管理不仅是企业管理的重要组成部分，更是建立良好员工关系、促进员工发展的关键因素。通过合理的薪酬福利政策，企业能够激发员工的工作热情，提高员工的工作效率和满意度，从而增强企业的凝聚力和竞争力，为企业的可持续发展奠定坚实基础。

6. 劳动关系管理

劳动关系管理在人力资源管理中占据着至关重要的地位。它聚焦于企业与员工之间的劳动关系，致力于维护双方的权益和利益平衡。这一模块涵盖了多个方面，从劳动合同的签订开始，就为员工和企业之间的合作关系奠定了法律基础。员工关系的维护成为关键，企业需要通过有效的沟通和协调，确保员工之间的和谐相处，以及员工与企业之间的紧密合作。

在处理劳动争议时，劳动关系管理发挥着重要作用。通过及时、公正、合理地解决劳动争议，企业能够维护员工的合法权益，同时也保障企业的正常运营。这些劳动争议可能涉及薪资、工时、福利等各个方面，需要企业具备专业的法律知识和处理技巧。

良好的劳动关系管理不仅有助于建立和谐的员工关系，还能够增强企业的凝聚力和向心力。员工在感受到企业的关心和支持后，会更加积极地投入工作中，为企业的发展贡献自己的力量。因此，企业应当重视劳动关系管理的建设和完善，确保企业与员工之间的合作关系能够长期、稳定、和谐地发展。

第二节　人工智能驱动下的企业人力资源管理

一、人工智能在企业人力资源管理中的应用

人工智能在企业人力资源管理中的应用日益显著。人工智能技术不仅提高了管理效率，还为企业构建了更加精准、高效的人力资源管理体系。在企业人力资源管理领域，人工智能的应用是多方面的，具体如下。

（一）人工智能在企业人力资源规划中的应用

人工智能在企业人力资源规划中的应用正逐渐加深，为企业提供了更精确、更高效的人力资源管理手段。以下是人工智能在人力资源规划中的一些主要应用。

1. 人才需求分析与预测

人工智能可以收集并分析大量的市场数据和内部数据，帮助企业准确判断未来的人才需求趋势。通过深度学习和预测模型，人工智能能够预测出不同岗位在未来一段时间内的需求变化，从而为企业制定人力资源规划提供决策支持。

2. 员工流动率预测与管理

人工智能能够基于历史数据和算法，预测员工的流动率，帮助企业提前采取措施以降低员工流失率。例如，通过分析员工的工作表现、满意度、职业发展规划等因素，人工智能可以识别出潜在的离职风险，并为企业提供相应的预警和建议。

3. 人力资源成本优化

人工智能可以协助企业制定合理的人力资源配置计划，以降低人力资源成本。通过分析员工的绩效、技能和工作负荷，人工智能可以为企业提供优化人力资源配置的建议，例如调整员工数量、提升员工技能等，以实现成本效益最大化。

4. 培训计划与职业发展路径规划

人工智能可以根据员工的技能、兴趣和绩效，为他们制定个性化的培训计划和职业发展路径。这有助于提升员工的技能水平和工作满意度，同时也为企业培养了更多符合未来发展需求的人才。

（二）人工智能在企业招聘中的应用

人工智能在企业招聘中的应用已经越来越广泛，涵盖了从简历筛选到面试评估的多个环节。以下是人工智能在企业招聘中的一些主要应用。

1. 智能简历筛选

人工智能系统可以结合岗位需求对应聘者的简历、工作经验、个人能力进行数据分析，为人员招聘提供更多帮助。[①] 这大大节省了招聘人员的时间和精力，提高了筛选效率。

2. 智能面试评估

人工智能可以通过视频面试的方式实现智能化面试评估。通过候选人录制自己的面试回答，人工智能系统可以对录像进行语音和图像分析，评估候选人的表现。人工智能可以通过语音情绪分析、语言专业度评估等算法判断候选人的能力和适应性。

---

① 赵传鹏.人工智能时代企业管理的发展路径探索［J］.企业科技与发展，2023（1）：126-128.

3. 人才预测与匹配

人工智能可以比对简历和公司数据库中的历史数据，找出与企业文化和价值观相匹配的候选人，提高招聘的准确性。同时，通过分析候选人的教育背景、工作经历、技能等信息，人工智能可以预测候选人的职业发展潜力和适应性。

4. 自动化推荐

在传统的招聘过程中，招聘人员需要手动推荐候选人给相关部门或上级审批。而人工智能可以根据设定的算法和模型，自动推荐符合要求的候选人，减少了人为干预和误差。

5. 优化招聘流程

人工智能可以优化整个招聘流程，使其更加简化，提高招聘工作的效率。通过自动化发布职位、收集简历、安排面试等环节，人工智能能够降低招聘过程中的时间和成本，提高招聘效率。

（三）人工智能在企业培训中的应用

人工智能在企业培训中扮演着日益重要的角色，不仅可以提高培训效率，还可以个性化地满足员工的学习需求。以下是人工智能在企业培训中的一些主要应用。

1. 个性化学习路径

人工智能技术可以根据员工的学习历史、技能水平和工作需求，为他们定制个性化的学习路径。这种个性化的学习方式可以更高效地提升员工的技能，并且确保培训内容与员工的具体需求相匹配。

2. 智能推荐培训内容

基于员工的学习行为和表现，人工智能可以智能推荐相关的培训内容。例如，如果员工在某个领域表现出色，人工智能可以推荐更高级别的课程或挑战，以进一步拓展他们的能力。

3. 实时反馈与评估

人工智能可以实时分析员工的学习进度和效果，为他们提供即时的反馈。这种反馈可以帮助员工及时调整学习策略，提高学习效果。同时，人工智能还可以对员工的培训成果进行自动评估，减轻人力资源部门的工作负担。

4. 模拟与虚拟实践

人工智能技术可以创建虚拟的实践环境，让员工在模拟的场景中进行实践练习。这种模拟实践的方式可以帮助员工在安全的环境中掌握新技能，降低实际工作中的风险。

5. 数据驱动的决策支持

人工智能可以分析大量的培训数据，为企业提供关于培训效果、员工学习需求等方面的信息。这些信息可以帮助企业优化培训计划，制定更科学的培训策略。

随着技术的发展，人工智能在企业培训中的应用还将进一步拓展。例如，通过利用自然语言处理和机器学习技术，人工智能可以更深入地理解员工的学习需求，为他们提供更精准的学习建议。同时，人工智能还可以与虚拟现实、增强现实等技术结合，为员工创造沉浸式的学习体验。

（四）人工智能在企业绩效中的应用

人工智能在企业绩效中的应用日益广泛，为企业提供了更高效、更精准的绩效管理手段。以下是人工智能在企业绩效中的一些主要应用。

1. 自动化评估与数据分析

人工智能可以自动收集和分析员工的工作数据，包括工作效率、质量、客户满意度等多个维度的信息。通过大数据分析和机器学习算法，人工智能能够发现数据中的规律和趋势，为企业提供客观、全面的绩效评估结果。这大大减少了人工评估的时间和成本，提高了评估的准确性和效率。

2. 实时监控与反馈

人工智能技术可以实现绩效的实时监控，帮助企业及时发现员工在工作中存在的问题和瓶颈。同时，人工智能还可以为员工提供个性化的反馈和建议，帮助他们改进工作方法，提高绩效。这种实时反馈机制有助于员工及时调整工作状态，提高工作效率和满意度。

3. 预测性分析与策略优化

人工智能的预测性分析能力可以帮助企业预测未来的绩效趋势，为管理层提供决策支持。通过对历史数据的分析和模型训练，人工智能可以预测员工或团队的潜在绩效，并为企业提供优化策略。这有助于企业更好地制定人力资源计划，优化组织结构和提升整体绩效。

4. 模拟与预测绩效影响

人工智能可以模拟不同的绩效管理策略对员工和团队的影响，帮助企业评估和优化绩效管理模型。通过模拟实验，企业可以了解不同策略下的绩效变化，从而选择最适合自己的绩效管理方案。

（五）人工智能在企业薪酬管理中的应用

人工智能在企业薪酬管理中的应用，使企业的薪酬管理更加自动化、数据化、精准化，大大提高了薪酬管理的效率和准确性。以下是人工智能在企业薪酬管理中的一些主要应用。

1. 自动化薪酬计算

人工智能通过计算机程序和算法，可以快速准确地计算员工的薪酬、奖金和福利等各种津贴。这大大降低了手工输入和计算的错误率，减少了人工成本，提高了数据的准确性和及时性。

2. 薪酬数据分析与策略优化

人工智能可以对大量的薪酬数据进行深度分析，获取有关员工工作表现、绩效结果、离职率等信息。这有助于企业更好地理解薪酬结构，制定更加公平、科学的薪酬福利体系，并根据数据合理规划员工的策略性福利和个人发展道路。

3. 薪酬预测与模拟

基于历史数据和算法模型，人工智能可以预测未来的薪酬趋势，并模拟不同薪酬策略对员工满意度、绩效以及企业整体成本的影响。这为企业决策提供了有力支持，帮助企业优化薪酬结构，提高员工满意度和绩效。

4. 个性化薪酬建议

人工智能可以根据员工的个人表现、市场需求以及公司的战略目标，为员工提供个性化的薪酬建议。这有助于企业更好地留住人才，提高员工的归属感和工作动力。

（六）人工智能在企业劳动关系中的应用

人工智能在企业劳动关系中的应用，为企业提供了更高效、更精准的劳动关系管理方式。以下是人工智能在企业劳动关系中的一些主要应用。

1. 沟通与交流优化

通过聊天机器人等人工智能工具，企业可以实时与员工进行沟通交流，解决员工的问题和疑虑。这不仅可以提高人力资源管理的效率，还有助于及时处理劳动纠纷，避免劳动关系出现紧张或冲突的情况。

2. 员工满意度提升

人工智能技术可以帮助企业更精准地了解员工的需求和期望，从而制定更加符合员工利益的薪酬福利和职业发展计划。例如，通过分析员工的工作表现、技能和兴趣，人工智能可以为员工推荐合适的培训课程和职业发展路径，提高员工的工作满意度和忠诚度。

3. 劳动关系数据分析

人工智能可以收集并分析员工的职权、工作流程等相关数据，将劳动过程转化为可视化的数据，帮助企业发现潜在的劳动关系问题，从而采取相应措施进行预防和解决。此外，通过对员工表现进行量化评价，人工智能还可以为企业提供更公平、更客观的薪酬和奖励体系。

4. 智能化监控与劳动保护

人工智能技术也可以用于劳动过程的监控，确保员工在安全和健康的环境下工作。通过智能设备和传感器，人工智能可以实时监控员工的工作环境、工作负荷等，及时预警潜在的安全风险，并采取相应措施保护员工的权益。

二、人工智能在企业人力资源管理中应用的意义

人工智能在企业人力资源管理中的应用具有重要意义。它可以为企业提供更科学、更个性化的人才管理策略，从而优化人力资源配置，增强企业竞争力。关于人工智能在企业人力资源管理中应用的意义，本书主要从以下几个方面进行讨论。

（一）提升企业人力资源管理工作效率

对于枯燥乏味的重复性工作，员工往往容易因精力不足或身心厌倦而出现错误。长时间从事此类工作可能导致注意力分散、效率下降，甚至引发工作中的失误。然而，人工智能则不受此类情感或生理因素的干扰。只要系统程序设定正确且运行稳定，人工智能就可以持续、高效地执行预设的任务，确保工作质量和效率。

人工智能的计算和分析能力非常强。这使它在处理复杂数据、建立账目档案、管理台账等方面具有得天独厚的优势。企业的人力资源从业者可以借助人工智能系统，将大量烦琐的数据录入、整理和分析工作交给机器处理，从而有更多时间和精力投入更高层次的工作中，如人力资源战略规划、员工关系管理等。

人工智能的高效工作为企业人力资源部门腾出了更多时间。这些时间可以用于制定和实施更为科学、全面的人力资源战略规划。人力资源战略规划是企业发展的重要组成部分，它涉及企业未来的人才需求、培养、激励等多个方面。有了充足的时间，人力资源部门可以更加深入地研究和分析企业现状和未来发展趋势，制定出更加符合企业实际和发展需求的战略规划。

（二）挖掘企业人力资源管理专业人才价值

在人工智能兴起之前，企业的人力资源管理往往受限于过往经验和传统方法，缺乏足够的创新。然而，随着人工智能的普及和应用，人力资源管理者得以接触到更为广泛的知识领域和尖端技术，从而拓宽了视野，增强了创新能力。

借助人工智能，人力资源管理者可以更加深入地了解社会前沿技术，思考如何将这些技术与人力资源管理工作有效结合。例如，利用心理智能技术更好地理解员工需求、动机和行为，进而制定更加精准的人才激励和培养策略。

人工智能的应用也有助于培养员工的跨界思维。在人工智能的驱动下，员工需要不断适应新的工作环境和技能要求，这促使他们不断学习新知识、掌握新技能，从而具备更强的跨界思维和创新能力。

（三）有利于提高员工培训的有效性

员工培训是企业投资中具有高价值的一环，它不仅是提升员工业务能力的关键，也是吸引和保留专业人才的重要途径。然而，高昂的培训费用常常成为中小型企业这方面发展的阻碍，导致培训不足，影响员工的专业成长。幸运的是，随着人工智能技术的飞速发展，企业有了更加高效、低成本的培训解决方案。

人工智能技术为企业人力资源培训带来了诸多优势。其中，虚拟技术的运用尤为突出。通过模拟真实的工作场景，人工智能能够为员工提供一个沉浸式的学习体验，使抽象复杂的知识变得更加生动、直观。在我国，一些大型企业已经开始利用人工智能技术建立员工培训平台。这些平台不仅能够分发和挖掘深层次的知识资源，还能够分析知识之间的联系，并以直观的网络形式将知识呈现给员工。这使员工能够轻松获取在线学习资源，随时随地进行学习。人工智能还可以实时分析员工的学习情况和进度，为员工提供及时的反馈和建议。

（四）助力企业高效规范地进行薪酬管理

薪酬在企业人力资源管理中是一个核心且复杂的环节。它不仅直接关联到员工的工作积极性和满意度，还影响着企业的整体运营成本和竞争力。传统上，薪酬管理往往依赖于人力资源经理的经验和直觉，但这种方式难以确保薪酬的内部公平性和外部一致性。

随着人工智能技术的不断发展，薪酬管理迎来了新的机遇。通过大数据和人工智能技术的应用，企业可以更加科学地制定薪酬等级和标准。智能薪酬计算系统可以根据员工的工作职责、绩效表现以及市场薪酬数据等因素，自动计算出合理的薪酬水平。

智能薪酬计算方法还具有操作简便、运算精准等优势。它可以自动化处理大量的薪酬数据，减少人工干预和错误，提高薪酬体系的运作效率。同时，通过对薪酬数据的深入分析和挖掘，企业还可以更好地了解员工的薪酬期望和需求，为制定更加人性化的薪酬政策提供依据。

（五）创新人力资源管理模式

人工智能重新定义了人力资源管理工作。传统的人力资源管理往往涉及大量烦琐的数据处理、筛选和评估工作。这些工作不仅耗时耗力，而且容易受到主观因素的影响。然而，通过引入人工智能技术，这些工作得以自动化和智能化。

人工智能改变了企业领导层的思维方式。在传统的人力资源管理模式下，企业领导层往往依赖于经验和直觉进行决策，这种决策方式容易受到个人偏见和主观因素的影响。然而，随着人工智能技术的引入，企业领导层开始更加注重数据驱动和科学决策。通过人工智能技术提供的数据支持和分析报告，企业领导层可以更加全面、客观地了解企业的人力资源状况和需求，从而做出更加明智的决策。

人工智能还推动了人力资源管理模式的创新。例如，通过构建智能化的招聘平台，企业可以实现远程面试和在线评估，打破了地域和时间的限制，拓宽了人才招聘渠道。同时，通过利用人工智能技术，进行员工满意度调查和需求分析，企业可以更加精准地了解员工的需求和期望，从而制定更加人性化的福利政策和激励措施。

三、人工智能驱动下企业人力资源管理的优化策略

在人工智能驱动下，企业人力资源管理可以实施以下优化策略。这些策略将大幅提高管理效率，优化人力资源配置。

（一）实现企业人力资源管理的数字化和专业化

实现企业人力资源管理的数字化和专业化，是当前和未来企业发展的关键战略之一。人工智能的迅猛发展，为企业人力资源管理带来了前所未有的机遇和挑战。为了顺应这一趋势，企业需要全面思考并积极应对，确保人力资源管理能够跟上时代的步伐，实现数字化转型和专业化提升。

在数字化方面，企业需要充分利用人工智能、大数据等先进技术，构建数字化人力资源管理系统。这一系统能够实现对员工信息的全面收集、

整理和分析，为管理者提供精准的数据支持，帮助他们更好地了解员工的需求、能力和绩效，从而做出更明智的决策。同时，数字化系统还能够自动化处理一些烦琐的事务性工作，提高工作效率，减轻管理者的工作负担。

在专业化方面，企业需要加强对人力资源管理者的培训和教育，提高他们的专业素养和技能水平。随着人工智能的普及和应用，管理者需要掌握相关的技术知识和应用能力，以便更好地利用这些工具进行人才选拔、培训、绩效管理等工作。此外，企业还需要构建专业团队，通过团队协作和知识共享，不断提升整个团队的专业水平。

（二）培养专业人才，组建高素质人才团队

在人工智能飞速发展的时代背景下，企业人力资源面临着一系列的挑战与机遇。基础岗位的自动化和智能化导致结构性失业问题日益凸显，同时，高素质专业化人才的匮乏也成为制约企业发展的重要因素。因此，培养专业人才、组建高素质人才团队成为企业人力资源管理的迫切需求。

员工应主动适应时代变革，努力提升自身核心竞争力。这意味着员工需要不断学习和更新知识，掌握新的技能和工具，以应对职场上的挑战。通过完善自身综合素质，增强竞争优势，员工可以在激烈的人才竞争中脱颖而出，为企业的发展贡献更多价值。

国家和社会应加强对职业教育的投入和支持。通过建立更加健全完善的职业教育培训体系，加强职业教育培训，可以培养更多具备实践能力和创新精神的专业人才。同时，推行继续教育制度，鼓励员工在职期间不断学习和提升，以适应市场的变化和发展。

对于企业而言，优化工作环境、积极引进高技术人才是提升竞争力的关键。通过建立专业化人才团队，企业可以充分利用人工智能和大数据技术，激发员工的创造思维和分析判断能力。此外，企业还应树立终身学习观念，鼓励员工不断更新知识和技能，以适应快速变化的市场环境。企业也需要充分利用内部资源，发掘和培养潜力人才。通过制定有效的激励机制和培训计划，企业可以激发员工的积极性和创造力，促进人才团队的专业化和高效化。

（三）注重人工智能应用的伦理价值

隐私保护是人工智能在人力资源管理中的核心伦理问题之一。在人力资源管理过程中，涉及大量的员工个人信息，包括身份信息、工作表现、薪资水平等。如何确保这些信息的安全性和隐私性，防止数据泄露和滥用，是人工智能应用必须考虑的重要问题。因此，企业需要采取必要的技术和管理措施，保护员工个人信息的隐私和安全。

算法公平性是另一个重要的伦理问题。人工智能算法在人力资源管理中的应用，如招聘、绩效评估等，需要确保公平性和公正性。如果算法存在偏见或歧视，可能导致不公正的结果，损害员工的权益和利益。因此，企业需要审查和优化人工智能算法，确保其决策的公平性和客观性，避免基于性别、年龄等歧视性因素做出不公正的判断。

人工智能的广泛应用也可能导致失业风险问题。一些传统的人力资源管理岗位可能会被自动化和智能化的系统所替代，导致部分员工失去工作机会。因此，企业需要考虑如何平衡人工智能的应用和员工的职业发展，为员工提供必要的培训和转型支持，帮助他们适应新的工作环境和岗位需求。

针对这些伦理问题，制定并遵守人工智能道德准则显得尤为重要。这些准则应涵盖保障安全和隐私、公平和正义、透明和可解释性等方面。在实际应用人工智能时，企业需要遵循这些准则，确保人工智能的决策和行为符合社会道德标准，并避免对员工和社会造成不良影响。

对于人工智能的伦理问题，需要结合当地法律法规和社会发展趋势进行动态探讨和研究。不同国家和地区可能有不同的法律和文化背景，对人工智能的伦理要求也可能存在差异。因此，企业需要了解并遵守当地的法律法规，同时结合社会发展趋势，不断调整和完善人工智能的应用策略，以确保其合规性和可持续性。

第五章　人工智能与企业运营管理

第一节　企业生产管理

一、生产

　　生产是通过劳动，把资源转化为能满足人们某些需求的产品的过程。需要指出的是，生产过程的输出，不仅指有形的实物产品，还包括无形的产品——服务。[①]

　　在生产过程中，企业会利用劳动、资本、土地和企业家才能等生产要素进行生产活动。劳动是指人们在生产活动中提供的体力和智力的总和，资本则包括货币资本和实物资本（如厂房、设备等），土地可以理解为公司自建或租用的厂房等生产场所，而企业家才能则体现在企业经营者和管理者在生产过程中所表现出的管理能力、分析解决问题能力、经营决策能力等。

　　按照输出的特性来划分，生产可以被分为制造性生产和服务性生产两大类。

（一）制造性生产

制造性生产是通过物理或化学作用将有形输入转化为有形输出的过程。[①]这种转化过程包括装配、焊接、合成等物理或化学方法，旨在将原材料转化为具有特定形状、结构和功能的最终产品。制造性生产的核心是创造出自然界原来没有的物品，以满足人们的各种需求。

制造性生产涉及不同类型的生产方式，如间歇生产和连续流程生产。间歇生产也称为间断生产，适用于多种规格的同类产品制造，生产过程可以中断以更换品种。而连续流程生产则主要适用于单一产品或通过调整生产装置参数来变更产品规格的情况，一旦投产，通常在生产装置大修之前不会中断。

在现代制造业中，柔性制造成为一个重要的趋势。柔性制造强调的是生产系统的灵活性和适应性，能够根据不同的市场需求和产品变化迅速调整生产线，实现多品种、小批量的高效生产。这种生产方式在多个行业中得到了广泛应用，如汽车制造、服装制造、家具制造、玩具制造以及医疗器械制造等。

总的来说，制造性生产是一个复杂且关键的过程，它涉及多个环节和因素，需要有效的管理和技术支持来确保高效、高质量的产品制造。随着科技的不断进步和市场需求的不断变化，制造性生产也在不断发展和创新，以适应新的挑战和机遇。

（二）服务性生产

服务性生产，又被称为非制造性生产，具有一项基本特征，即其并非生产有形产品，然而有时为了达到提供服务的目的，却必须提供有形产品。

1. 服务性生产的分类

按照是否提供有形产品这一标准，服务性生产可以被划分为纯劳务服务和一般服务两大类。

纯劳务服务主要指的是那些不提供任何有形产品的服务。这类服务完全基于人工的技能和知识，以满足客户的需求。例如，咨询、法庭

---

① 何荣宣．现代企业管理（第 2 版）［M］．北京：北京理工大学出版社，2021：110.

辩护、指导和讲课等都属于纯劳务服务的范畴。这些服务主要侧重于提供信息、建议、教育或代表客户处理事务，不涉及任何物理产品的交付。

而一般服务，与纯劳务服务不同，它涉及有形产品的提供。这类服务在提供劳务的同时，也伴随着有形产品的交付或利用。例如，批发、零售、邮政、运输以及图书馆书刊借阅等服务都属于一般服务的范畴。在这些服务中，除了服务提供者的人工技能和知识外，还需要依赖一定的物理设施或产品来完成服务过程。

纯劳务服务和一般服务在服务性生产中各有其特点和应用场景。纯劳务服务更注重于信息和知识的传递与应用，而一般服务则结合了劳务和有形产品的提供，以满足客户更广泛的需求。这两类服务共同构成了服务性生产的丰富多样性，推动了社会经济的持续发展。

按照顾客的参与程度对服务性生产进行区分，可以划分为顾客参与的服务性生产和顾客不参与的服务性生产两大类。

顾客参与的服务性生产是指那些在服务过程中需要顾客直接参与和投入的服务类型。这类服务往往要求顾客在服务过程中扮演一定的角色，与服务提供者共同合作以完成服务。例如，理发、保健、旅游、客运、学校、娱乐中心等服务都属于顾客参与的服务性生产。在这些服务中，顾客的参与是不可或缺的，没有顾客的参与，服务过程就无法进行。顾客的参与不仅提供了必要的信息、反馈和支持，还有助于服务提供者更好地了解顾客需求，从而提供更加个性化、精准的服务。

与之相对的是顾客不参与的服务性生产。这类服务在提供过程中不需要顾客的直接参与和投入。服务提供者通常独立完成服务的全部或部分过程，顾客只需在服务完成后接收或使用服务成果。例如，修理、洗衣、邮政、货运等服务都属于顾客不参与的服务性生产。在这些服务中，顾客的参与程度相对较低，他们通常只需提出需求或提供必要的信息，然后等待服务的完成。

需要注意的是，顾客的参与程度并不是绝对的，有些服务可能介于两者之间，即顾客在一定程度上参与服务过程，但又不需要全程参与。此外，顾客的参与程度也可能因服务类型、服务提供者以及顾客自身的特点而有所不同。

对于顾客参与的服务性生产，服务提供者需要关注顾客的需求和体验，积极促进顾客的参与和合作。而对于顾客不参与的服务性生产，服务提供者则需要注重服务的质量，确保服务过程能够高效、准确地完成。

2. 服务性生产的特征

服务性生产，也称为非制造性生产，具有以下主要特征。这些特征使服务性生产与制造性生产在管理和运营上存在显著的差异。

（1）无形性。服务性生产提供的产品主要是无形的，它可能是某种行为、绩效或过程，而非物质性的产品。这与制造性生产形成鲜明对比，后者主要产出有形的产品。

（2）即时性。服务性生产往往是在消费者需要的那一刻即时提供的，因此服务过程与消费过程通常是同时发生的。这意味着服务性生产无法像制造性生产那样将产品存储起来等待销售。

（3）顾客参与性。服务性生产通常涉及顾客的积极参与。顾客不仅是服务的接受者，也是服务过程中的一部分，他们的行为和反馈对服务质量和效果有着直接影响。

（4）异质性。由于服务性生产涉及人的直接参与，因此即使对于同一项服务，不同的服务人员或不同的服务环境也可能导致服务质量和体验的差异。

（5）不可分割性。服务性生产通常无法像制造性生产那样将生产过程分解为一系列独立的步骤。服务提供者通常需要与顾客直接接触，并在服务过程中进行互动。

（6）劳动密集性。服务性生产往往依赖于人力劳动，而不是机器或设备。因此，服务人员的技能、态度和经验对服务质量至关重要。

（7）质量标准难以建立。由于服务性生产的无形性和异质性，建立统一的质量标准往往比制造性生产更为困难。

二、生产管理

（一）生产管理的目标

生产管理有广义与狭义之分。广义的生产管理是指对企业生产活动的全过程进行综合性、系统性的管理，它涉及人、财、物、时间、信息等全部的生产要素。狭义的生产管理是指以产品的生产过程为对象的管理。[①]生产管理的目标是多方面的。这些目标的实现将有助于提升企业的整体竞争力，实现长期稳健的发展。

1. 提高生产效率

这是生产管理最基本的目标之一。通过优化工艺流程、采用先进的设备和技术，合理规划人力资源，确保每一个环节都能达到最佳状态，从而在保证产品质量的前提下降低成本，增加利润。

2. 确保产品质量

产品质量是企业立足市场的基础。生产管理需要确保产品在生产过程中符合预定的质量标准，并通过持续改进和质量控制体系来确保产品质量的稳定性和可靠性。

3. 降低成本

降低成本是企业追求利润的重要手段。通过精细化的生产管理，企业可以有效地控制生产成本，包括原材料、人工、设备折旧等各方面的费用，从而提高盈利能力。

4. 提高安全性

提高生产安全性是企业社会责任的体现之一。生产管理需要建立完善的安全管理体系，对每一个环节进行监控和检验，确保在生产过程中不发生任何事故，保障员工和企业的安全。

5. 提高客户满意度

客户满意度是企业经营成功的关键之一。生产管理需要关注客户需求和反馈，通过优化产品和服务来满足客户的期望，提高客户的忠诚度和满意度。

6. 促进可持续发展

随着环保意识的日益增强，促进可持续发展也成为生产管理的重要目标。企业需要在生产过程中注重资源节约和环境保护，采用环保材料和工艺，推动绿色生产，实现经济效益和环境效益的双赢。

（二）生产管理的基本内容

生产管理涵盖了生产系统的设计、运行和维护三个主要方面。这些内容共同构成了企业生产管理的核心，旨在确保生产过程的顺利进行和产品的优质输出。

1. 生产系统的设计

生产系统的设计是运用科学的方法和手段对生产系统的选址、组成企业的各基本单位、各种生产设施及劳动的状态与过程进行合理的配置，使之形成一个协调、高效、经济的生产运作系统。它是对厂址选择（包括工厂、配送中心、门店等的选址）、能力规划、生产部门布置、产品和服务计划、设备布置等的决策过程。设计生产系统时，需要考虑以下几个基本原则。

第一，生产系统应该被视为一个整体，通过优化各个环节的协调与配合来提高整个系统的效率。这包括对生产流程、设备配置和人力资源的综合考虑。

第二，生产系统应具备一定的灵活性和适应性，以应对市场变化和需求波动。这意味着系统需要具备可调整产能、快速切换产品和适应不同生产规模的能力。

第三，生产系统应追求高效率和高可靠性，以确保产品的质量和交货期。这包括降低生产成本、减少生产中断和优化资源利用率等。

第四，生产系统设计应该是一个不断改进的过程，通过不断的分析和优化，提高系统的运行效率和生产能力。这要求对生产数据进行分析和监控，并及时采取措施来解决问题和改进系统。

2. 生产系统的运行

生产系统的运行是生产管理的核心环节，它涉及企业在生产过程中所采取的各种运行与控制措施，旨在确保生产过程的高效、稳定和可控。以下是关于生产系统运行的一些关键方面。

（1）生产计划与执行

生产计划是生产系统运行的基础，它根据市场需求、企业资源、生产能力等因素，制定出具体的产品生产数量和交货期。生产部门需确保生产计划按时执行，及时调整生产进度，确保生产任务的顺利完成。

（2）生产调度与协调

生产调度是生产系统运行的关键环节，它负责协调各个生产环节之间的关系，确保生产过程的连续性和稳定性。调度人员需密切关注生产现场情况，及时调整生产计划，避免生产中断和浪费。

（3）设备管理与维护

生产设备是生产系统运行的重要基础，设备的管理和维护直接影响生产效率和产品质量。企业需建立完善的设备管理制度，定期进行设备维护和保养，确保设备的正常运行和使用寿命的延长。

（4）人员管理与培训

生产人员是生产系统运行的关键因素，他们的技能和素质直接影响生产效率和产品质量。企业需加强对生产人员的培训和管理，提高他们的技能水平、增强责任意识，确保生产过程的顺利进行。

（5）质量控制与检验

质量控制是生产系统运行的重要保障，它涉及对原材料、半成品和成品的质量检验和控制。企业需建立完善的质量管理体系，严格执行质量标准和检验程序，确保产品质量的稳定性和可靠性。

此外，生产系统的运行还需要关注生产现场的实际情况，及时收集和处理生产过程中的问题和难点，不断优化生产流程和管理制度，提高生产效率、降低生产成本。总的来说，生产系统的运行是一个复杂而关键的过程，它需要企业各部门的密切协作和配合，以确保生产过程的顺利进行和产品的高质量交付。

3. 生产系统的维护

生产系统的维护是确保生产系统稳定、高效运行的重要环节。其主要目标是预防设备故障、提高设备综合效率、延长设备使用寿命，并最终实现生产成本的降低和生产效率的提升。

具体来说，生产系统的维护包括以下几个方面。

（1）定期巡检与保养

这是生产系统维护的基础工作。通过对设备进行全面的巡检，检查电气连接、润滑系统、传动装置等部件的工作状态，及时发现并修复潜在问题，确保设备的正常运行。同时，定期对设备进行保养，如清洁、润滑、紧固等，可以减少设备磨损，提高设备的使用稳定性。

（2）故障预防与应对

通过预防性维护措施，如定期更换易损件、保养设备材质等，可以显著减少设备故障的发生概率。此外，当设备出现故障时，需要迅速响应并进行修复，以减少生产中断造成的损失。

（3）优化设备性能

通过对设备进行细致的调整和校准，可以保持设备的最佳工作状态，提高生产效率和产品质量。这包括对设备参数的设置、工作模式的选择以及设备之间的协调配合等方面的优化。

（4）安全管理与环境保护

生产系统的维护还需要关注工作场所的安全性和环境保护。通过制定安全操作规程、加强员工安全培训等措施，可以降低事故发生的概率。同时，合理处理设备废弃物、减少能源消耗等环保措施，也有助于实现可持续发展。

随着技术的发展和市场竞争的加剧，生产系统的维护也在不断演进。现代维护管理系统更加注重数据分析和预测性维护，通过收集设备运行数据并进行分析，可以预测设备可能出现的故障，并提前采取维护措施。此外，一些先进的维护管理系统还具备自动化和智能化的特点，能够自动检测设备状态、进行故障诊断和修复，进一步提高维护效率和准确性。

三、企业设施的选址与布置

企业设施的选址与布置是关乎企业运营效率和成本的重要因素。选址时，需综合考虑交通便利性、资源供应、市场需求等多方面因素。而设施的合理布置则能优化生产流程，提高工作效率，降低物料搬运等成本。两者相辅相成，共同为企业的稳定发展和长期竞争力奠定基础。

（一）设施选址

企业设施选址是需要综合考虑多个因素的决策过程。通过深入分析和评估各个因素，企业可以选择一个既符合自身需求又有利于未来发展的地点。

1. 市场位置因素

设施的选址需要考虑到与目标市场的接近程度，这会直接影响产品投放市场的速度和运输成本。接近主要市场或消费者群体可以减少运输时间和费用，提高市场响应速度。

2. 成本因素

成本是设施选址过程中技术层面需要考虑的主要因素之一。这包括土地成本、建设成本、运营成本以及可能的税收优惠政策等。寻求总成本最小的地址是企业选址的重要目标。

3. 基础设施因素

完善的基础设施是保障企业正常运营的关键。选址时需要考虑当地的交通网络、电力供应、水资源、通信设施等是否满足企业需求。

4. 政策、法规因素

政策、法规因素也是选址时不可忽视的一部分。这包括当地政府对外来企业的优惠政策、当地法制的健全状况、经济政策的稳定性以及对外来企业经营范围的限制等。

5. 劳动力因素

企业所在地的劳动力受教育程度和技术水平必须与企业的需求相匹配。

考虑当地劳动力市场的规模、技能和可用性，以确保企业能够招聘到合适的员工。

6. 供应链因素

企业作为供应链中的一个环节，必须考虑其他各环节的能力。选址时需要分析原材料供应商、分销商和客户的地理位置，以确保供应链的顺畅和高效。

7. 竞争环境

企业进入目标市场设厂的目的就是参与当地的市场竞争，因此必须对选址地区目标市场的市场环境状况进行充分分析。了解竞争对手的位置、规模和战略，以便制定有效的竞争策略。

（二）生产计划

生产计划是企业对生产任务做出的统筹安排，包括具体拟定生产产品的品种、数量、质量和进度的计划。它是企业经营计划的重要组成部分，也是企业进行生产管理的重要依据。

在制定生产计划的过程中，需要考虑市场需求、原材料供应、人力资源配置等多个方面，以避免生产过剩或生产不足，确保资源得到最大限度的利用。此外，生产计划还涉及生产排程、资源分配、编制生产计划表、准备生产所需资源、设定生产标准以及生产准备等多个环节。

长期生产计划和短期生产计划是生产计划的两个重要层次，它们在时间跨度、内容、制定者和作用等方面存在显著的差异。

长期生产计划，也称为大日程计划，是企业的战略性计划，属于中长期战略发展规划的重要部分。长期生产计划决定产品总量，明确生产所必需的资源，是根本性意义的生产计划。其内容包括长期生产能力规划、产品发展计划、作业系统设计等，是由企业最高决策层制定的计划。

短期生产计划，是年度生产计划的继续和具体化，由执行部门制定。它具体确定日常生产运作活动的内容，常以物料需求计划、能力需求计划和生产作业计划等形式来表示。短期生产计划更加具体，更侧重于日常生产活动的安排和执行。

一个有效的生产计划有助于企业实现以下目标。第一，提高生产效率。

通过合理的安排和分配，使生产过程中的各个环节能够有条不紊地进行，避免无效的等待时间和重复工作，从而提高生产效率。第二，降低生产成本。通过科学的计划和控制，避免生产过程中的浪费和冗余，降低生产成本，提高企业的竞争力。第三，保证产品质量。通过制定明确的生产标准和工艺流程，确保每个生产环节都符合要求，从而保证产品的质量和稳定性。第四，满足客户需求。通过对市场需求的分析和预测，确保产品能够按时交付给客户，提升客户满意度和忠诚度。

（三）企业设施管理

企业设施管理是指对设备、机器等各种设施进行维护、保养、管理、改进的过程，这既包括正常维护和保养，也包括升级改造和环境治理。设施管理对于企业运营的顺畅性、安全性、经济性和社会责任等都起着至关重要的作用。

设施管理的内容十分广泛，涵盖了设备的日常维护保养、仪器仪表的维护与管理、设施的升级改造等多个方面。比如，设备三级维护保养制度要求操作工人日常对设备进行检查、清洁、润滑，及时排除故障，确保设备安全、整洁、润滑。

设施管理专业人士还通过制定和执行设施管理计划，利用先进的技术以及专业的设施管理经验，创造安全、环保、健康的业务空间，以满足设施使用者对于高品质空间的需求。他们的工作不仅涉及整合和支持企业内部所有设施相关的业务，降低设施全生命周期运行成本，而且要支持企业的发展战略和核心业务。

未来，随着人工智能和物联网技术的发展，设施管理行业将发生重大转变。借助人工智能支持的分析和物联网传感器，设施经理可以访问实时数据，实现更高的自动化，优化资源分配，并做出主动决策。这不仅能够提高运营效率，增强整体使用者体验，还可以为员工和访客创造智能和可持续的环境。

（四）企业设备管理

企业设备管理是指对企业所拥有的各种设备进行组织、管理和维护的一系列工作，涵盖了设备的购买、安装、维护、报废等各个阶段，以及设备的监控、保养、更新等各项工作。其主要目的是确保设备的正常运行，提高工作效率和安全性，降低设备的故障率和维修成本，进而实现设备最大的使用效率和可靠性，以保证企业的正常运营。

设备管理的主要流程包括设备选择、采购、安装、验收、投入使用、维护、更新升级以及报废处理。在此过程中，设备的预防性维护尤为重要，通过定期的设备保养、巡检和点检等预防措施，能够降低设备的故障率，提高设备的工作效率。

随着技术的发展，设备管理的思路和方法也在不断进化。比如预测性维护正成为设备维护的重要手段，管理员可以根据预测结果提前采取维护措施，减少设备故障的影响和维修成本。同时，设备管理的移动化也是一个明显的趋势，通过移动应用程序，管理员可以随时随地对设备进行管理和监控，提高设备管理的灵活性和便捷性。

设备管理的意义不仅在于确保设备的正常运作，更在于其对企业整体运营和发展的深远影响。它能够提升企业的生产效率和产能，提高产品质量，增强企业的竞争力，确保工作环境的安全，支持数据驱动决策，并促进环境的可持续性。

第二节　企业质量管理

一、企业质量的概念

企业质量是指企业在生产、经营、管理等方面所表现出来的综合素质和能力。它是企业生存和发展的基础，也是企业竞争力的重要体现。企业质量包括产品质量、服务质量、管理质量、工作质量等。

产品质量是企业质量的核心，是企业赢得市场和顾客信任的关键。它指企业通过控制生产过程、保证产品符合规定标准的能力。产品质量的重要性体现在提高客户满意度、增强品牌形象、降低维修成本、增强市场竞争力等。

除了产品质量，服务质量也是企业质量的重要组成部分，它是企业与顾客沟通的桥梁，是提高顾客满意度的重要手段。

管理质量则是企业内部管理水平的体现，是企业提高效率和效益的重要保障。

工作质量则是企业员工工作能力和工作态度的综合表现，是企业提高生产效率和产品质量的重要基础。

二、质量职能

质量职能是对企业为保证产品质量而进行的全部技术、生产和管理活动的总称。在一个企业内部，质量职能涵盖了在产品质量产生、形成和实现过程中各部门应发挥的作用或应承担的任务和职责。

质量职能涉及质量管理、质量控制和质量改进等方面，这些方面的实施旨在提高产品或服务的质量，以满足客户的需求和期望。通过采取各种措施来检验、测试和监控产品或服务的质量，确保其符合质量标准和要求。同时，质量职能还包括质量培训和质量沟通，以提升员工的质量意识和技能，并促进各部门之间的合作与协调。

质量职能的实施需要有专业的人员和科学的管理方法支持。质量职能的人员应具备良好的质量意识和质量知识，具备质量管理和质量控制的技能，并熟悉质量管理体系和相关的法律法规。

总的来说，质量职能在企业中扮演着至关重要的角色，它确保产品或服务的质量符合标准和要求，并通过持续改进提高质量水平，从而提升企业的竞争力。

三、质量经济性分析与质量成本

质量经济性分析是企业评估质量改进对经济效益影响的关键手段。它通过分析质量成本，来优化质量管理策略，实现质量与经济效益的平衡，从而提高企业的整体竞争力。本部分主要从以下几个方面进行讨论。

（一）质量、成本和利润之间的关系

质量、成本和利润是企业经营中不可或缺的三个要素，它们之间存在着相互影响和制约的关系。企业需要在确保产品质量的前提下，通过有效的成本控制和利润管理，实现可持续发展和市场竞争力的提升。

首先，质量是产品或服务的核心，它直接影响到客户的满意度和忠诚度。高质量的产品或服务能够为企业赢得良好的声誉和口碑，增加市场份额，进而带来更多的销售收入和利润。相反，如果产品或服务质量低下，客户将对企业失去信任，导致销售下降，甚至面临退换货、赔偿等额外成本，最终影响企业的利润。

其次，成本是企业生产经营过程中不可避免的支出，包括原材料成本、人工成本、设备折旧等。成本控制是企业实现利润最大化的重要手段之一。通过优化生产流程、提高生产效率、降低浪费等方式，企业可以降低生产成本，进而提升利润空间。然而，降低成本并不意味着牺牲质量。企业需要找到质量和成本之间的平衡点，在确保产品质量的前提下，实现成本的有效控制。

最后，利润是企业经营的最终目标，也是企业持续发展的动力源泉。利润水平的高低直接反映了企业的经营效益和市场竞争力。通过提高产品质量和降低成本，企业可以增加销售收入和降低费用支出，从而实现利润的最大化。同时，利润也可以为企业提供更多的资金支持，用于研发创新、市场拓展、人才培养等方面，进一步提升企业的竞争力和市场份额。

（二）质量经济性分析

质量经济性分析是通过研究产品或服务的质量、成本、利润之间的关系，以寻求企业和社会最佳经济效益的方法。质量经济性分析是一种重要的管理工具，它可以帮助企业更好地理解质量、成本和利润之间的关系，制定更有效的经营策略，实现经济效益和社会效益的双赢。

在进行质量经济性分析时，可以采用多种方法，如统计分析、实证研究和成本效益分析等。这些方法可以帮助企业收集数据、分析趋势、评估影响，并基于分析结果制定相应的策略。

质量经济性分析的主要目的在于通过深入研究产品或服务的质量、成本以及利润之间的紧密关系，寻求并实现企业和社会经济效益的最优化。这一分析不仅关注产品或服务的直接经济效果，还考虑到了由质量水平变化带来的各种潜在影响，如商誉的提升或降低、市场份额的增减等。

首先，质量经济性分析帮助企业更好地认识其产品或服务在市场中的竞争地位。通过对质量的全面评估，企业可以明确其产品或服务在满足客户需求方面的表现，进而调整生产策略，优化产品设计，提升市场竞争力。

其次，质量经济性分析有助于企业实现成本的有效控制。在保持一定质量水平的前提下，通过改进生产流程、提高生产效率、降低浪费等方式，企业可以显著降低生产成本，提高利润空间。

再次，质量经济性分析还关注利润的最大化。通过优化质量、成本和利润之间的关系，企业可以在保证产品或服务质量的同时，实现利润的最大增长，从而增强企业的经济实力和市场地位。

最后，质量经济性分析也关注社会经济效益的提升。高质量的产品或服务不仅能够满足消费者的需求，提升消费者福利，还能够推动整个产业链的健康发展，促进社会的经济繁荣。

（三）质量成本及其特性曲线

质量成本及其特性曲线是质量经济性分析中的两个重要概念。质量成本指的是企业在生产、销售和服务过程中，为确保和提高产品或服务质量而支出的所有费用，以及因未达到预期质量水平而遭受的损失。它涉及预防成本、鉴定成本、内部失败成本和外部失败成本等多个方面，这些成本共同构成了企业为追求高质量所必须付出的经济代价。

而质量成本特性曲线，则是用于描述质量成本与产品合格质量水平之间关系的一种图形工具。这条曲线通常呈现出一个先降后升的趋势，即在质量水平较低时，随着质量水平的提升，质量成本逐渐降低；但当质量水平达到一定高度后，再要进一步提升质量，所需的质量成本反而会迅速上升。这意味着存在一个最优的质量成本区间，企业在该区间内可以实现质量与经济性的最佳平衡。

通过质量成本特性曲线，企业可以清晰地看到不同质量水平的成本分布和变化趋势，从而找到最适合自己的质量成本平衡点。这有助于企业在保证产品质量的同时，实现成本的有效控制和利润的最大化。

此外，质量成本特性曲线还可以为企业的质量管理决策提供重要依据。通过分析曲线上的关键点和变化趋势，企业可以判断当前的质量管理策略是否有效，是否需要调整或改进。同时，企业还可以根据曲线的形状和走势，预测未来质量成本的变化趋势，为未来的质量管理规划提供有益的参考。

质量成本及其特性曲线在质量经济性分析中扮演着重要的角色。它们不仅有助于企业深入理解质量与成本之间的关系，还可以为企业的质量管理决策提供有力的支持。

（四）质量成本项目的设置

质量成本项目的设置是基于对质量成本的全面分析和理解，旨在帮助企业更好地管理和控制质量成本，以实现经济效益的优化。质量成本项目通常包括以下几个部分。

1. 预防成本

预防成本是指为了预防产生不合格品与故障所需的各项费用，包括质量工作费、质量培训费、产品评审费等。这些费用主要用于提升员工的质量意识和技能，以及改进和优化生产流程，从而预防质量问题的发生。

2. 鉴定成本

鉴定成本是指评定产品是否满足规定质量要求所需的费用，包括检测试验费、检测设备折旧费等。这些费用用于确保产品符合既定的质量标准，通过检测和试验来验证产品的质量。

3. 内部故障成本

内部故障成本是指产品出厂前因不满足规定的质量要求而支付的费用，包括废品损失费、返修损失费等。这些费用是由于生产过程中出现的质量问题而导致的，企业需要承担修复或替换不合格产品的成本。

4. 外部故障成本

外部故障成本是指产品出厂后因不满足规定的质量要求，导致索赔、修理、更换或信誉损失而支付的费用，包括索赔费、保修费等。这些费用是由于产品在交付给客户后出现的质量问题而产生的，企业需要承担由此带来的经济损失和声誉损失。

除了以上四个主要部分，质量成本项目还可能包括一些其他相关的费用，如与质量相关的设备维护费用、质量信息系统的开发和维护费用等。这些费用的设置和分类可以根据企业的实际情况和需要进行调整和优化。

在设置质量成本项目时，企业需要充分考虑其业务特点、产品特性以及市场需求等因素，确保质量成本项目能够全面、准确地反映企业的质量成本状况。同时，企业还需要建立有效的质量成本管理体系，对各项质量成本进行监控和分析，以便及时发现和解决质量问题，降低质量成本，提高企业的经济效益和市场竞争力。

（五）质量成本分析

质量成本分析是一种重要的工具，旨在将质量成本核算后的各种资料按照质量管理工作的要求进行详细的分析和比较，以找出影响产品质量的主要缺陷和质量管理工作的薄弱环节，为提出质量改进意见提供依据。这种分析有助于企业以最少的质量资本投入获得最大的经济效益，从而优化其质量管理策略。质量成本分析主要包括以下方面。

1. 质量成本总额分析

这是对企业在一定时期内发生的质量成本总额进行的综合分析和评价，以了解质量成本的整体水平和变动趋势。

2. 质量成本构成分析

通过分析质量成本各组成部分的比例和变化趋势，找出质量成本的主要构成部分和变动原因，为制定针对性的质量改进措施提供依据。

3.内部故障成本和外部故障成本分析

对由于产品内部或外部质量问题导致的成本损失进行深入分析，揭示产品设计和生产过程中的问题，以便及时改进。

在进行质量成本分析时，企业可以采用多种方法，如经验测算法、合理比例法和边际分析法等。这些方法有助于企业从多个角度全面评估质量成本，找出最佳的质量成本平衡点。

此外，质量成本分析还需要结合企业的实际情况和市场环境进行综合考虑。企业应根据自身的产品特点、生产工艺和市场需求等因素，制定适合自身的质量成本分析方法和策略。

四、全面质量管理

全面质量管理是指企业以质量为中心，全员参与的致力于让顾客、员工及社会满意，从而使企业达到长期成功的管理模式。[①] 全面质量管理是一种全员参与、持续改进的质量管理方法。它强调以顾客为中心，通过数据驱动来优化产品和服务，实现质量的全面提升。全面质量管理不仅关注产品质量，还关注工作质量和流程质量，旨在提高企业的整体效率和竞争力。

（一）全面质量管理的意义

全面质量管理的意义在于为企业提供了一套系统的质量管理方法，从整体上提升企业的效率、灵活性和竞争力。它强调以顾客为中心，全员参与，持续改进，通过数据驱动来优化产品和服务，从而满足市场需求，实现企业的长期成功和可持续发展。全面质量管理的意义主要体现在以下几个方面。

1.提高产品和服务质量

全面质量管理注重不断改进产品和服务，通过全员参与、全程管理，能够及时发现并解决质量问题，确保产品质量的稳定和可靠。这不仅有助

① 安景文，荆全忠.现代企业管理［M］.北京：北京大学出版社，2012：561.

于提升产品的竞争力，满足客户需求，还能为企业树立良好的品牌形象。

2. 降低成本

实施全面质量管理可以帮助企业降低成本。通过不断改进和优化流程，提高生产效率，减少浪费和损耗，节约资源，降低生产成本。同时，提高产品质量也能减少售后服务和维修成本，进一步提升企业的盈利能力。

3. 提高员工满意度和工作积极性

全面质量管理强调员工参与和团队合作，激发员工的潜力和创造力。通过全员参与的质量管理，可以建立起一支高效、团结的团队，推动企业的不断发展。

4. 推动企业发展

全面质量管理是企业持续改进和提高产品质量的重要手段，有助于企业树立良好的品牌形象，提升竞争力，赢得市场份额。同时，它也能为企业创造更大的经济效益和社会效益，推动企业持续、健康、稳定的发展。

（二）全面质量管理的原则

全面质量管理不仅是一种管理理念，更是一种企业文化，它要求企业全体员工以质量为导向，以客户需求为中心，共同努力提升产品和服务质量，推动企业的持续发展。全面质量管理的原则包括以下几个方面。

1. 客户导向

企业必须深入理解并满足客户的多样化需求和期望，持续优化产品和服务，以确保顾客获得超出预期的体验。通过不断的改善，企业能够提升客户满意度，进而增强品牌忠诚度和市场竞争力。

2. 全员参与

全面质量管理强调全员参与，每位员工都是质量管理的关键角色。这不仅仅局限于质量部门，而是要求每个员工都积极投入质量管理的各个环节，共同致力于提升产品和服务的质量。

3. 过程管理

全面质量管理强调通过系统化和精细化的管理，不断审视和改进工作流程与生产过程，从而持续提升产品和服务的质量。每个环节都经过精心设计和优化，确保最终交付给客户的是卓越品质的产品和服务。

4.持续改进

全面质量管理的核心在于持续改进，企业需敏锐捕捉市场动向，积极应对客户变化的需求，通过不断完善和优化产品和服务，力求在竞争中保持领先地位，持续为客户创造价值。

5.数据驱动

全面质量管理强调数据驱动，企业积极收集、深入分析并利用各类数据，以全面洞察自身运营状况，精准识别问题，科学地制定改进措施，并持续监控效果，确保质量管理的持续优化与提升。

第三节　企业物流与供应链管理

一、企业物流

（一）物流的概念

物流是伴随着社会分工和市场经济的发展而逐渐形成的一个概念。[①] 物流指的是物品从供应地向接收地的实体流动过程中，根据实际需要，将运输、储存、配送等功能有机结合起来实现用户要求的过程。

物流是一个综合性的概念，它涵盖了商品从生产到消费的整个过程中的物质流动、信息流动和资金流动。物流的目标是实现物品的高效、低成本流动，以满足客户的需求。通过优化物流流程、提高物流效率、降低物流成本，可以为企业创造更多的价值，提高市场竞争力。

① 彭艳，马娅，李丽.现代企业管理［M］.南昌：江西高校出版社，2019：126.

（二）物流管理的特征

物流管理具有策略性、系统性、综合性、网络化、技术性、服务性和信息化等特征。这些特征使物流管理成了一个复杂而重要的领域，需要不断学习和探索新的管理方法和技术手段。

第一，策略性。物流管理不仅仅是简单的运输和存储活动，它涉及企业整体的战略规划。物流策略需要与企业的市场策略、产品策略等紧密结合，以实现企业的整体目标。

第二，系统性。物流管理是一个系统工程，它涉及从供应商到最终客户的整个供应链过程。各个环节需要相互协调、配合，以实现整个系统的最优运行。

第三，综合性。物流管理需要考虑多种因素，包括运输方式、存储设施、包装、信息处理等。这些因素需要综合考虑，以实现物流成本的最小化和效率的最大化。

第四，网络化。随着电子商务和全球化的发展，物流管理越来越呈现出网络化的特征。物流网络覆盖全球，各种物流资源通过互联网进行连接和共享，以实现快速、准确的物流服务。

第五，技术性。物流管理需要借助先进的技术手段来提高效率。例如，采用先进的仓储管理系统、运输管理系统等，可以实现物流信息的实时跟踪和监控，提高物流运作的透明度和可控性。

第六，服务性。物流管理本质上是为客户提供服务的过程。因此，物流管理需要注重客户需求和服务质量，提供快速、准确、可靠的物流服务，以满足客户的各种需求。

第七，信息化。随着信息技术的发展，物流管理已经实现了高度的信息化。物流管理人员可以利用各种信息化手段，如云计算、大数据、物联网等，实现物流管理的数字化、智能化和可视化，提高管理效率与准确度。

（三）企业物流活动的类型

企业的物流活动主要包括供应物流、生产物流和销售物流这三种类型。这三种物流活动相互关联、相互影响，共同构成了企业物流系统的整体框架。企业需要根据自身的实际情况和市场需求，合理规划和管理这三种物流活动，以实现物流系统的优化和协同。

1. 供应物流

供应物流是指企业提供原材料、零部件或其他物品时，物品在提供者与需求者之间的实体流动。供应物流对于确保企业生产的正常进行和满足市场需求至关重要。它涉及从供应商处采购原材料、零部件等，以及将它们运输到企业的过程。供应物流活动不仅影响企业的生产效率和成本，还影响企业的市场竞争力和客户满意度。

2. 生产物流

生产物流是指在生产工艺中的物流活动，即从原材料、外购件等投入生产后，经过一系列加工、储存、运输等过程，最终生产出成品或半成品的过程。生产物流是企业物流活动的关键环节，它涉及物料在生产线上的流转、在制品的管理以及生产过程的优化等。有效的生产物流管理可以帮助企业降低生产成本、提高生产效率和产品质量。

3. 销售物流

销售物流是生产、流通企业出售商品时，物品从生产者或持有者转移至用户的物流活动。它是商品经过运输、储存、装卸搬运、包装、拣选、配送等过程，最终到达消费者的过程。销售物流是企业物流活动的最终环节，它涉及产品的包装、储存、运输、配送以及售后服务等。有效的销售物流管理可以帮助企业提高客户满意度、扩大市场份额和增强品牌影响力。

（四）企业主要的物流工作

企业主要的物流工作涵盖了多个方面，以确保物资和产品在供应链中的顺畅流动。以下是企业主要的物流工作。这些物流工作共同构成了企业物流管理的核心内容，通过有效的物流管理，企业可以提高供应链效率、降低成本、提高客户满意度，从而在激烈的市场竞争中获得优势。

1. 需求预测与计划

企业通过分析市场数据，精准预测市场需求，从而制定科学合理的生产和库存计划。同时，结合销售数据和趋势分析，优化物流规划，确保高效响应市场变化。

2. 采购与供应商管理

选择和管理供应商，确保原材料和零部件的稳定供应。与供应商协商价格、交货时间和质量标准。监控供应商的表现，确保供应的连续性和质量。

3. 库存管理

设定合理的库存水平，避免库存积压或短缺。实施库存控制策略，如实时库存管理、安全库存管理等。定期进行库存盘点，确保库存数据的准确性。

4. 仓储管理

管理仓库设施，包括货物存储、装卸和搬运设备。制定仓库作业流程，如入库、出库、盘点等。确保货物在仓库中安全完好，防止损坏和丢失。

5. 运输与配送

选择合适的运输方式（如公路、铁路、航空、海运等）和运输工具。制定运输计划，确保货物按时送达目的地。跟踪货物的运输状态，提供实时信息给相关部门和客户。配送到最终客户或销售渠道，确保货物的及时交付。

6. 订单处理

企业高效地接收、处理并跟踪客户订单，与销售、生产和财务等部门紧密协作，确保订单得到迅速响应和准确满足。

7. 物流信息系统管理

建立和维护物流信息系统，包括订单管理、库存管理、运输跟踪等模块。收集、整理和分析物流数据，提供决策支持。利用先进的信息技术，如物联网、大数据分析等，提高物流效率。

8. 成本控制与优化

分析物流成本，包括运输成本、仓储成本、库存成本等。寻找降低物流成本的途径，如优化运输路线、提高装载率、降低库存水平等。评估不同物流策略对成本的影响，为管理层提供决策建议。

9. 客户服务与售后支持

提供物流相关的客户服务，如查询货物状态、处理投诉等。提供售后支持，如退换货、维修等，确保客户满意度。

10. 合规与风险管理

确保物流活动符合法律法规和行业标准。管理物流风险，如货物丢失、损坏、延误等，制定应对措施。

（五）现代物流管理的作用

现代物流管理在企业运营中发挥着越来越重要的作用。企业需要不断优化物流管理，提高物流效率和服务水平，以适应市场变化和客户需求的变化。现代物流管理在企业运营中的作用主要体现在以下几个方面。

1. 提高供应链效率

物流管理能够优化供应链，通过减少物流环节、加快商品周转速度，实现物流成本的降低和效率的提高。这不仅可以缩短物流周期，提高库存周转率，还可以帮助企业更好地满足客户需求，提高客户满意度。

2. 降低物流成本

物流成本是企业管理成本的重要组成部分。通过有效的物流管理，企业可以优化仓储、运输、物流方案等，实现物流成本的降低和效益的提升。这不仅可以提高企业的盈利能力，还可以提升企业的市场竞争力。

3. 提升客户服务水平

物流管理直接影响着客户对产品和服务的满意度。通过优化物流管理，企业可以缩短交付时间，提高客户满意度。例如，通过快速响应客户需求、准确提供物流信息、及时送达货物等方式，企业可以提高客户的购物体验和忠诚度。

4. 优化资源配置

物流管理可以帮助企业更好地利用和管理资源，包括人员、设备、资金等。通过合理安排物流活动和优化物流流程，企业可以提高资源利用效率，减少浪费，降低生产成本。

5. 促进信息化和智能化

现代物流管理借助信息技术和智能技术，实现了物流信息的实时跟踪和监控，提高了物流管理的透明度和可控性。这不仅可以加快物流效率，还可以帮助企业更好地应对市场变化和突发事件。

6.增强企业竞争力

通过有效的物流管理，企业可以降低生产成本、提高产品质量和服务水平、增强品牌影响力等，从而增强企业的市场竞争力。在竞争激烈的市场环境下，优秀的物流管理可以成为企业的核心竞争力之一。

（六）现代物流管理的目标

现代物流管理的目标是实现客户满意、优化供应链、提高物流效率、增强企业灵活性和实现可持续发展等。这些目标相互关联、相互促进，共同构成了现代物流管理的核心。

1.实现客户满意

现代物流管理的首要目标是为客户提供最好的服务。这包括确保产品能够准时、准确地送达客户手中，以及在整个物流过程中为客户提供及时、准确的信息。通过优化物流流程、提高物流效率，企业可以更好地满足客户需求，增强客户忠诚度。

2.优化供应链

物流管理不仅仅是关于运输和储存的问题，更重要的是对整个供应链的优化。现代物流管理的目标之一是确保供应链的顺畅运作，实现资源的优化配置。通过加强供应商管理、优化生产计划、提高库存周转率等方式，企业可以实现供应链的优化，提高整体运作效率。

3.提高物流效率

提高物流效率是现代物流管理的核心目标之一。通过引入先进的物流技术和管理手段，比如信息化、自动化、智能化等，企业可以大幅度提高物流效率，缩短物流周期，降低物流成本，提高市场竞争力。

4.增强企业灵活性

现代物流管理强调企业的灵活性和应变能力。在市场需求多变、竞争激烈的环境下，企业需要能够快速响应市场变化，调整物流策略。因此，现代物流管理的目标之一是增强企业的灵活性，使企业能够更好地应对市场变化。

5.实现可持续发展

随着环保意识的不断提高，可持续发展已经成为现代企业的重要目标之一。现代物流管理需要关注环保和可持续发展问题，通过优化物流网络、降低能源消耗和排放物产生等方式，实现绿色物流和可持续发展。

二、供应链管理

（一）供应链管理的含义

供应链管理是指在满足一定的客户服务水平的条件下，为了使整个供应链系统成本达到最低而把供应商、制造商、仓库、配送中心和渠道商等有效地组织在一起，进行产品制造、转运、分销及销售的管理方法。[①]

随着全球化和环保意识的提高，供应链管理也在不断发展，如绿色供应链管理，旨在使整个供应链的资源消耗和环境副作用最小，满足日益增长的绿色消费需求。

（二）供应链管理的内容

供应链管理涵盖了计划、采购、制造、配送和退货五个基本方面，每个环节在供应链中都扮演着至关重要的角色。这五个基本方面相互关联、相互影响，共同构成了供应链管理的核心。在供应链管理过程中，企业需要注重各环节之间的协调与配合，以实现供应链的高效运作和整体优化。同时，随着市场环境的变化和客户需求的多样化，供应链管理也需要不断创新和改进，以适应新的挑战和机遇。

1. 计划

计划是供应链管理的起点，它涉及预测需求及制定生产计划、物流计划、库存计划等。通过有效的计划，企业可以确保资源（如原材料、设备、人力等）的合理利用，以满足市场需求。

2. 采购

采购环节涉及从供应商处获取原材料或零部件。在供应链管理中，采购不仅要考虑成本，还要考虑供应商的可靠性、产品质量以及交货时间等

---

① 安景文，荆全忠. 现代企业管理［M］. 北京：北京大学出版社，2012：539.

因素。与供应商建立长期、稳定的合作关系，对于保障供应链的顺畅运作至关重要。

3.制造

制造环节是将原材料或零部件转化为最终产品的过程。在这个环节中，企业需要关注生产效率、产品质量以及生产成本等方面。通过优化生产流程、提高生产效率，企业可以降低生产成本，提高市场竞争力。

4.配送

配送环节是将产品从制造地点运送到客户手中的过程。在供应链管理中，配送不仅要考虑运输成本，还要考虑运输时间、运输方式以及客户服务水平等因素。通过合理的配送网络规划、高效的运输管理以及优质的客户服务，企业可以增进客户满意度，增强市场竞争力。

5.退货

退货环节虽然常常被忽视，但在供应链管理中同样重要。退货管理涉及对不合格产品、退货产品以及售后维修等问题的处理。通过建立完善的退货处理流程，提高退货处理效率以及降低退货率，企业可以降低运营成本，提升客户满意度。

（三）供应链管理的目标

供应链管理的目标包括提升客户满意度、降低供应链总成本、提高企业运作效率、加快资金周转及市场响应速度等。这些目标共同构成了供应链管理的核心驱动力，有助于企业在竞争激烈的市场环境中保持竞争优势。

1.提升客户满意度

客户是企业生存和发展的基础，提升客户满意度是供应链管理的首要目标。通过优化供应链流程，确保产品能够准时、准确地送达客户手中，提供个性化的服务和支持，企业可以增强客户的忠诚度和满意度，从而赢得更多的市场份额。

2.降低供应链总成本

降低供应链总成本是企业提高经济效益的重要途径。通过优化采购、生产、配送等环节，降低库存成本、运输成本、人力成本等，企业可以提高整个供应链的运作效率，降低总成本，从而提高盈利能力。

3.提高企业运作效率

提高企业运作效率是供应链管理的关键目标之一。通过引入先进的供应链管理技术和方法，如精益生产、敏捷制造、自动化技术等，企业可以优化生产流程，提高生产效率，缩短交货周期，从而更快地响应市场需求，提高市场竞争力。

4.加快资金周转

加快资金周转是供应链管理的重要目标之一。通过优化库存管理、提高库存周转率、减少库存积压等方式，企业可以降低库存成本，加快资金周转速度，提高资金利用效率，从而为企业创造更多的价值。

5.提高市场响应速度

提高市场响应速度是供应链管理的另一个重要目标。在快速变化的市场环境中，企业需要能够快速响应市场需求的变化，调整供应链策略，以满足客户的需求。通过引入灵活的生产方式、建立快速响应的配送网络等方式，企业可以提高市场响应速度，增强市场竞争力。

（四）供应链管理的原则

供应链管理需要遵循的原则主要包括以下几个方面。这些原则共同构成了供应链管理的基础和指导思想，有助于企业实现供应链的高效运作和优化管理。

1.客户至上原则

在供应链管理中，核心原则是以客户为中心。每一项行动和决策都应以精准把握并满足客户需求为出发点，确保企业的产品和服务能够精准无误、高效及时地满足客户的期望与要求，实现卓越的客户满意度。

2.全面协调原则

供应链中各个环节之间的协调与合作非常重要，企业需要把握整个供应链的大局，对供应链中各个部分之间的相互关系进行全面协调。同时，在加强与上下游企业合作的过程中，也需要关注内部协同的问题，提高内部各职能部门之间的协作效率。

3.灵活适应原则

随着市场环境和消费者需求的不断变化，企业的供应链管理策略也需要做出相应的调整。企业在制定和实施供应链管理策略时，需要注重灵活性和适应性，及时做出调整，适应市场变化和消费者需求的变化。

4. 信息透明原则

在供应链管理过程中，企业需深化与供应商、物流服务商、销售渠道等各方的信息沟通与合作，强化信息共享，提升信息透明度，确保信息的准确无误与即时传递，共同推动供应链的高效运作。

5. 风险控制原则

供应链管理涉及多个环节，企业需要关注各种风险，包括市场风险、供应商风险、物流风险等，通过合理的风险管理策略，有效地防范和控制风险。

6. 创新发展原则

供应链管理需要积极推动，持续创新，包括改进产品设计、生产过程、物流技术等，以提高效率和降低成本。

7. 战略协同原则

供应链管理应与企业的战略目标相一致，并与其他部门如销售、市场营销等协同工作，实现整体最优。

8. 聚焦核心竞争力原则

供应链管理应集中资源和精力于企业核心业务，在外包和合作伙伴选择上注重专业能力，确保企业核心竞争力的稳固与持续增强。

（五）基于供应链的物流管理的特点

基于供应链的物流管理以协同、集成和效率为核心特点，它注重供应链各环节间的紧密合作，实现信息的快速共享与流通，优化资源配置，降低物流成本，提高整体供应链的响应速度和竞争力。在供应链管理环境下，物流管理呈现出一系列全新的特征，主要体现在以下几个方面。

1. 信息共享

在供应链管理中，信息共享是物流管理的核心。通过实时、准确的信息共享，供应链上的各个环节可以及时了解市场需求、库存状态、生产进度等信息，从而做出更准确的决策，提高物流运作的效率和准确性。

2.合作性和协调性

物流管理不再是孤立的，而是与供应链上其他环节紧密相连的。为了确保供应链的顺畅运作，物流企业需要与供应商、生产商、分销商等各方紧密合作，共同制定和执行物流计划。这种合作性和协调性有助于降低库存成本、缩短交货周期、提高物流效率。

3.灵活性和敏捷性

在供应链管理环境下，市场需求变化迅速，要求物流企业具备高度的灵活性和敏捷性。这包括快速响应市场变化、调整物流计划、优化配送路线等。通过引入先进的物流技术和信息系统，物流企业可以更好地满足市场需求，提高客户满意度。

4.集成化和一体化

随着供应链管理的发展，物流管理逐渐从传统的分散管理向集成化和一体化管理转变。这种管理方式将供应链上的各个环节视为一个整体，通过优化整个供应链的物流运作，实现成本降低、效率提高和客户服务水平的提升。

5.客户导向

在供应链管理环境下，客户导向是物流管理的重要特征。物流企业需要关注客户需求，提供个性化的物流服务，以满足客户的多样化需求。通过加强与客户的沟通和合作，物流企业可以建立稳定的客户关系。

6.绿色和可持续

随着环保意识的提高和法规的加强，绿色和可持续的物流管理成为重要的发展趋势。物流企业需要关注环保问题，采取节能减排、绿色包装等措施，降低物流活动对环境的影响。同时，也需要关注可持续发展问题，推动物流行业的长期稳定发展。

第四节　人工智能驱动下的企业运营管理

一、人工智能对企业生产管理的影响

人工智能对企业生产管理的影响是全方位的。企业应当怀着积极、开放的心态迎接人工智能技术，最大限度地发挥其在生产管理中的优势，以实现生产过程的更高效、更精确、更可持续的目标和效果。人工智能对企业生产管理的影响具体体现在以下几个方面。

第一，人工智能在自动化生产领域发挥着重要的作用。通过运用人工智能技术，企业能够实现多种生产任务的自动化。这种自动化不仅可以显著提升生产效率和降低人力成本，还有助于减少人为错误的风险，由此提高产品质量和客户满意度水平。

第二，人工智能在质量管控方面发挥了显著的作用。通过实时分析生产数据，能及时发现并处理生产过程中的异常情况。此外，利用深度学习模型，人工智能视觉系统能够高效地分析图像和视频数据，精准地识别产品质量问题和缺陷，从而实现对产品质量的精细化控制。人工智能的应用不仅提高了质量控制的效率，也为生产流程的优化提供了借鉴和支持。

第三，人工智能在决策支持方面发挥着非常重要的作用。通过对大量数据的深入分析，人工智能有助于企业发现市场动向、客户需求等关键信息，从而为企业的决策制定和战略规划提供有力支持和指导。同时，人工智能还具备预测未来发展趋势的能力，能够协助企业制定更加精准的决策，优化生产计划和资源分配，进一步提升企业运营的效率和竞争力。

第四，人工智能在能源节约和减少生产对环境影响方面展现出显著的优势。利用人工智能技术可以对设备的能耗和生产流程进行高度优化，有效降低资源的浪费和环境污染。通过应用预测性维护技术，人工智能能够监控设备传感器数据，并利用机器学习进行故障预测，进而减少设备故障和停机时间，实现生产管理的高效运行。

第五，人工智能技术对企业数字化和智能化转型具有推动作用。借助人工智能技术，企业得以建立智能化的生产管理系统，实现对生产过程的实时监控和精准操控。这种转型不仅可以有效提升企业的生产效率和产品质量，同时也有助于降低生产成本和经营风险，进而增强企业的市场竞争力。

二、人工智能对企业质量管理的影响

人工智能对企业质量管理产生了显著而积极的影响。人工智能为企业提供了更加高效、精准和可靠的质量管理手段，有助于企业提高产品质量、降低生产成本、增强市场竞争力，从而助力企业实现长期可持续发展。下面是人工智能对企业管理有主要影响的几个方面的详细分析。

第一，实时监控和预测性质量控制。实时监控和预测性质量控制在于人工智能技术的发展程度，它可以分析在生产线上产生的数据，迅速识别并预测潜在的质量问题。借助深度学习和模式识别，人工智能可以实时监测传感器数据，捕捉和分析任何质量异常，从而协助企业及时发现并解决潜在的质量问题。另外，人工智能还能进行故障预测和预防性维护。通过监测并分析设备的运行数据，人工智能能够预测设备可能出现的故障，进而提前实施维修和替换措施，避免设备故障导致的质量问题。

第二，图像识别和缺陷检测。在图像识别和缺陷检测方面，人工智能有卓越的表现。人工智能技术能够自动化地侦测产品表面的各种缺陷和瑕疵。这种自动化检测方法不仅显著提升了检测的准确性和效率，同时也降低了劳动力成本，从而提高了生产效益。通过结合专家的知识和经验，人工智能能够学习并不断优化其检测能力，进一步提升了质量检测的准确性和可靠性。

第三，质量追溯和供应链管理。质量追溯和供应链管理方面，人工智能同样发挥着至关重要的作用。使用人工智能技术，企业可以追溯产品的完整生产过程和供应链管理情况，确保产品每一个环节，从原材料到最终产品，均符合质量标准。这有助于企业及时发现并解决潜在的质量问题，同时也提升了产品的可追溯性和透明度，提高了客户对产品的信任度。

第四，智能决策支持与质量优化。在智能决策支持与质量优化方面，人工智能发挥着重要作用。人工智能通过利用数据模型和算法为企业提供决策支持，通过对历史数据和实时数据进行深入分析，帮助企业识别诸如生产工艺和异常检测等关键因素，随后提供相应的优化建议。基于人工智能的预测模型还能够帮助企业准确预测未来的质量趋势以及风险，从而制定更加科学和有效的质量管理策略，为企业发展提供重要支持和指导。

第五，质量与效率的联动发展。人工智能的引入使企业能够更加准确地掌控生产过程中的每一个环节，减少了人为因素对生产的干扰，进而提高了生产的一致性和稳定性。同时，人工智能还能够优化生产流程，提升生产效率，进而降低了生产成本，使企业在激烈的市场竞争中获得更大的优势和发展空间。

三、人工智能在企业物流管理中的具体应用

人工智能在企业物流管理中的应用十分广泛，涵盖了智能调度、自动化仓储管理、智能预测、货物追踪与监控、智能客服与售后服务、智慧采购系统和智慧质检系统等多个方面。这些应用不仅提高了物流管理的效率和准确性，还推动了物流行业的智能化和数字化发展。

（一）智能调度与路径规划

人工智能技术通过大数据分析、机器学习和深度学习等方法，实现对物流运输的智能调度和路径规划。物流企业能够实时掌握运输需求、交通状况和货物信息等，从而选择最佳的运输路线和配送计划，提高运输效率，降低成本。

（二）自动化仓储管理

人工智能驱动的机器人和自动化设备在仓储管理中发挥着重要作用。这些机器人能够自主完成货物的搬运、分拣、存储等任务，极大地提高了

仓储效率，降低了人力成本。仓储现场管理基于物联网、云计算、大数据、人工智能等技术，实现对商品货物的入库、存取、拣选、分拣、包装、出库等一系列智能化管理。

（三）智能预测与决策支持

人工智能通过对历史数据和市场趋势的挖掘分析，为物流企业提供智能预测和决策支持。这有助于企业优化资源配置，降低风险，实现可持续发展。例如，通过预测市场需求，企业可以合理安排物流运力和库存，避免过剩或短缺的情况发生。

（四）货物追踪与监控

人工智能可以通过使用传感器和物联网技术，实时监控货物的位置、状态和温度。这有助于物流公司准确追踪货物的位置，提高货物安全性，并及时发现和处理异常情况。

（五）智能客服与售后服务

通过使用自然语言处理和机器学习技术，人工智能可以实现智能客服系统，提供快速、准确的售前咨询和售后服务。这可以提高客户满意度，并减少人工成本。

（六）智慧采购系统

结合图像识别技术、大数据分析与深度学习技术，分析历史的采购信息并挖掘其中的深层逻辑，形成科学的采购决策。这有助于企业实现适量采购、适时采购，减少过多库存对资金成本的占用，避免过少库存面临的机会损失。

（七）智慧质检系统

图像识别技术的应用可以迅速清点货物的种类和数量，配合无人机的应用，能够更加快速地进行质检。专家系统的使用可以高效地判断货物质量，减少质检人员的数量，降低成本，并实现对货物质量的全面检查。

四、人工智能在企业物流管理中的应用价值

人工智能在企业物流管理中的应用价值体现在提高物流效率、降低物流成本、提升物流服务质量、智能化决策支持、实现物流自动化和智能化以及预测市场需求和供应链变化等多个方面。这些应用价值将有助于企业提高市场竞争力，实现可持续发展。

（一）提高物流效率

人工智能技术能够实时分析物流数据，优化运输路线和配送计划，降低运输时间和成本。通过智能调度和路径规划，人工智能可以确保货物以最高效的方式到达目的地，从而提高物流效率。

（二）降低物流成本

人工智能技术可以通过自动化仓储管理和智能预测，减少人力成本、库存成本和运输成本。例如，智能仓储系统可以减少人力需求，降低人力成本；智能预测系统可以帮助企业优化库存水平，减少库存积压和浪费。

（三）提升物流服务质量

人工智能技术可以实时监测货物的运输状态，确保货物安全、准时地送达目的地。同时，人工智能驱动的智能客服系统可以提供快速、准确的售前咨询和售后服务。

（四）智能化决策支持

人工智能技术可以分析大量的物流数据，提供智能预测和决策支持。企业可以根据人工智能的预测结果，优化资源配置，降低风险，实现可持续发展。

（五）实现物流自动化和智能化

人工智能技术可以推动物流行业的自动化和智能化发展。通过引入智能机器人、自动化设备和物联网技术，物流企业可以实现货物的自动化搬运、分拣、存储和配送，提高物流效率和服务质量。

（六）预测市场需求和供应链变化

人工智能技术可以通过对历史数据和市场趋势的挖掘分析，预测市场需求和供应链变化。这有助于企业及时调整生产计划、库存水平和运输计划，以满足市场需求并减少库存积压和浪费。

（七）优化仓库管理

人工智能技术可以通过物联网和传感器技术实时监测仓库内的货物信息和库存情况。结合人工智能算法，可以实现智能仓储管理，包括货物的自动分拣、自动存储和自动取货等功能。这不仅可以提高仓库的运营效率，还可以减少人工操作，降低人力成本。

五、人工智能驱动下企业物流管理的支撑条件

人工智能驱动下的物流管理，其支撑条件既包括内部支撑条件，也涵盖外部支撑条件。只有在这些条件的共同作用下，企业才能成功实现物流管理的智能化，提升竞争力并满足市场需求。

（一）内部支撑条件

1.基础设施建设

智慧物流需要一系列基础设施支持，包括互联网基础设施、物联网基础设施和数据基础设施。互联网基础设施作为智能化物流的基础，提供了关键的数据传输、信息共享与同步等功能。物联网基础设施是实现智能化的关键，能够连接各个设备、物品、工具等，实现全过程监控和实时调控。数据基础设施即数据中心，为物流数据提供存储和分析能力，同时将人工

智能与机器学习在物流中的应用得以支撑。

2. 商业需求与战略

物流企业需要在商业利益的驱动下为用户提供高质量的智能化物流服务。这包括通过物流流程可视化和人工智能预测能力，提高物流效率，降低成本，提升用户体验，提高用户忠诚度。同时，企业还需要制定明确的智能化物流战略，确保内部各部门之间的协同工作，使人工智能技术最大化利用。

3. 技术研发与人才储备

企业需要拥有一定的技术研发能力，可以根据自身需求定制和开发合适的人工智能解决方案。此外，具备相关技能的人才也是必不可少的，他们需要能够理解和运用人工智能技术，以支持物流管理的智能化。

（二）外部支撑条件

1. 政策法规与标准

政府制定的相关法规和政策，为智慧物流的蓬勃发展奠定了坚实基础。这些法规和政策不仅为人工智能技术在物流管理中的创新应用指明了方向，还为其提供了有力的法律保障，确保了智慧物流的健康发展，为社会经济的高效运转注入了新的活力。

2. 合作伙伴与生态系统

物流企业需要建立联盟、合作伙伴关系，在物流过程中实现多方合作，共同扩大物流服务的规模和范围。同时，一个健康的生态系统也是必不可少的，包括供应商、客户、技术提供商等各方参与者都需要在生态系统中发挥各自的作用，共同推动智慧物流的发展。

3. 市场需求与竞争态势

市场需求是推动智慧物流发展的关键因素之一。随着消费者对物流服务的需求不断提高，企业需要借助人工智能技术提升服务质量。同时，竞争态势也促使企业不断寻求创新，以在激烈的市场竞争中脱颖而出。

第六章　人工智能与企业战略管理

第一节　企业战略管理

一、企业战略的含义

企业战略可以从不同的角度和层面进行理解和分类，其中广义的企业战略更强调企业作为一个整体在复杂多变的市场环境中如何持续发展和成长。而狭义的企业战略更关注于企业在特定市场或产品领域的具体行动和策略。

广义的企业战略涵盖了企业在其整个经营活动中所采取的一系列长期性、全局性和方向性的规划和策略。它不仅包括企业的市场定位、竞争策略、产品策略、营销策略等具体的业务层面策略，还包括企业的组织结构、企业文化、人力资源管理、技术创新等内部管理和发展的策略。

狭义的企业战略则更侧重于企业在市场竞争中所采取的具体策略，如市场进入策略、产品定价策略、销售渠道策略、品牌策略等。这些策略直接针对企业的产品或服务在市场中的表现和竞争地位，旨在通过优化资源配置、提高市场占有率和盈利能力来增强企业的市场竞争力。

总的来说，广义的企业战略和狭义的企业战略在内容和范围上有所不同。广义的企业战略更加全面和宏观，涵盖了企业的各个方面和层面。狭义的企业战略则更加具体和微观，主要关注于企业在市场竞争中的具体策略和行动。然而，无论是广义还是狭义的企业战略，其核心目的都是为了实现企业的长期发展和竞争优势。

二、企业战略的特征

企业战略的特征在于其全局性、长远性、风险性、适应性等。它要求企业从整体上规划发展方向，设定长期目标，并能够灵活适应外部环境的变化。同时，企业战略的实施也伴随着一定的风险，需要企业在追求收益的同时，进行风险评估和管理，以确保企业的持续竞争优势和稳健发展。具体来说，企业战略的特征主要包括以下几个方面。

（一）全局性

企业战略是根据企业总体发展的需要而制定的全局性的规划和设计。这意味着企业的总目标、总行动和资源协调等均是全局性的，而不是局部的。战略决策需要考虑到企业的整体利益，以及不同部门、不同业务之间的协调和配合。

（二）长远性

企业战略谋求的是企业的长远利益，其时间跨度通常较长，至少3年，甚至更长时间。这意味着企业需要制定长期的发展规划和目标，并在日常经营中持续进行战略调整和优化，以确保企业的可持续发展。

（三）纲领性

企业战略的核心是方向大致正确。虽然企业战略是基于未来的预测，无法精细也没有必要过于精细，但战略需要明确和清晰，具有纲领性。这有助于企业全体员工明确企业的目标和方向，形成共同的价值观和使命感。

（四）竞争性

企业战略确定的企业发展目标一定是赢得市场竞争胜利的。这意味着企业需要制定具有竞争力的战略，以应对外部环境的变化和竞争对手的挑战。战略需要能够应对各种外部威胁、压力和挑战，确保企业在市场中保持领先地位。

（五）风险性

由于企业战略是面向未来的规划和设计，因此具有一定的风险性。未来内外部环境的变化、竞争对手的策略调整等因素都可能影响企业战略的实现。因此，企业在制定战略时需要充分考虑各种风险因素，并制定相应的应对策略。

（六）层次性

企业战略具有层次性，包括公司战略、职能战略、业务战略和产品战略等不同层面的内容。每个层面的战略都需要考虑其对应的资源和能力，以及与其他层面战略的协调和配合。

（七）稳定性与适应性

企业战略需要保持一定的稳定性，以确保企业能够持续发展和成长。但同时，企业战略也需要具有一定的适应性，能够根据外部环境的变化和企业内部条件的变化进行相应的调整和优化。这种稳定性和适应性的平衡是企业战略成功的关键之一。

三、企业战略目标

（一）企业战略目标的定义

企业战略目标是指企业在实现其使命过程中所追求的长期结果，是在一些最重要的领域对企业使命的进一步具体化。战略目标的设定，同时也是企业宗旨的展开和具体化，是企业宗旨中确认的企业经营目的、社会使命的进一步阐明和界定。企业战略目标反映了企业在一定时期内经营活动的方向和所要达到的水平，既可以是定性的，也可以是定量的，比如竞争地位、业绩水平、发展速度等。

（二）企业战略目标的内容

企业战略目标是企业使命和定位的具体化，它涵盖了市场、创新、盈利和社会四个方面。企业需要根据自身实际情况和市场环境，制定明确、可行的战略目标，并通过战略规划和实施，确保目标的实现。

1. 市场目标

市场目标是企业在市场竞争中期望达到的地位和水平。它通常涉及市场份额、市场增长率、客户满意度等关键指标。企业需要通过市场细分、定位、营销策略等手段，确保在目标市场中获得竞争优势，实现市场目标。市场目标的实现需要企业密切关注市场动态，了解客户需求，及时调整战略和策略。

2. 创新目标

创新是企业持续发展的动力源泉。创新目标旨在推动企业在产品、技术、管理等方面的创新，提高企业的核心竞争力。企业需要建立创新文化，鼓励员工提出创新想法，加大研发投入，加强产学研合作，推动创新成果的转化和应用。创新目标的实现将为企业带来更大的市场份额和更高的盈利能力。

3. 盈利目标

盈利是企业经营活动的直接目的。盈利目标涉及企业的收入、成本、利润等财务指标。企业需要制定明确的盈利计划，优化资源配置，提高生产效率，降低成本，增加收入。同时，企业还需要关注资本结构和资本运作，确保企业的盈利能力得到持续提升。盈利目标的实现将为企业发展提供坚实的物质基础。

4. 社会目标

社会目标是企业承担社会责任的具体体现。它涉及环境保护、安全生产、员工福利、社区发展等。企业需要关注社会热点问题，积极履行社会责任，推动可持续发展。通过加强环境保护、提高员工福利待遇、支持社区建设等方式，企业可以树立良好的社会形象，增强品牌价值和市场竞争力。社会目标的实现将为企业赢得更多的社会支持和信任。

（三）企业战略目标的特点

企业战略目标具备一些独特而重要的特点，这些特点使企业能够明确发展方向，指导资源分配，以及应对市场变化。同时，这些特点也要求企业在制定和实施战略目标时需要全面考虑各种因素，确保战略目标的合理性和可行性。以下是企业战略目标的一些特点。

1. 长期性

企业战略目标通常着眼于企业的长期发展，设定的时间跨度一般较长，至少为3—5年，甚至更长。这种长期性使企业能够在较长的时间内保持战略方向的稳定性和一致性，同时也使企业能够有足够的时间来应对外部环境的变化和内部资源的调整。

2. 宏观性

企业战略目标是对企业全局的一种总体设想，它的着眼点是整体而不是局部。这种宏观性使企业能够站在更高的角度来审视自身的发展，考虑企业的长远利益和整体利益，避免过于关注短期利益而忽略长期利益。

3. 挑战性

企业战略目标的设定需要具有一定的挑战性，即目标应该具有一定的难度和高度，需要企业付出努力才能实现。这种挑战性能够激发企业的创造性和竞争力，推动企业不断进步和发展。

4. 可度量性

企业战略目标需要尽可能数量化，以便能够具体地衡量和评估企业的绩效和成果。数量化的战略目标有利于企业在内部落实战略任务，同时也便于检查和比较不同部门或不同时间段的绩效，从而发现问题并采取措施加以改进。

5. 相对稳定性

企业战略目标在其所规定的时间内应该是相对稳定的，不应频繁地更改。这种相对稳定性有利于企业保持战略方向的稳定性和一致性，同时也使员工能够明确自己的工作任务和目标，提高工作效率。

6. 动态性

尽管企业战略目标需要保持相对稳定性，但在企业内外环境发生重大变化时，也需要根据实际情况对战略目标进行必要的调整和修正。这种动态性使企业能够灵活地应对外部环境的变化，保持竞争优势。

7. 系统性

企业战略目标的设定需要考虑企业的整体利益和不同部门、不同业务之间的协调和配合。因此，企业战略目标需要具有系统性，即不同部门、不同业务之间的目标需要相互协调和支持，形成一个有机的整体。

四、企业战略类型

企业战略通常被分为三个主要层次：公司层次战略、业务层次战略和职能层次战略。公司层次战略，又称企业总体战略，涉及整个公司的方向和资源分配，确定公司的业务范围、市场定位和竞争策略，关注公司长期和整体的成功。业务层次战略，又称竞争战略，涉及在特定的市场或产品线上如何与竞争对手竞争，侧重于特定业务或产品线的成功。职能层次战略，又称职能战略，涉及公司内各个职能部门的策略，如研发、生产、营销、人力资源和财务等，关注如何通过优化职能活动来增强竞争优势。这三个层次的战略相互关联、相互支持，共同构成了企业完整的战略体系。在制定企业战略时，需要确保各个层次的战略协调一致，以实现企业的整体目标。

（一）企业总体战略

1. 企业总体战略的含义

企业总体战略，是基于企业长期发展愿景，结合企业面临的内外部经营环境，由企业高层管理者制定的企业层面总的发展规划。企业总体战略的实质是进行企业战略选择，即解决"做什么"和"不做什么"的问题。它强调"做正确的事"，并帮助企业优化资源配备。通过明确企业的优势、劣势、机会和威胁，企业能够更好地理解在哪些领域投入更多的资源，哪些领域需要避免或减少投入。

2. 企业总体战略的分类

企业总体战略可以细分为稳定型战略、增长型战略以及紧缩型战略这三种不同类型。每种战略类型都有其特定的适用条件和目标，旨在帮助企业在不同的市场环境和内部条件下实现长期稳定发展。

（1）稳定型战略

稳定型战略是一种强调保持企业现有经营状态和资源分配的战略。它适用于外部环境稳定、内部资源有限或企业处于市场领导地位的情况。稳定型战略的目标是维持企业的市场份额、利润水平和竞争优势，通过优化内部流程和降低成本来提高效率。这种战略通常不需要大量的投资或扩张，而是注重内部管理和资源的有效利用。

（2）增长型战略

增长型战略是一种旨在扩大企业规模、提高市场份额和盈利能力的战略。它适用于外部环境有利、市场需求增长迅速或企业内部实力强大的情况。增长型战略的目标是通过增加投资、扩大生产规模、开发新产品或进入新市场来实现企业的快速增长。这种战略需要企业具备较强的研发能力、市场拓展能力和资金实力，以支持企业的扩张和发展。

（3）紧缩型战略

紧缩型战略是一种在外部环境恶化、市场需求下降或企业内部资源紧张时采用的战略。它的目标是减少企业规模、降低成本和减少风险。紧缩型战略通常包括出售资产、削减成本、裁员和减少产品线等措施。这种战略需要企业具备较强的财务管理能力和危机处理能力，以应对可能出现的风险和挑战。

3. 企业总体战略的特点

企业总体战略的特点是全局性、长期性、指导性、适应性等。它涵盖企业整体的发展方向和目标，旨在引导企业实现长期竞争优势。同时，企业总体战略需根据市场变化灵活调整，确保企业持续稳健发展。企业总体战略的特点具体表现如下。

（1）全局性

企业总体战略是企业最高层次的战略，它关注的是企业的全局性问题，如企业的目标、发展方向、资源配置等，而非某个部门或某个环节的局部问题。

（2）长期性

总体战略是长期性的，它为企业未来的长期发展指明了方向，并设定了长期目标。这种长期性意味着总体战略需要考虑到企业未来几年、十几年甚至几十年的发展趋势和变化。

（3）指导性

企业总体战略为企业的发展提供了方向性的指导，它规定了企业各部门、各层次、各环节的行动纲领和原则，确保企业各项经营活动都能朝着同一目标前进。

（4）风险性

由于总体战略涉及企业的长远发展，因此它必然伴随着一定的风险。这些风险可能来自外部环境的变化、市场竞争的加剧、技术进步等因素。企业需要在制定总体战略时充分考虑这些风险因素，并制定相应的应对措施。

（5）适应性

企业总体战略需要具有一定的适应性，能够随着外部环境的变化和企业内部条件的变化而进行调整。这种适应性要求企业能够灵活应对各种不确定性因素，确保总体战略的有效性。

（6）综合性

企业总体战略是综合性的，它涉及企业的各个方面和各个环节，需要综合考虑企业的资源、能力、技术、市场、竞争等因素。这种综合性要求企业在制定总体战略时需要进行全面的分析和评估。

（7）稳定性与灵活性相结合

企业总体战略在保持一定稳定性的同时，也需要具有一定的灵活性。这种稳定性可以确保企业沿着既定的方向发展，而灵活性则可以帮助企业应对各种不确定性和变化。

4. 企业总体战略的实施步骤

在制定企业总体战略时，通常遵循以下步骤。这些步骤确保了战略的连贯性和有效性，能够帮助企业顺利实现长期目标。

（1）明确企业愿景和使命

企业需要明确其存在的意义和长期目标，即愿景和使命。这有助于企业全体员工理解企业的核心价值和追求，为战略制定提供方向。

（2）进行内外部环境分析

这包括对企业内部的资源、能力、技术、文化等进行审计，以及对外部的市场环境、竞争对手、政策环境等进行深入的分析。这些分析有助于企业了解自身的优势和劣势，以及面临的机遇和挑战。

（3）设定战略目标

基于愿景和使命，结合内外部环境分析的结果，企业需要设定具体的、可衡量的、可实现的目标。这些目标应与企业的长期发展目标相一致，并考虑财务、客户、内部运营、学习与成长等多个方面。

（4）制定战略方案

为实现设定的目标，企业需要制定相应的战略方案。这可能包括产品创新、市场扩张、合作伙伴关系建立、组织变革等。在制定战略时，企业需要考虑其独特性（如差异化战略）、成本效率（如成本领先战略）或其他竞争优势。

（5）选择战略

在制定了多种战略方案后，企业需要根据自身情况和市场环境选择最适合的战略。这需要对各种方案进行全面的评估，包括成本效益分析、风险评估等。

（6）制定战略实施计划

战略选择后，企业需要制定详细的实施计划，包括资源的配置（如人力、物力、财力）、组织结构的调整、流程的优化等。此外，企业还需建立有效的监控和反馈机制，确保战略的有效执行。

（7）战略执行与监控

企业需要按照实施计划进行战略执行，并定期对战略执行情况进行监控和评估。这有助于企业及时发现问题并进行调整，确保战略目标的实现。

（8）战略评估与调整

在实施战略的过程中，企业需要定期评估其进展情况，并根据市场变化、内部变革或其他不可预见的情况对战略进行调整。这种灵活性有助于企业更好地适应外部环境的变化，确保企业的长期稳定发展。

（二）企业竞争战略

在市场竞争中，创造和充分利用竞争优势是企业取得成功的关键。成本领先战略、差异化战略和目标集聚战略是企业竞争战略中常用的三种方法。企业可以根据自身的实际情况和市场环境选择最适合自己的战略方法，以创造和充分利用竞争优势，赢得市场竞争。

1. 成本领先战略

成本领先战略的核心是通过有效的成本控制和效率提升，使企业能够以低于竞争对手的成本提供相同或类似的产品或服务。这种战略使企业能够灵活地应对市场变化，如通过降低价格来吸引顾客，或者通过保持价格稳定来保持利润水平。实施成本领先战略的企业需要关注以下几个方面。

（1）优化生产流程

技术创新和流程再造是企业降低成本、提升效率的关键。通过引入先进技术和优化生产流程，企业能有效降低生产成本，同时提高生产效率，从而在市场竞争中取得更大优势，推动企业的持续发展和竞争力提升。

（2）严格成本控制

企业应建立严谨有效的成本控制体系，确保所有成本支出均严格遵循预算和计划。通过实时监控成本动态，及时调整策略，实现资源的合理配置，从而保障企业稳健运营，为长期可持续发展奠定坚实基础。

（3）规模经济

企业可通过扩大生产规模，实现规模经济效应，进而降低单位成本。这不仅能增强企业的盈利能力，还能在市场竞争中占据更有利的位置，提升市场份额，为企业的长期发展奠定坚实基础。

2. 差异化战略

差异化战略的核心是通过提供独特的产品或服务，满足顾客的特殊需求，从而在市场上建立独特的竞争优势。这种战略使企业能够避免与竞争对手直接进行价格竞争，而是通过提供独特的价值来吸引和留住顾客。实施差异化战略的企业需要关注以下几个方面。

（1）深入了解顾客需求

为了深入了解并满足顾客的需求和偏好，企业应进行系统的市场调研，积极收集并分析顾客反馈。这有助于企业精准把握市场动态，优化产品或服务，提升顾客满意度，从而在竞争激烈的市场中脱颖而出。

（2）创新产品和服务

企业致力于通过技术创新和设计创新，打造独特的产品或服务，以满足顾客日益多样化的特殊需求。这种持续的创新能力不仅提升了企业的市场竞争力，也赢得了顾客的信赖。

（3）建立品牌形象

企业重视品牌建设和宣传，通过精心策划的品牌活动和营销策略，塑造独特的市场形象。这不仅增强了企业的品牌认知度，也提升了顾客对品牌的忠诚度和信任感，为企业赢得了宝贵的市场竞争力。

3. 目标集聚战略

目标集聚战略的核心是将企业的资源和精力集中在特定的目标市场上，以满足这些市场上顾客的特殊需求。这种战略使企业能够在特定的细分市场上取得竞争优势，并通过深入了解这些市场来提高产品和服务的质量。实施目标集聚战略的企业需要关注以下几个方面。

（1）确定目标市场

企业在制定市场战略时，首先会通过深入的市场调研和细致的分析，识别并确定其希望进入的特定目标市场。这一过程不仅有助于企业精准把握市场需求，也为后续的产品开发、品牌建设和营销策略制定提供了有力支持。

（2）深入了解目标市场

企业在进入目标市场前，会深入了解其特点、需求和竞争态势。通过细致的市场研究，企业能够为目标市场提供量身定制的产品和服务，以满足其独特需求，从而在竞争中占据有利位置。

（3）集中资源和精力

为了在目标市场上取得竞争优势，企业会将有限的资源和精力集中投入，确保产品和服务的质量。这种集中策略有助于企业更精准地满足目标市场需求，提高顾客满意度，从而赢得市场份额和增长动力。

（三）企业职能战略

企业职能战略是指企业中的各职能部门制定的指导职能活动的战略。[①]
职能战略一般可分为以下三种类型。

1. 生产运营型职能战略

这是企业或业务单元的基础性职能战略，从企业或业务运营的基本职能上为总体战略或业务战略提供支持。它涵盖了研发战略、筹供战略、生产战略、质量战略、营销战略、物流战略等。

2. 资源保障型职能战略

这是为总体战略或业务战略提供资源保障和支持的职能战略。它包括了财务战略、人力资源战略、信息化战略、知识管理战略、技术战略等。

3. 战略支持型职能战略

这是从企业全局上为总体战略和业务战略提供支持的职能战略。它涵盖了组织结构战略、企业文化战略、公共关系战略等。

五、企业战略管理

（一）企业战略管理的概念

企业战略管理，是指对企业战略进行设计、选择、控制和实施，直到达到企业战略总目标的全过程。现代企业经营管理是在战略管理的指导下，有效利用企业资源，组织企业全体成员努力实现战略目标的全过程。[②]

（二）企业战略管理的原则

在企业战略管理的过程中，需要遵循一系列原则，以确保其有效性。这些原则主要包括以下几个方面。

1. 适应环境原则

企业的生存和发展离不开外部环境，如市场、政策、技术等。因此，

[①] 安景文，荆全忠. 现代企业管理［M］. 北京：北京大学出版社，2012：686.

[②] 彭艳，马娅，李丽. 现代企业管理［M］. 南昌：江西高校出版社，2019：35.

战略管理需要密切关注外部环境的变化，及时调整企业的战略方向，以适应环境的需求。

2. 全程管理原则

战略管理是一个从战略分析、战略制定、战略实施到战略控制、战略评价与反馈的完整过程。在这个过程中，各个阶段互为支持、互为补充，忽略其中任何一个阶段，企业战略管理都不可能成功。

3. 整体最优原则

战略管理要求将企业视为一个不可分割的整体来加以管理，以提高企业的整体优化程度。

在制定和实施战略时，需要考虑到企业各个部门和环节的协调性和一致性，以实现整体利益的最大化。

4. 全员参与原则

战略管理是全局性的，涉及企业的各个方面和层次。因此，战略管理绝不仅仅是企业领导和战略管理部门的事，需要企业全体员工的广泛参与和全力支持。在战略管理的全过程中，企业全体员工都将参与其中，共同为实现企业的战略目标而努力。

5. 反馈修正原则

企业战略管理关心的是企业长期、稳定的发展，时间跨度较大。由于环境不断发生变化，在战略的实施过程中，只有不断地跟踪、反馈、修正，才能确保企业战略的适应性。通过定期的评估和调整，确保战略与企业的发展目标和外部环境保持一致。

（三）企业战略管理的特征

企业战略管理的特征主要体现在其全局性、长远性、动态性、风险性等。战略管理主要关注企业领导层面的决策，追求长远发展，考虑内外因素的系统性影响，并具备适应变化和调整策略的能力，同时伴随着一定的风险性。这些特征共同构成了企业战略管理的核心。企业战略管理的特征主要体现在以下几个方面。

1. 全局性

战略管理关注的是企业整体和全局的发展，它要求管理者从全局出发，考虑企业长远的发展目标和整体利益，而不仅仅是某个部门或某个项目的利益。

2. 长远性

战略管理考虑的是企业长期的发展问题，它要求管理者具有前瞻性和远见，能够预测未来市场环境的变化和企业的发展趋势，并据此制定长期的发展规划和战略。

3. 动态性

战略管理是一个动态的过程，它要求管理者能够根据市场环境和企业内部条件的变化，及时调整和优化战略方案。战略管理的过程包括战略分析、战略制定、战略实施、战略控制和战略评价等阶段，这些阶段之间相互关联、相互作用，形成一个循环往复的过程。

4. 风险性

由于战略管理涉及的时间跨度较大，且市场环境和企业内部条件都可能发生变化，因此战略管理具有一定的风险性。管理者需要在制定战略时充分考虑各种风险因素，并制定相应的风险应对策略，以降低损失。

5. 系统性

战略管理是一个系统性的工程，它要求管理者从系统的角度考虑问题，将企业的各个部门和各个环节纳入一个统一的战略体系中，实现资源的优化配置和整体协调。

6. 创新性

战略管理要求企业不断创新，寻找新的发展机遇和竞争优势。在战略制定和实施过程中，管理者需要不断思考新的战略思路和方法，推动企业不断向前发展。

7. 外向性

战略管理强调对外部环境的研究和适应。企业需要关注外部环境的变化，如市场、竞争对手、政策法规等，以便及时调整战略，确保企业在竞争中保持优势。

8. 指导性

战略管理为企业提供明确的指导方向，使企业在面对复杂多变的市场环境时能够保持清晰的目标和计划，避免盲目性和随意性。

第二节 人工智能驱动下的企业战略管理

一、人工智能驱动下企业战略管理的优势

人工智能技术在企业战略管理中的优势主要体现在以下几个方面。这些优势共同推动企业在复杂多变的市场环境中稳健前行。

（一）能够有效提升战略管理的执行效率

企业在持续扩大规模的进程中，可以全面利用大数据分析技术，深度挖掘出更为丰富的有益信息，从而更好地辅助企业做出更为明智的战略抉择。因此，在战略管理实践中，充分重视大数据的应用至关重要。这种做法不仅能够确保企业的经营和管理水平不断提升，同时还能够帮助企业获取更多的市场主导权，推动企业更好地适应竞争环境的挑战。

（二）能够提升企业的经营管理水平

在当今大数据时代，信息量呈现爆炸式增长，社会分工逐渐细化，这也要求企业不断改进现有的管理模式，明确员工的职责和任务分工。企业在经营管理过程中离不开员工的全力支持，而员工经过简练高效的处理流程才能确保问题得以妥善解决。在传统的人工操作模式下，无法保证问题被准确及时地解决。以传统的企业年度财务核算报表为例，编制此类报表所需的时间至少长达四个月，这显然会大大拖慢企业工作进度。对于企业高层管理者来说，一旦需要做出重要决策，如果无法及时获得财务核算报表的支持，那么决策可能会受阻，给企业带来机遇损失。如今，许多企业意识到大数据技术的重要性，正在积极采用大数据技术取代传统手工核算方式，以提升工作效率，保证数据准确性。

（三）能够确保各种资源得到合理的分配

在人工智能等新兴技术的积极推动下，社会资源的合理配置得到进一步优化，企业经营模式也随之焕然一新。在互联网这一强大平台的助力下，各类增值服务迅速壮大，为企业开拓了更广阔的市场信息来源，满足了它们对信息获取多样性的迫切需求。互联网的普及应用不仅有利于促进资源的高效流动和深度互动，还能有效保障各类资源的充分利用。在人工智能、大数据等技术的有力支撑下，企业得以更有效地整合和调配各类闲置资源，实现资源的最大化利用。

二、人工智能在企业战略管理中的应用建议

人工智能在企业战略管理中的应用建议，主要包括以下几个方面。这样一来，人工智能在企业战略管理中能够发挥更大的作用。

（一）有必要进行传统战略管理思想的根本性转变

为了充分实现大数据的价值，企业必须转变传统的管理观念。领导层应主动调整现有组织结构，积极吸收前沿管理理念，深入探究人工智能等尖端科技，并将其与管理实践相融合。同时，需激发员工参与培训活动的积极性，提高其在人工智能领域的操作技能。企业有必要积极组织员工参与各类讨论，激励他们提出具有价值的见解，明确企业未来的发展方向。此外，对企业目前面临的问题进行深入梳理，仔细分析问题根源，制定有效对策，推动企业实现可持续增长。

（二）引进先进的大数据专业人才

企业在面临日益激烈的市场竞争压力时，需要根据自身的发展阶段和行业特点，招募具备先进专业知识和技能的人才，制定系统完备的培训计划，确保员工具备扎实的大数据应用技能，激发其在大数据领域的创新潜能，从而吸引更多的人才加入企业的团队。企业的管理层务必深刻认识到，要想实现企业战略管理的升级和转型，关键在于拥有一支高素质的专业人

才队伍。因此，企业迫切需要建立专门负责大数据管理的独立部门，组建一支兼具专业素养和团队合作能力的大数据团队，帮助企业在大数据时代抢占先机，实现可持续发展。

（三）提高大数据的利用率

企业在竞争激烈的市场中，需要紧密关注市场相关信息，以保持竞争优势。为实现这一目标，企业必须充分利用大数据收集各种信息，并进行深入分析。不同行业面临着各自独特的业务挑战，因此在运用大数据时必须关注技术的针对性。除此之外，员工们还需运用大数据来分析产品未来的发展趋势，把握市场需求，从而制定专业的销售策略。通过大数据掌握市场需求并不断更新现有产品和服务，企业便能够保持竞争优势。企业可以利用大数据技术深入了解竞争对手，优化现有的营销计划，帮助企业获取更广阔的市场份额。企业应该设计全面的营销策略，有效整合线上销售与线下销售，满足各类用户的需求，提升用户购买产品的便捷性。

（四）提高决策的精确性，提升企业的运营效率

鉴于大数据技术的多重优势，传统企业战略管理存在的缺陷得以改善。因此，企业领导者和管理人员需要充分认识到大数据的重要性，利用大数据挖掘出更有利的信息，作为企业决策的重要参考依据。企业在发展过程中会积累大量数据信息，这些数据不断变化，并可能随时被新数据取代。为了确保数据得到有效存储和挖掘，满足各类工作人员的需求，应用大数据技术对各类数据进行采集整理，并深入挖掘数据的价值。无论是决策制定还是营销方案的制定，都需要依赖大数据技术的支持。由此可见，大数据在企业决策中扮演重要角色，既可以规避主观意识，又能提升企业战略管理水平。企业需要建立专业的成本大数据库，准时收集、分析各项成本数据，制定多种成本指标，确保有效掌握企业各项成本，减少不必要的支出，提高企业效益。

三、人工智能时代下企业战略管理创新的优化措施

在人工智能时代下，企业战略管理创新的优化措施可以从多个方面进行，以确保企业能够充分利用人工智能技术的优势，实现战略管理的优化和升级。以下是一些具体的优化措施。

（一）加强数据驱动的战略决策

利用人工智能技术进行数据采集、分析和挖掘，获取深入的市场洞察和消费者行为分析。基于数据分析结果，制定更加精准和有效的市场策略、产品定位和营销策略。

（二）优化人才战略

加大对人工智能技术人才的培养和引进力度，建立专业的人工智能技术团队。加强员工对人工智能技术的培训和教育，提升全员的数字化素养。鼓励员工参与人工智能技术创新和应用的探索和实践，形成创新型的组织氛围。

（三）创新组织结构和管理模式

打破传统的组织结构和管理模式，建立更加灵活、敏捷和高效的组织结构。利用人工智能技术优化管理流程，提高管理效率和响应速度。鼓励跨部门、跨领域的合作和协同，形成协同创新的组织文化。

（四）推动技术创新和研发

加大对人工智能技术的研发投入，推动技术创新和突破。与高校、科研机构等建立紧密的合作关系，共同开展技术研发和创新应用。鼓励员工参与技术创新和研发活动，形成全员创新的良好氛围。

（五）构建智能化的战略管理体系

利用人工智能技术构建智能化的战略管理体系，实现战略规划、执行、监控和评估的智能化。通过人工智能技术实现对企业内外部环境、竞争态

势的实时监测和分析，为战略决策提供有力支持。利用人工智能技术优化资源配置和业务流程，提高企业的运营效率和市场竞争力。

（六）注重文化建设和价值观塑造

强调创新和开放的企业文化，鼓励员工敢于尝试、勇于创新。塑造以客户为中心、以价值创造为导向的价值观，推动企业不断追求卓越和创新。倡导团队协作和共同成长的价值观，加强团队凝聚力和向心力。

第七章　人工智能与企业财务管理

第一节　企业财务管理

一、财务管理的概念

企业财务管理是以企业资金运动为对象，利用货币形式对企业经营活动进行的一项综合性管理工作。[①]

具体来说，企业财务管理的核心在于通过科学、合理的管理手段和方法，对企业的资金流、信息流进行规划、组织、控制和协调，确保企业资金的有效运用和资产的保值增值。同时，它也需要处理企业与投资者、债权人、供应商、客户等各方之间的财务关系，维护企业的财务稳定和可持续发展。

在企业运营过程中，财务管理发挥着至关重要的作用。它既是企业管理的核心组成部分，也是企业实现经营目标的重要保证。通过加强财务管理，企业可以优化资源配置，提高经济效益，降低经营风险，增强市场竞争力。

---

① 安景文，荆全忠. 现代企业管理［M］. 北京：北京大学出版社，2012：257.

要对财务管理的概念有一个全面的理解，首先需要掌握与财务管理相关的基本术语，这些关键术语包括以下几个。

（一）资金

资金在企业财务管理中扮演着至关重要的角色，它是企业运营和发展的基础。关于资金的来源，权益资金和债务资金是两大主要类别。

权益资金是指企业依法筹集的、长期拥有并可自主支配的资金，它通常由企业的所有者（股东）提供。这类资金没有规定偿还本金的时间，也没有偿付利息的约束。权益资金主要由企业成立时各种投资者投入的资金以及企业在生产经营过程中形成的资本公积、盈余公积和未分配利润组成。权益资金是企业资金的主要来源之一，它代表了企业的自有资本，能够反映企业的实力和信誉。

债务资金则是指企业通过借款、发行债券等方式从外部筹集的资金。这类资金具有短期性、可逆性和负担性的特点。短期性意味着债务资金需要在一定期限内偿还。可逆性意味着企业需要支付一定的利息作为使用债务资金的代价。负担性则是指企业需要承担到期还本付息的义务。债务资金是企业筹集资金的重要方式之一，它能够帮助企业解决短期资金短缺的问题，促进企业的快速发展。

在财务管理中，企业需要合理配置权益资金和债务资金的比例，以实现最优的资本结构。合理的资本结构可以降低企业的财务风险，提高企业的偿债能力和市场竞争力。同时，企业还需要根据自身的经营情况和市场环境，灵活运用各种筹资方式，以满足企业的资金需求。

（二）资产

资产是企业运营的核心，代表着企业所拥有或控制的能够带来经济利益的资源。在企业的财务报告中，特别是资产负债表中，资产占据着举足轻重的地位。资产根据其变现速度或使用期限的长短，可以划分为流动资产和非流动资产两大类。

流动资产是指在一年或超过一年的一个营业周期内变现或耗用的资产。这些资产是企业短期内可以用来支持日常运营和满足短期负债需求的资源。

比如，企业因销售商品、提供劳务等经营活动应收取的款项；企业按照合同规定预付的款项，如预付租金、预付货款等。

非流动资产是指流动资产以外的资产，通常用于长期投资或长期经营。这些资产的价值往往不会在短期内大量变动，且其变现周期较长。比如，企业对其他企业的长期股权投资或债权投资；企业为生产商品、提供劳务、出租或经营管理而持有的、使用寿命超过一个会计年度的有形资产，如房屋、机器设备等。

管理好企业的流动资产和非流动资产，对于企业的稳健运营和长期发展至关重要。通过合理的资产配置和风险管理，企业可以优化其财务状况，提高经营效率和市场竞争力。

（三）负债与所有者权益

负债是企业过去的交易或事项形成的、预期会导致经济利益流出企业的现时义务。这些义务需要用货币来衡量，并且通常需要通过提供资产（如现金、存货等）或劳务来偿还。负债包括各种形式的借款（如银行贷款、公司债券等）、应付账款（如购买商品或服务尚未支付的款项）以及其他形式的义务（如未支付的工资、税款等）。

所有者权益，也称为股东权益或净资产，代表了企业的所有者（即股东）对企业资产减去负债后剩余部分的权益。它代表了企业的所有者对企业的投资以及通过企业运营所获得的收益（或损失）。所有者权益包括股本（即股东投入的资金）、留存收益（即企业历史利润中未分配给股东的部分）以及可能的其他综合收益。

在一个企业的财务报表中，资产、负债和所有者权益之间存在一个基本的等式关系：资产＝负债＋所有者权益。这个等式被称为会计恒等式，它反映了企业在某一特定时点上的财务状况。企业的资产来源于两个方面：一是债权人提供的资金（即负债），二是所有者提供的资金（即所有者权益）。这个等式确保了财务报表的准确性和完整性，因为它要求企业的所有资产都必须有相应的资金来源。

（四）资金运动

企业的生产经营过程既涉及使用价值的生产和交换，也涉及价值的形成和实现。在这个过程中，各种物质资源的价值需要用货币来衡量，这些货币表现就构成了企业的资金。随着企业再生产的持续进行，资金不断地在企业内部和外部流动、周转和循环，以支持企业的日常运营、投资活动以及融资活动。这种资金的流动和循环过程就被称为企业的资金运动。

财务活动是指企业为了筹集、使用和管理资金而进行的各种经济活动。在财务活动中，企业与其他各方之间会形成一定的经济利益关系，这些关系就被称为财务关系。这些财务关系构成了企业财务管理的核心内容，处理好这些关系对于企业的稳健运营和长期发展至关重要。

二、财务管理的内容

企业财务管理的内容包括筹资管理、投资管理、成本费用管理以及利润分配管理等。它们之间相互联系、相互影响，共同构成了企业财务管理的整体框架。企业需要在这四个方面做好综合调控，以实现财务管理的整体目标。

（一）筹资管理

筹资管理是指企业根据其生产经营、对外投资和调整资本结构的需要，通过筹资渠道和资本市场，运用筹资方式，经济有效地筹集为企业所需的资本的财务行为。筹资的方式主要有筹措股权资金和筹措债务资金。筹资管理的目的是满足公司资金需求，降低资金成本，增加公司的利益，减少相关风险。

（二）投资管理

投资管理是企业对资金的运用和管理，旨在实现资金的增值。它涉及企业的投资决策，包括购买固定资产、无形资产、流动资产等，以支持其生产经营活动或进行对外投资。投资管理需要考虑投资的风险、收益以及资金的时间价值等因素。

（三）成本费用管理

成本费用是企业生产经营过程中资金消耗的反映，可以理解为企业为取得预期收益而发生的各项支出，主要包括制造成本和期间费用等。成本费用管理是指企业对在生产经营过程中全部费用的发生和产品成本的形成所进行的计划、控制、核算、分析和考核等一系列科学管理工作的总称。加强成本费用管理，对于企业提高经营管理水平、降低生产经营中的劳动耗费、增加盈利具有重要意义。

（四）利润分配管理

利润分配管理是指企业资本的提供者对总收入进行的分配。它主要是以企业的息税前利润为对象在各利益主体间进行的分配。利润分配是企业资本运动过程的重要环节，对于调整企业与各方面的经济利益关系，调动各方面的积极性，促进企业的长远发展有着极其重要的意义。

三、财务管理的目标

财务管理的目标取决于企业的目标，它反映了企业的特定价值取向，也是评价企业财务活动是否合理的标准。关于财务管理的目标，可以细分为两个层面。

（一）总体目标

总体目标，也称为企业财务管理的根本目的。在企业财务管理中，总体目标乃是至关重要的首要任务，也是企业的核心使命之一。

1.企业价值最大化

这是财务管理的核心目标，意味着企业在追求长期发展的过程中，通过优化资源配置、提高经营效率、降低风险等途径，实现企业整体价值的最大化。这个目标强调了企业的长期性、全局性和战略性，与企业的长远发展紧密相关。

2. 利益相关者利益最大化

这个目标考虑了企业的所有利益相关者，包括股东、债权人、员工、政府、供应商和消费者等。企业需要在保证自身生存和发展的基础上，尽可能地满足各方利益相关者的需求，实现共赢。

（二）具体目标

具体目标是指财务活动中需要达到的各项具体目标，主要包括以下几个方面。

1. 筹资管理目标

确保企业能够筹集到足够的资金，以满足生产经营和投资活动的需要。同时，要降低筹资成本，优化筹资结构，降低财务风险。

2. 投资管理目标

通过对投资项目的科学评估和选择，实现资金的合理配置和高效利用，提高投资回报率。同时，要控制投资风险，确保投资安全。

3. 成本管理目标

通过加强成本控制和管理，降低企业的生产成本和经营成本，提高企业的盈利能力和竞争力。

4. 收入与分配管理目标

制定合理的定价策略和销售政策，实现收入的稳定增长。同时，要合理确定利润分配政策，平衡股东、企业和其他利益相关者的利益。

四、财务管理的基本任务

企业财务管理的基本任务包括计划、控制、核算、分析和考核各项财务收支，遵守法律规定筹措资金，有效管理企业资产，努力提升经济水平。

（一）选择筹集渠道，降低资金成本

企业为了维持运营和扩展业务，需要不断筹集资金。资金来源可以是内部积累（如留存收益），也可以是外部融资（如债务融资和股权融资）。财务管理的任务之一就是确定最合适的筹资渠道和筹资方式，以最小的成本满足企业的资金需求。这包括评估不同筹资方式的成本、风险和对企业价值的影响。降低资金成本对于提高企业的盈利能力和市场竞争力至关重要。通过优化筹资结构，企业可以降低财务风险，提高资金利用效率。

（二）管好用好各项资产，提高资产的利用效果

企业的资产包括流动资产（如现金、存货、应收账款）和固定资产（如厂房、设备）。这些资产是企业运营的基础，也是企业价值的重要组成部分。财务管理的任务之一是确保资产的安全、完整和高效利用。这包括制定和执行资产管理政策，监控资产的流动性和使用效率，以及定期进行资产评估和更新。提高资产的利用效果意味着通过优化资产配置、提高资产周转率和使用效率，增加企业的收入和利润。这有助于增强企业的竞争力和可持续发展能力。

（三）降低成本费用，增加企业盈利

成本费用是企业运营过程中不可避免的支出，包括原材料成本、人工成本、销售费用和管理费用等。财务管理的任务之一是通过对成本费用的控制和管理，降低不必要的支出，提高企业的盈利能力。这包括制定和执行成本控制政策，分析成本结构和变动趋势，以及寻求降低成本的途径和方法。降低成本费用不仅可以直接增加企业的利润，还可以提高企业的市场竞争力和市场占有率。通过持续改进和优化成本管理，企业可以在激烈的市场竞争中保持领先地位。

五、财务管理的职能

财务管理的职能是财务管理在企业和组织中的核心作用，主要包括以下几个方面，它们共同构成了财务管理的完整体系。

（一）财务预测

财务预测是根据企业财务活动的历史资料，考虑现实的要求和条件，对企业未来的财务活动和财务成果做出科学的预计和测算。这有助于企业提前了解未来的财务状况，为决策提供依据。

（二）财务决策

财务决策是对财务方案进行比较选择，并确定最优方案的过程。它是财务管理的核心，涉及筹资决策、投资决策、利润分配决策等。

（三）财务计划

财务计划是根据企业整体战略目标和规划，以及财务预测的结果，对计划期的财务活动进行规划、安排和部署的过程。财务计划可以确保企业资源的合理配置和有效利用。

（四）财务控制

财务控制是对企业的资金投入及收益过程和结果进行衡量与校正，目的是确保企业目标以及为达到此目标所制定的财务计划得以实现。这包括对企业各项财务活动的监督、调节和纠正，以确保企业按照既定的财务目标运行。

（五）财务分析

财务分析是以会计核算和报表资料及其他相关资料为依据，采用一系列专门的分析技术和方法，对企业等经济组织过去和现在有关筹资活动、投资活动、经营活动、分配活动的盈利能力、营运能力、偿债能力和增长能力状况等进行分析与评价的经济管理活动。财务分析有助于企业了解自身的财务状况和经营成果，为决策提供支持。

六、企业财务管理的原则

企业财务管理的原则是企业经营活动中必须遵循的准则。这些原则共同构成了企业财务管理的基本框架和指导思想，有助于企业实现财务活动的规范化、制度化和科学化，为企业的长期发展提供有力保障。

（一）实行统分结合的原则

这个原则要求企业在财务管理中既要统一规划、统一领导，又要分级管理、明确职责。它旨在建立一个既能够体现集中管理优势，又能够激发各层级积极性的财务管理体系。通过统分结合，企业可以更好地协调各部门之间的财务活动，确保企业整体财务目标的实现。

（二）坚持反映企业财务状况的原则

这个原则要求企业的财务管理必须真实、准确地反映企业的财务状况和经营成果。企业应当建立完善的财务报告制度，确保财务报告的及时性和准确性，以便管理者和投资者能够全面了解企业的财务状况和经营情况，为决策提供支持。

（三）坚持依法计税的原则

这个原则要求企业在进行财务管理时，必须遵守国家税收法律法规，依法计算和缴纳税款。企业应当建立健全的税务管理制度，确保税务申报的准确性和及时性，避免因税务问题给企业带来不必要的风险和损失。

（四）保证投资者合法权益不受侵犯的原则

这个原则要求企业在财务管理中必须充分保护投资者的合法权益。企业应当建立健全投资者权益保护制度，确保投资者能够享有应有的权益和收益。同时，企业还应当加强内部控制和风险管理，确保企业的财务活动符合法律法规和道德标准，避免因违法违规行为给投资者带来损失。

第二节　人工智能驱动下的企业财务管理

一、人工智能在企业财务管理中的应用领域

财务管理是企业工作正常运转的重要保障，通过财务管理可以确保企业内部资金链周转流畅，实现企业的可持续发展。[①]人工智能在企业财务管理中的应用领域广泛且深入，为企业的财务管理带来了革命性的变化。以下是人工智能在企业财务管理中的一些主要应用领域。

（一）数据分析与预测

人工智能可以通过算法和模型快速处理和分析大量财务数据，提供预测。这有助于企业更准确地评估当前财务状况，预测未来的财务趋势，为决策提供数据支持。

（二）自动化流程

许多传统上需要人工处理的财务任务，如发票处理、记账、报表编制等，现在可以通过人工智能技术实现自动化。这不仅提高了工作效率，还减少了人为错误，降低了成本。

（三）风险管理与合规

人工智能可以帮助企业识别潜在的财务风险，如欺诈等，并通过实时监控和预警系统及时采取措施。此外，人工智能还可以协助企业确保财务活动的合规性，遵守相关法律法规。

---

① 赵传鹏.人工智能时代企业管理的发展路径探索［J］.企业科技与发展，2023（1）：126-128.

（四）智能决策支持

通过机器学习等技术，人工智能可以根据历史数据和当前市场情况为企业提供智能决策支持。这有助于企业制定更合理的预算、投资策略和风险管理策略。

（五）财务规划与优化

人工智能可以帮助企业优化财务规划，通过预测未来现金流、分析投资回报率等方式，为企业制定更合理的财务目标和计划。

（六）客户关系管理

在财务管理中，客户关系管理同样重要。人工智能可以通过分析客户数据，帮助企业识别高价值客户，制定个性化的营销策略。

（七）内部审计与监控

人工智能可以帮助企业实现内部审计和监控的自动化，通过实时跟踪和分析财务数据，发现潜在的问题和风险，提高内部控制的效率和准确性。

（八）财务预测与建模

人工智能技术可以构建复杂的财务预测和模型，帮助企业预测未来的财务表现和市场趋势。这些模型可以基于历史数据、市场趋势和其他因素进行训练和优化，以提供更准确的预测结果。

（九）供应链管理

在财务管理中，供应链管理也是一个重要的环节。人工智能可以帮助企业实现供应链的自动化和优化，包括订单处理、库存管理、供应商关系管理等。这有助于降低库存成本、提高供应链的效率和可靠性。

二、人工智能在企业财务管理中应用的意义

在企业财务管理中应用人工智能是时代发展的必然趋势，人工智能技术大大促进了财务管理工作效率的提升，具有非常重要的现实意义。相信在未来的发展过程中，人工智能技术将会被越来越广泛深入地应用到企业财务管理中，促进财务管理工作的不断发展。[①]

（一）提高财务工作效率

人工智能能够自动化处理大量、重复性的财务任务，如数据处理、报表生成等，从而大大减轻财务人员的工作负担，提高财务工作的效率。智能化的财务系统能够实时更新数据，减少人工录入和核对的错误，提高数据处理的准确性和可靠性。

人工智能凭借其超强的计算能力，对于信息的处理以微秒为单位，极大地减轻了财务管理者的工作强度，同时，还大大提高了信息处理的准确率。如今，在企业的财务信息处理中，可以说人工智能的使用优化了人力、物力、财力成本，提高了工作效率。

（二）优化财务决策

人工智能能够利用大数据和算法模型进行深度分析，为企业的财务决策提供有力支持。通过对历史数据的挖掘和预测模型的构建，人工智能可以帮助企业预测未来的市场趋势、客户需求等，为企业的战略规划和投资决策提供科学依据。人工智能还可以根据企业的实际情况和需求，提供个性化的财务咨询和建议，帮助企业优化财务结构。

（三）降低财务风险

人工智能具有强大的风险识别和分析能力，能够实时监测企业的财务状况和外部环境变化，发现潜在的风险因素。通过构建风险预警和应对机

---

① 梁婉容. 人工智能在企业财务管理中的应用及展望［J］. 国际商务财会，2018（6）：91-93.

制，人工智能可以帮助企业及时采取措施防范和应对风险，降低企业的财务风险和经营风险。

（四）提升财务管理水平

人工智能的应用可以推动企业财务管理的数字化转型和智能化升级，提高企业的财务管理水平和竞争力。通过引入智能化的财务管理系统，企业可以实现财务数据的集中管理和实时监控，提高财务管理的透明度和规范性。

（五）增强企业竞争力

人工智能的应用可以帮助企业更加精准地掌握市场信息和客户需求，优化产品结构和销售策略，提高企业的市场竞争力。同时，人工智能还可以帮助企业优化内部管理流程，提高管理效率，降低运营成本，进一步提升企业的盈利能力。

（六）促进创新发展

人工智能的应用为企业财务管理带来了创新的可能性和机遇。通过引入新的技术、方法和工具，企业可以探索更加高效、智能的财务管理模式，推动财务管理的创新和发展。

三、人工智能在企业财务管理应用中面临的问题

人工智能在企业财务管理应用中面临着数据安全与隐私保护、技术挑战与人才短缺、法规与监管问题、系统集成与兼容性问题、用户接受度和信任问题、数据质量和准确性问题以及伦理和道德问题等方面的问题。企业需要认真评估和解决这些问题，以确保人工智能技术的有效实施和企业的长期发展。

（一）数据安全与隐私保护

人工智能系统需要处理大量的财务数据，这包括企业的敏感信息和客户数据。因此，如何确保这些数据的安全和隐私是一个重要的问题。企业需要采取严格的数据加密、访问控制和安全审计措施，防止数据泄露和滥用。

（二）技术挑战与人才短缺

人工智能技术的实施需要专业的技术团队和人才支持。然而，目前市场上具备相关技能和经验的人才相对短缺，这给企业带来了技术实施的困难。此外，随着技术的不断发展和更新，企业还需要不断培训和引进新的人才，以保持技术的先进性和竞争力。

（三）法规与监管问题

人工智能在财务管理中的应用涉及多个法规和监管要求，如数据保护、隐私保护等。企业需要确保其应用符合相关法规和监管要求，避免违规风险。同时，由于不同国家和地区的法规存在差异，企业还需要关注国际的法规协调和合规性要求。

（四）系统集成与兼容性问题

人工智能系统需要与企业现有的财务管理系统进行集成和协同工作。然而，由于不同系统之间的数据格式、接口和协议存在差异，系统集成可能会面临技术难题和兼容性问题。企业需要投入大量的时间和精力进行系统的调试和测试，以确保系统的稳定性和可靠性。

（五）用户接受度和信任问题

人工智能在财务管理中的应用可能会改变企业的财务工作流程和决策方式，这可能会引发员工的抵触和不信任。企业需要加强对员工的培训和教育，提高他们对人工智能技术的认识和接受度，同时加强沟通和解释工作，以建立员工对系统的信任。

（六）数据质量和准确性问题

人工智能系统依赖于大量的数据进行学习和预测。然而，如果输入的数据存在质量问题或误差，那么系统的预测结果也可能受到影响。企业需要加强对数据的清洗、校验和验证工作，确保输入数据的准确性和可靠性。

（七）伦理和道德问题

人工智能在财务管理中的应用可能会涉及一些伦理和道德问题，如自动化决策可能导致的偏见和歧视、数据隐私权的保护等。企业需要关注这些问题并制定相应的政策和规范，以确保人工智能技术的应用符合伦理和道德标准。

四、人工智能与企业财会人员

（一）人工智能技术的使用对企业财会人员的影响

人工智能技术的使用对企业财会人员产生了深远的影响。他们需要不断提升自己的技能，适应这种变化，抓住新的职业发展机会。

1.工作效率提升

人工智能能够自动化处理大量、重复性的财务任务，如数据录入、分类、核对等，从而极大地提高财会人员的工作效率。他们可以将更多的时间投入更具战略性和创造性的工作中。

2.角色转变

随着人工智能的普及，财会人员的工作重心逐渐从基础的数据处理转向更高层次的分析和决策支持。他们需要掌握更多关于数据分析、商业智能和战略规划的知识和技能。这意味着财会人员需要向管理型、分析型会计转变，成为企业的战略合作伙伴和业务顾问。

3.技能需求变化

人工智能技术要求财会人员具备新的技能，如编程、数据分析、数据可视化等。他们需要不断学习新技术、新工具，以适应快速变化的工作环境。同时，财会人员还需要提升沟通能力、团队协作能力和问题解决能力，以更好地与业务团队和其他部门合作。

4. 职业发展和机会

人工智能技术的应用为财会人员提供了更多的职业发展机会。他们可以通过学习新技术、参与项目等方式，不断提升自己的能力和价值。同时，随着企业对高级财务管理人才的需求增加，具备丰富经验和专业技能的财会人员将有更多的晋升机会。

5. 对就业的影响

人工智能技术的使用在一定程度上取代了部分财会人员的工作，导致部分基础岗位的就业压力增加。但是，这也为企业创造了更多高附加值的工作机会，如数据分析师、财务顾问等。因此，财会人员需要积极适应这种变化，通过提升自己的能力和技能来应对未来的挑战。

6. 提高决策质量

人工智能可以帮助财会人员更快速、更准确地获取和分析数据，从而提高了他们的决策质量和效率。这使财会人员能够更好地支持企业的战略规划和业务发展。

（二）人工智能驱动下企业对财会人员的要求

人工智能的普及和应用对企业财会人员的要求产生了显著变化。以下是企业在人工智能驱动下对财会人员的一些主要要求。

1. 数据分析能力

财会人员需要具备强大的数据分析能力，能够利用人工智能工具对大量数据进行处理、分析和解读，从而为企业提供有价值的决策支持。他们需要了解数据分析的基本原理和方法，并熟练掌握相关的数据分析工具。

2. 技术理解和应用能力

财会人员需要熟悉人工智能、大数据、云计算等前沿技术，并具备将这些技术应用于财务管理工作的能力。他们需要了解这些技术如何影响财务工作的流程和效率，并能够主动学习和掌握新的技术工具。

3. 业务洞察力

在数据分析的基础上，财会人员需要具备业务洞察力，能够从财务数据中发现业务机会和风险，为企业战略制定提供有力支持。他们需要理解企业的业务模式和运营流程，能够结合市场情况和竞争对手动态进行分析。

4. 投融资经验

财会人员需要具备投融资相关的经验和知识，能够参与企业的投融资活动，包括资金筹集、投资评估、风险管理等。他们需要了解资本市场的运作规则和趋势，具备项目评估和谈判的能力。

5. 创业思维和创新能力

在人工智能的驱动下，财会人员需要具备创业思维和创新能力，能够积极探索新的商业模式和财务管理方法，推动企业的持续发展和创新。他们需要敢于尝试新的技术和方法，并能够不断学习和更新自己的知识体系。

6. 企业运营管理经验

财会人员需要具备一定的企业运营管理经验，能够深入了解企业的运营流程和业务模式，从而更好地参与企业的战略规划和决策制定。他们需要理解企业各部门的运作方式和相互之间的关系，能够协调各方资源实现企业的整体目标。

7. 跨领域工作经验

财会人员需要具备跨领域的工作经验，包括税务、法律、金融、市场营销等领域。这些领域的知识和经验将有助于他们更好地理解企业的财务状况和市场环境，为企业提供更全面、更专业的财务支持。

8. 持续学习和自我提升

在人工智能快速发展的背景下，财会人员需要保持持续学习和自我提升的态度，不断关注新技术、新方法和新趋势，并积极将其应用于实际工作中。他们需要具备较强的学习能力和适应能力，以应对不断变化的市场环境和企业需求。

（三）人工智能驱动下企业财会人员转型的方向

在人工智能的驱动下，企业财会人员的转型方向呈现出多元化和高级化的趋势。以下是企业财会人员一些可能的转型方向。

1. 战略财务与财务管理

优秀的财会人员可以向战略财务和财务管理方向转型。他们需要具备深厚的专业知识和管理能力，能够参与公司战略规划、财务决策、预算管理、资本运作等高级财务活动。这类财务人员需要关注公司整体发展，为管理层提供有价值的财务分析和建议。

2. 财务分析与预测

人工智能的引入使大量数据可以被快速处理和分析，但理解和解释这些数据背后的含义、洞察数据背后的价值仍需要专业的财务人员。因此，财务人员可以转型为财务分析师，利用人工智能工具进行数据分析，预测公司未来的财务状况，为管理层提供决策支持。

3. 内部控制与风险管理

随着企业对内部管理和风险控制的重视，内部控制专家型顾问和风险管理专家成为热门转型方向。这类财务人员需要深入了解企业的业务流程和内部控制体系，能够识别和评估潜在的风险，提出有效的控制策略。

4. 财务 BP（业务伙伴）

财务 BP 是近年来兴起的一个岗位，主要负责与业务部门紧密合作，提供财务支持和服务。他们需要了解业务部门的运作模式和需求，为业务部门提供预算、成本、利润等方面的分析和建议，帮助业务部门实现更好的业绩。

5. 数字化与 IT 支持

随着企业数字化转型的加速，对具备财务知识和 IT 技能的人才需求也在增加。财会人员可以转型为财务 IT 专家，负责企业财务系统的开发和维护，利用技术手段提高财务工作的效率和准确性。

6. 教育与培训

随着人工智能在财会领域的广泛应用，对财会人员的培训和教育需求也在增加。财会人员可以转型为财务培训师或教育者，为其他财会人员提供人工智能应用、数据分析、财务管理等方面的培训和教育服务。

7. 咨询与顾问

财会人员还可以转型为财务咨询师或顾问，为外部客户提供专业的财务咨询和解决方案。他们可以利用自己的专业知识和经验，为客户提供财务分析、财务规划、税务筹划等方面的服务。

需要注意的是，这些转型方向并不是孤立的，财会人员可以根据自己的兴趣、能力和市场需求选择适合自己的转型方向，并在实践中不断学习和成长。同时，企业也需要为财会人员的转型提供必要的支持和培训，帮助他们顺利实现转型。

（四）人工智能驱动下企业财会人员的应对措施

在人工智能的驱动下，企业财会人员需要采取一系列应对措施来适应这种变化，确保自身在智能化时代的竞争力。以下是对企业财会人员的一些建议。

1. 提升专业技能

财会人员应加强对企业业务的了解，充分熟悉企业业务情况，加强业财融合，提升财务会计管理工作能效，从企业经营管理角度出发开展财务会计管理，实现自身向管理会计方面的转型发展，强化财务会计工作在企业运营管理当中的价值和作用，以此降低人工智能对自身业务能力的冲击和影响。[①]

2. 与人工智能协同工作

财会人员需要与人工智能建立良好的合作关系，发挥各自的优势，实现协同工作。可以将烦琐的数据录入和核对工作交给人工智能，以减轻工作负担和提高工作效率。同时，要善于利用人工智能提供的数据分析工具和预测模型，为企业的决策提供有价值的意见和建议。

3. 专注于决策分析

在人工智能的辅助下，财会人员可以更多地将精力投入企业决策分析、财务战略制定等高级工作中。利用人工智能技术提高自己的预测和分析能力，为企业提供更专业、更准确的财务决策建议。

4. 重塑工作职能

随着人工智能的发展，一些传统的财务工作可能会被人工智能取代。财会人员需要根据人工智能的影响，重新审视自己的工作职能，主动调整

① 刘璐．人工智能对企业财务会计工作的影响分析［J］．商场现代化，2024（6）：155-158.

工作内容和工作方式，提升自己的核心竞争力。例如，可以关注企业内部的财务控制、风险管理、绩效评价等方面的工作，这些领域在人工智能的辅助下仍有很大的发展空间。

5. 持续学习和创新

在人工智能时代，财会人员需要保持持续学习和创新的态度。关注行业动态和技术发展趋势，了解人工智能在财会领域的应用和发展，以便及时调整自己的工作策略和方向。同时，积极参与企业内部的创新活动，提出新的想法和建议，推动企业财会工作的不断进步。

6. 加强沟通和合作

在人工智能时代，财会人员需要加强与其他部门的沟通和合作。了解企业的整体战略目标和业务发展方向，为其他部门提供财务支持和服务。同时，积极参与跨部门的合作项目，共同推动企业的发展和进步。

总之，在人工智能的驱动下，企业财会人员需要积极应对变化，提升自身专业素养和竞争力。通过与人工智能协同工作、专注于决策分析、重塑工作职能、持续学习和创新以及加强沟通和合作等方式，可以确保自己在智能化时代中保持领先地位。

第八章　人工智能与企业市场营销管理

第一节　企业市场营销管理

一、市场营销的概念

市场营销是指企业为从顾客处获得利益回报而为顾客创造价值并与之建立稳固关系的过程。[①] 要阐明市场营销这一概念，需要探讨相关的重要术语和概念。

（一）价值

在市场营销中，价值是一个核心概念。市场营销中的价值体现在多个方面，包括顾客价值、品牌价值、市场价值和企业价值等。这些价值的创造和传递是市场营销活动的核心任务，也是企业实现长期增长和可持续发展的关键所在。

① 何荣宣. 现代企业管理（第2版）[M]. 北京：北京理工大学出版社，2021：172.

1. 顾客价值

顾客价值体现在产品或服务为购买者带来的有形和无形利益与成本的总和。这里的成本包括经济成本和非经济成本，而利益则包括有形成本和无形成本。当产品或服务能够满足顾客的需求和期望，并为他们带来价值和满意度时，就实现了顾客价值。企业需要通过提供高质量的产品或服务、优质的客户服务、建立客户俱乐部、提供个性化的产品或服务等方式来增强顾客价值，从而增加顾客的忠诚度和信任度。

2. 品牌价值

品牌是市场营销中的另一个重要价值。一个强大的品牌可以为企业带来许多好处，如提高产品销量、增加市场份额、提高顾客忠诚度等。品牌在市场上的形象和特点可以建立顾客的认同感，让顾客对品牌产生情感认可，从而提高顾客的忠诚度。忠诚的顾客更愿意重复购买，为企业带来稳定的收入。因此，企业需要积极创建有价值的产品优势品牌，通过品牌推广和营销活动来提升品牌的知名度和美誉度。

3. 市场价值

市场价值体现在企业产品或服务在市场上的竞争力和吸引力。企业需要了解市场趋势和消费者需求，制定合适的市场营销策略，以在竞争激烈的市场中脱颖而出。通过市场细分、目标市场选择、市场定位等策略，企业可以明确自身的市场定位，并为目标消费者提供有价值的产品或服务。

4. 企业价值

企业价值体现在企业持续经营中，通过合理利用资源和顺应外部市场变化而获得的金钱效益。企业价值包括企业的经营活动成果、社会贡献及投资回报的体现。从市场发展的角度看，企业价值创造可以帮助企业在市场中立于不败之地，拥有更多的利润。从社会维度考虑，企业价值创造有助于企业获得巨大的声誉和做出更多的社会贡献，这些贡献和声誉也会影响其未来的发展。

（二）市场

市场是一个广泛的概念，可以从多个角度进行理解和定义。

从广义上讲，市场是各方参与交换的多种系统、机构、程序、法律强化和基础设施之一。它允许任何可交易项目进行评估和定价，促进贸易并促成社会中的资源分配。市场可以是商品交换的场所，从根本上讲，它也是商品交换关系的总和，反映了不同的商品生产者、中间商和消费者之间的商品买卖关系的总和。

市场是社会分工和商品生产的产物，哪里有社会分工和商品交换，哪里就有市场。市场在其发育和壮大过程中，也推动着社会分工和商品经济的进一步发展。市场通过信息反馈，直接影响着人们生产什么、生产多少以及上市时间、产品销售状况等。

1. 市场的基本特点

市场具有一些基本特点，如自发性、盲目性和滞后性。

第一，市场的自发性。

市场的自发性指的是市场经济中的一种现象，即市场在没有政府或中央计划的干预下，通过供求关系自发地调整价格、资源配置和经济活动。这是市场经济的核心特征之一。市场上的价格变动会引导生产者和消费者做出相应的决策，资源会自动流向能够提供最高回报的领域，从而提高了资源的有效利用。这种自发性基于供求决定价格和资源配置的基本原理。

第二，市场的盲目性。

市场的盲目性是指市场主体由于无法完全掌握社会各方面的信息，无法控制经济变化的趋势，从而导致的经营决策的失误。由于人们不可能完全掌握生产各方面的信息及其变化趋势，市场主体在决策时往往带有一定的盲目性。例如，某种商品有利可图时，大量生产者可能会一哄而上，反之则一哄而退，这种盲目性容易造成资源浪费和经济波动。

第三，市场的滞后性。

市场的滞后性指市场调节是一种事后调节，即市场不能对动态的信息做出及时的反应，导致出现的不良后果。当人们争相为追求市场上的高价而生产某一产品时，该商品的社会需求可能已经达到饱和点，而商品生产者却还在继续大量生产，到了滞销引起价格下跌后，才恍然大悟。这种滞后性反映了市场调节的局限性，需要政府或其他机构进行必要的干预和调控，以避免资源浪费和经济波动。

总的来说，市场的自发性、盲目性和滞后性是市场经济不可避免的现象。为了克服这些局限性，需要政府或其他机构进行必要的干预和调控，以维护市场经济的稳定和健康发展。同时，市场主体也需要提高自身的市场敏感度和预测能力，以更好地适应市场变化。

2. 市场的三个基本要素

市场包含三个基本要素：人口、购买力和购买欲望。

人口指的是具有某种需求或潜在需求的消费者群体，人口特征包括年龄、性别、地理位置、职业、收入水平等。购买力指的是消费者为满足其需求而具备的购买能力或支付能力，购买力受到消费者收入水平、储蓄、信贷条件等因素的影响。购买欲望指的是消费者对于某种产品或服务的强烈需求或愿望，欲望可能受到消费者个人偏好、文化背景、社会趋势等因素的影响。

将这三个要素结合起来，可以理解为一个有效的市场是由具有特定需求、购买能力和购买欲望的消费者群体组成的。企业在制定市场营销战略时，需要充分考虑这些要素，以确保其产品或服务能够满足目标市场的需求和期望。

3. 市场的交易原则

市场的交易原则包括自愿原则、平等原则、互利原则和商业道德。这些交易原则共同构成了市场交易活动的基本规范，有助于保障市场的公平、公正和有序运行，促进经济的稳定和发展。同时，这些原则也要求交易双方在进行交易时应遵守相关规定和道德准则，维护自身形象和信誉。

第一，自愿原则。

自愿原则是指交易双方在从事市场交易活动时，能够根据自己的内心意愿，自主决定是否进行交易、与谁交易以及如何进行交易。这一原则强调了交易的自主性和自愿性，排除了任何形式的强迫和干预。在自愿原则下，交易双方可以根据自己的利益和需求，自由地达成交易协议。

第二，平等原则。

平等原则是指在市场交易中，交易双方的地位是平等的，没有高低贵贱之分。这一原则要求交易双方在进行交易时，应享有平等的权利和义务，不得因身份、地位等因素而受到歧视或不公平待遇。平等原则是市场经济中公平竞争的基础，也是维护市场秩序和保障消费者权益的重要原则。

第三，互利原则。

互利原则是指在市场交易中，交易双方应该通过交易实现互利共赢，而不是一方损害另一方的利益。这一原则要求交易双方在追求自身利益的同时，也要考虑对方的利益和需求，通过合作和协商达成互利共赢的交易结果。互利原则是市场交易活动中的重要原则，也是实现市场长期稳定发展的基础。

第四，商业道德。

商业道德是指在市场交易中，交易双方应遵循的伦理道德规范和职业操守。这些规范和职业操守包括诚实守信、公平交易、尊重他人利益、保护消费者权益等。商业道德是市场经济中不可或缺的一部分，它有助于维护市场秩序和信誉体系，促进市场健康发展。

4. 现代市场的主要特征

现代市场的主要特征包括统一、开放、竞争和有序。这些特征共同构成了现代市场经济体系的基本框架，为企业的生产经营活动提供了广阔的空间。同时，政府和市场主体应共同努力，加强市场监管和制度建设，确保市场的公平、公正和高效运行。

第一，统一。

现代市场是一个统一的有机整体，它打破了地域、行业、所有制等方面的界限，将国内市场与国际市场紧密地联系在一起。市场的统一性使商品、资本、技术、信息、劳动力等资源能够在全国范围内自由流动和优化配置。

第二，开放。

现代市场具有开放性，它允许各种经济主体平等地参与市场竞争，无论是国有企业、民营企业还是外资企业。市场的开放性还体现在对外贸易的自由化程度上，国家之间通过签订贸易协定、降低关税壁垒等方式，促进商品和服务的自由流通。开放的市场有助于企业获取更多的资源和信息，提高生产效率和市场竞争力。

第三，竞争。

竞争是现代市场的核心特征之一。在竞争激烈的市场环境中，企业为了生存和发展，必须不断创新、提高产品和服务质量、降低成本。竞争机制能够激励企业提高效率、优化资源配置，并推动整个市场的技术进步和产业升级。竞争还有助于形成合理的市场价格体系，反映商品和服务的真实价值。

第四，有序。

现代市场强调有序性，即市场运行应遵循一定的规则、制度和法律。这些规则包括市场准入规则、交易规则、竞争规则等，旨在维护市场的公平、公正和透明。政府作为市场监管者，通过制定和执行相关法律法规，打击不正当竞争和违法行为，维护市场秩序和消费者权益。有序的市场环境有助于降低交易成本、提高市场效率，并促进经济的持续健康发展。

二、市场营销观念的演进

市场营销观念是企业从事营销活动的指导思想和行为准则，它概括了一个企业的经营态度和思维方式。[①] 市场营销观念的演进经历了几个重要的阶段，这些阶段反映了市场营销理论和实践的不断发展。

第一阶段——生产观念阶段

生产观念在 19 世纪末到 20 世纪初的工业革命时期极为盛行。这一观念深受当时市场环境的影响，那时生产能力相对有限，产品供不应求，消费者对于商品的需求主要集中在基本的生活用品。因此，消费者在生产观念的主张下更喜欢那些可以随处买到、价格低廉且质量稳定的商品。

在这种观念的指导下，企业普遍认为，提高生产效率和扩大分销范围是实现企业成功的关键。它们会积极组织和利用所有资源，集中力量进行生产，通过提高产量和降低生产成本，来满足市场上对产品的需求。显然，生产观念体现了一种重生产轻营销的指导思想，企业更加关注产品的生产环节，而对于如何满足消费者的具体需求和如何推广产品则相对忽视。

这种观念在企业中的典型表现就是"我们生产什么，就卖什么"。企业根据自身的生产能力和资源状况，确定产品的种类和数量，并通过各种渠

① 彭艳，马娅，李丽.现代企业管理［M］.南昌：江西高校出版社，2019：104.

道将产品推向市场。然而，随着市场环境的变化和消费者需求的多样化，这种单纯依赖生产能力的观念逐渐显露出其局限性。企业需要更加注重市场调研，了解消费者的具体需求，同时加强营销和品牌建设，以提高产品的市场竞争力和企业的盈利能力。

第二阶段——产品观念阶段

产品观念是与生产观念并存的一种市场营销观念，也是重生产轻营销。它认为消费者喜欢高质量、多功能和具有某些特色的产品，企业应致力于生产高值产品，并不断加以改进。

产品观念是一种深入市场营销领域的核心理念，它与生产观念相互交织，共同影响着企业的战略决策。在这种观念中，生产的重要性往往被置于营销之上，形成一种重生产轻营销的现象。这并不意味着营销被忽视，而是强调了产品本身的核心地位。

产品观念坚信，消费者对于商品的需求不仅仅停留在基本的实用性，他们更偏爱那些高质量、多功能且具备独特特色的产品。这种观念认为，消费者在购买商品时，不仅仅是在购买一个满足需求的物品，更是在追求一种品质、一种体验。因此，企业应当把主要精力投入到产品的生产上，努力打造出高品质、多功能、具有创新特色的产品，以满足消费者的需求。

为了实现这一目标，企业需要不断投入研发，提高产品的技术含量和附加值。同时，企业还需要密切关注市场动态和消费者需求的变化，及时对产品进行改进和升级，以保持其在市场上的竞争力。这种对产品质量的极致追求和不断创新的精神，正是产品观念的核心所在。

然而，产品观念也需要注意平衡生产和营销之间的关系。虽然生产高品质的产品是企业成功的关键之一，但如果没有有效的营销策略来推广这些产品，那么产品再好也难以被消费者所了解和接受。因此，企业需要在注重产品质量的同时，也要注重营销策略的制定和实施，以实现产品的最佳市场表现。

第三阶段——推销观念阶段

推销观念是在资本主义经济由"卖方市场"向"买方市场"过渡的特定阶段产生的，尤其在20世纪30—40年代，这一观念广泛盛行。在这一时期，市场竞争逐渐加剧，消费者开始拥有更多的选择权，形成了买方市场的格局。推销观念基于一种假设，即消费者在购买过程中通常会表现出一种购买惰性或抗衡心理，他们可能不会主动寻求购买某个产品，或者对产品的认知有限。

在这样的市场环境下，企业意识到只有通过大力推广和强销，才能突破消费者的心理防线，激发他们的购买欲望。推销观念的具体表现就是"我卖什么，就设法让人们买什么"。企业会采取各种营销手段，如广告宣传、促销活动等，来向消费者传递产品信息，强调产品的优点和特色，以吸引他们的注意力和兴趣，最终促使他们购买产品。

推销观念强调企业的主动性和积极性，要求企业积极开拓市场，寻找潜在消费者，并通过有效的营销策略来满足他们的需求。然而，这种观念也需要注意平衡企业和消费者之间的利益，确保在推广和销售过程中不损害消费者的权益和利益。

第四阶段——市场营销观念阶段

市场营销观念是现代企业经营哲学的核心，它强调以消费者的需求和欲望为导向，深刻体现了消费者主权论的思想。这一观念认为，企业实现其长期、持续和盈利目标的关键，在于深入理解并准确把握目标市场的具体需求和潜在欲望。

在市场营销观念的指导下，企业不仅要关注产品的生产，更要关注如何将产品有效地传递给目标消费者，并满足他们的需求。这意味着企业需要通过市场调研，精准地识别出目标市场的特点和消费者的偏好，然后设计并生产出符合这些偏好的产品或服务。同时，企业还需要比竞争对手更有效地推广这些产品或服务，以确保在市场中获得优势地位。

市场营销观念的产生，标志着企业经营观念的根本性变化。它使企业从传统的以产品为中心的生产导向转变为以消费者为中心的市场导向，强调了满足消费者需求的重要性。这种转变不仅推动了市场营销学的发展，也促使企业更加注重品牌建设、市场细分、消费者行为分析等现代营销手段的运用。可以说，市场营销观念的产生，是市场营销学领域的一次重要革命，为企业经营提供了全新的思路和方法。

第五阶段——社会市场营销观念阶段

社会市场营销观念是在传统市场营销观念基础上的一种深化和发展，

它不仅关注企业的经济利益，还强调了对消费者需求和社会福利的全面考虑。该观念认为，企业的核心任务在于深入理解和满足目标市场的需要、欲望和利益，同时以积极的方式保护和提升消费者及社会的整体福利。

在社会市场营销观念的指导下，企业不仅仅追求产品的销售和利润的最大化，更注重通过提供能够满足消费者需求的产品和服务，来赢得消费者的信任和忠诚度。同时，企业还需要关注其经营活动对社会、环境等方面的影响，确保在追求经济利益的同时，不损害社会的长远利益。

因此，社会市场营销观念要求市场营销者在制定市场营销政策时，必须全面考虑三方面的利益，即企业的利润、消费者需求的满足以及社会的整体利益。这种观念要求企业在追求经济效益的同时，也要积极履行社会责任，实现经济效益和社会效益的共赢。通过平衡这三方面的利益，企业不仅能够实现可持续发展，还能够为社会和消费者创造更多的价值。

随着科技的发展和消费者需求的变化，市场营销也在不断发展和变革。现代市场营销观念强调以顾客为中心，注重顾客体验和满意度，通过数据驱动、社交媒体营销、个性化营销等方式，满足消费者多样化的需求。同时，随着全球化和市场竞争的加剧，企业也需要不断创新和变革，以适应市场的变化和挑战。

三、市场营销过程

市场营销过程是指企业为实现其营销目标，在变化的市场环境中，通过市场调研、产品策划、定价、促销、分销等一系列活动，满足消费者需求并实现企业目标的商务活动过程。市场营销过程是一个复杂的过程，需要企业综合运用各种资源和手段，以满足消费者需求并实现企业目标。这个过程主要包括以下几个关键步骤。

（一）市场调研

这是市场营销的起点，企业通过市场调研了解消费者的需求、偏好、购买行为等信息，以及市场的规模、趋势、竞争状况等。这些信息为后续的营销活动提供基础的数据支持。

（二）产品策划

在市场调研的基础上，企业需要根据消费者的需求和市场趋势，确定产品的定位、特点、优势等，并制定相应的产品策略。同时，企业还需要进行产品开发，包括设计、测试、改进等环节，以确保产品能够满足消费者的需求。

（三）定价

企业需要综合考虑产品成本、市场需求、竞争状况等因素，制定合适的价格策略。价格过高可能导致销量下降，而价格过低则可能影响企业的盈利能力。因此，定价是企业需要仔细权衡的决策之一。

（四）促销

促销是企业通过广告、销售促进、人员推销等手段，向消费者传递产品信息，激发其购买欲望的过程。有效的促销策略可以提高产品的知名度和美誉度，进而增加销量和市场份额。

（五）分销

分销是企业将产品从生产领域转移到消费领域的过程，包括选择销售渠道、确定销售方式、管理销售渠道等。企业需要选择合适的分销渠道和方式，以确保产品能够顺利进入市场，并被消费者购买。

（六）执行和控制市场营销计划

企业需要制定市场营销计划，并通过有效的执行和控制，确保各项营销活动的顺利进行。在执行过程中，企业需要对市场变化进行及时响应，调整营销策略，以确保营销目标的实现。

四、市场营销策略

市场营销策略是指企业根据自身内部条件和外部竞争状况所确定的关于选择和占领目标市场的策略。它是制定企业战略性营销计划的重要组成部分，实质就是企业开展市场营销活动的总体设计。主要目的在于充分发挥企业优势，增强竞争能力，更好地适应营销环境变化，以较少的营销投入获取最大的经济效果。市场营销策略是企业实现营销目标的关键，需要根据市场环境、目标客户需求和自身条件进行定制和调整。常见的市场营销策略包括以下几种。

（一）定位策略

针对目标客户群体的特定需求和偏好，企业应深入调研分析，精准把握市场脉搏，从而确定产品或服务的独特定位。这样不仅能有效满足客户需求，还能在竞争激烈的市场中脱颖而出，实现业务持续增长。

（二）差异化策略

在竞争激烈的市场中，企业需通过凸显产品或服务的特点，塑造独特的品牌形象，实现差异化竞争。这不仅有助于增强客户记忆点，还能提升品牌认知度和忠诚度，使企业在市场中脱颖而出，实现长期稳定发展。

（三）价格策略

企业应深入洞察市场需求与竞争态势，制定灵活且合理的价格策略。通过精准定价，既能吸引目标客户群体，又能保障企业利润，从而在激烈的市场竞争中提升销售额，实现盈利增长。

（四）促销策略

为了吸引客户并促进销售，企业可以采取多样化的营销策略，如打折促销、赠品活动、发放优惠券等。这些举措能有效激发客户的购买欲望，提升产品或服务的吸引力，进而增加销售额，实现市场扩张与业绩增长。

（五）渠道策略

企业在销售过程中，需根据产品特性和市场需求，选择恰当的销售渠道，如直销、代理或分销等。这不仅有助于提升销售效率，还能有效降低成本，实现资源的最优配置，进而提升市场竞争力，推动企业持续发展。

（六）品牌策略

企业应注重品牌建设和宣传，通过精心策划的品牌活动和市场推广，树立独特的企业形象和品牌价值。这不仅能增强客户对企业的信任度和忠诚度，还能提高品牌认知度，为企业赢得更多市场份额和竞争优势。

（七）数字营销策略

企业应积极利用互联网、社交媒体等数字化渠道，通过在线广告、内容营销、社交媒体营销等手段，提升品牌曝光度，吸引更多潜在客户。这种多元化的营销策略有助于加强品牌与消费者的互动，塑造独特的品牌形象，为企业的持续发展注入新动力。

除了以上策略，市场营销策略还可以根据具体行业、市场环境和目标客户的需求进行定制和调整。例如，在白酒市场，企业可以采取情感营销策略，通过启动情感按钮，塑造情感品牌，抓住高低档两端，向中档挤压，发展礼品空间等策略来提升市场份额。

此外，随着技术的发展，人工智能和数字技术的进一步融入正在不断重塑营销行业的景观。因此，企业需要灵活应对市场变化，采用更加审慎的策略，利用技术为品牌创造价值。营销策略应该更注重建立与消费者的深层次连接，并在人工智能与人类创造力之间找到完美的平衡。

五、市场调查

（一）市场调查的概念

市场调查是指运用科学的方法，有目的地、系统地搜集、记录、整理有关市场营销的信息和资料，分析市场情况，了解市场现状及其发展趋势，为市场预测和营销决策提供客观的、正确的资料。市场调查是企业进行市场营销活动的基础和前提，它有助于企业了解市场现状、预测市场趋势、制定营销策略以及评估风险。

（二）市场调查的内容

市场调查的内容广泛而多样，旨在为企业提供全面、准确的市场信息，以支持其市场战略和决策制定。企业可以根据自身的需求和目标，有针对性地选择调查内容和方法，以获取准确、全面的市场信息。

1. 市场环境调查

市场环境调查是对影响企业生产经营活动的外部因素所进行的调查。它主要包括经济环境、政治环境、社会文化环境、科技环境、自然地理环境等方面的调查。具体来说，可以涉及市场的购买力水平、经济结构、国家的方针政策和法律法规、风俗习惯、科学发展动态以及气候等各种影响市场营销的因素。

2. 市场需求调查

市场需求调查是对市场消费的需求变化所进行的调查和研究，关键问题为社会商品购买力。主要内容包括市场商品最大的和最小的需要量，商品的各类需求构成，顾客和用户现有和潜在的购买力，购买原因或动机，同类产品市场占有率的分布，以及同种商品的品种、花色、规格、包装、价格和服务项目等。

3. 市场供给调查

市场供给调查是企业制定营销策略的重要基础，主要包括对产品生产能力和产品实体的全面考察。具体而言，这涵盖了市场上某一产品可以提供的数量、质量、功能、型号以及品牌等多个方面。同时，还需深入了解生产供应企业的情况，如企业的规模、生产能力、技术水平以及市场地位等。通过综合分析这些信息，企业可以更加准确地把握市场供给状况，为制定科学的营销策略提供有力支持。

4. 市场营销因素调查

市场营销因素调查主要包括产品、价格、渠道和促销的调查。产品调查主要了解市场上新产品开发的情况、设计的情况、消费者使用的情况、消费者的评价、产品生命周期阶段、产品的组合情况等。价格调查主要了解消费者对价格的接受情况、对价格策略的反应等。渠道调查主要了解渠道的结构、中间商的情况、消费者对中间商的满意情况等。促销活动调查主要包括各种促销活动的效果，如广告实施的效果、人员推销的效果、营业推广的效果和对外宣传的市场反应等。

5. 市场竞争情况调查

市场竞争情况调查主要包括对竞争企业的调查和分析，了解同类企业的产品、价格等方面的情况，以及他们采取了什么竞争手段和策略。此外，还包括对竞争对手的销售服务、售后服务方式和消费者的评价，竞争对手的生产经营管理水平，尤其是销售的组织状况、规模与力量，以及销售渠道选择的方式，竞争者所采用的广告类型与广告支出等方面的调查。

（三）市场调查的作用

市场调查在企业决策中发挥着至关重要的作用。它帮助企业深入了解市场需求、竞争态势和消费者行为，为产品开发、市场定位、营销策略等提供有力依据。通过市场调查，企业能够更准确地把握市场趋势，做出更明智的决策，从而提升市场竞争力。市场调查的作用主要体现在以下几个方面。

1. 了解市场需求

市场调查能够帮助企业了解消费者的真实需求和期望，从而确保产品或服务能够满足目标市场的需要。通过对市场需求的深入洞察，企业可以更好地调整产品定位和市场策略。

2. 指导产品开发与改进

市场调查可以揭示消费者对产品或服务的偏好、需求和痛点，为企业提供产品开发和改进的依据。借助市场调查，企业可以预测未来市场趋势，并据此提前规划新产品或改进现有产品。

3. 评估竞争态势

市场调查有助于企业了解竞争对手的市场表现、产品特点、营销策略等信息，从而评估自身的竞争地位。通过分析竞争对手的优势和劣势，企业可以制定相应的竞争策略，提升自身在市场中的竞争力。

4. 制定营销策略

市场调查为企业制定营销策略提供了有力支持，包括定价、促销、分销等方面。通过了解目标市场的消费者特征、购买行为和偏好，企业可以制定更加精准有效的营销策略。

5. 降低市场风险

市场调查有助于企业预测市场趋势和潜在风险，从而提前规避或减轻市场风险。通过对市场环境的深入了解，企业可以更加谨慎地制定市场进入和扩张策略，降低因市场变化而带来的风险。

6. 优化资源配置

市场调查可以帮助企业了解不同市场区域的需求差异和潜力，从而优化资源配置。通过将资源投入更具潜力和效益的市场区域，企业可以提高资源利用效率和市场回报率。

7. 支持决策制定

市场调查为企业的决策制定提供了客观、准确的数据支持，有助于企业做出更加明智的决策。无论是新产品开发、市场拓展还是营销策略调整等关键决策，都需要市场调查作为决策依据。

8. 增强企业竞争力

通过市场调查，企业可以更加深入地了解市场和消费者，从而制定更加符合市场需求和消费者期望的产品和服务策略。这将有助于提高企业的客户满意度和忠诚度，进而增强企业的竞争力和市场份额。

（四）市场调查的方法

市场调查的方法多种多样，每种方法都有其独特的优点和适用场景。在选择市场调查方法时，需要根据具体的调查目标、预算和时间安排等因素进行综合考虑。不同的方法可能适用于不同的场景和需求，因此，选择最适合的调查方法对于获取准确的市场信息至关重要。

1. 观察法

观察法是社会调查和市场调查研究的最基本的方法。调查人员利用眼睛、耳朵等感官以直接观察的方式对目标进行调查并搜集资料。有时候为了调查需要，还会利用各种仪器和设备。观察法可以分为自然环境下的观察、社会环境下的观察、公开观察和隐蔽观察等。

2. 问卷法

通过设计调查问卷，让被调查者填写调查表的方式获得所调查对象的信息。问卷法应用广泛，在互网络上也比较流行，可分为纸质问卷和网络问卷两种形式。

3. 询问法

询问法包括多种具体方式，如深度询问法、常规询问法、当面询问法等。询问法是一种面对面的交流方式，主要通过与目标群体进行深入交流，了解他们的需求、态度和行为等信息。询问法还包括入户访问、拦截访问、小组（焦点）座谈、深度访谈和在线访问等方式。

4. 实验法

在既定的条件下，通过一系列的实验对比，对市场现象中某些变量之间的因果关系及其发展变化过程加以分析的一种调查方法。例如，改变不同地区的广告投入，通过销量的变化来测定广告的效果。实验法科学性强、可重复，但成本高、实验环境难以控制。

5. 文献调查法

通过查阅、收集历史／现实的各种资料，然后进行甄别、统计分析得到结果的一种调查方法。

6. 其他方法

邮寄／传真调查表访问：公司通过直邮或传真向抽样的客户进行调研。

数据分析法：利用大数据和统计分析工具对市场数据进行分析，以揭示市场趋势和消费者行为。

第二节　人工智能驱动下的企业市场营销管理

一、人工智能在企业市场营销管理中的具体应用

人工智能在企业市场营销中的具体应用主要体现在以下几个方面。这些应用不仅提高了营销效率，还能实现个性化服务，满足消费者需求，从而增强企业市场竞争力和品牌影响力。

（一）个性化推荐

通过分析用户的浏览和购买历史、偏好以及相似用户的行为，人工智能系统能够为用户提供符合其兴趣爱好的商品或服务推荐。这种个性化推荐不仅提升了用户体验，也帮助企业提高了销售量和用户留存率。

（二）智能客服

智能客服机器人利用自然语言处理和机器学习技术，能够 24 小时不间断地为用户提供在线咨询和售前售后服务。这不仅可以降低企业的人力成本，还能提升用户的满意度和忠诚度。

（三）智能营销自动化

人工智能技术可以自动执行市场营销活动，如自动发送电子邮件、社交媒体推广、广告定位等。这提高了营销效率，并允许企业根据用户的反馈实时调整策略。

（四）智能广告投放

通过分析用户数据和市场趋势，人工智能可以帮助企业优化广告投放策略，实现更精准的目标群体定位，提高广告的转化率和投资回报率。

（五）数据分析与预测

人工智能技术可以实时处理大量的市场数据，提取有价值的信息，帮助企业了解消费者需求、市场趋势以及竞争对手的动态。此外，人工智能还可以预测消费者的购买行为，帮助企业优化市场推广策略。

（六）社交媒体分析

社交媒体已成为企业与客户交流的重要平台。人工智能可以分析社交媒体上的用户互动、话题趋势等，为企业提供市场洞察和策略建议。

（七）自动化流程

在市场营销的许多常规流程中，如邮件营销、内容创建、客户关系管理等，人工智能都可以实现自动化，从而提高工作效率并降低人力成本。

（八）供应链优化

通过数据分析和预测，人工智能可以帮助企业优化供应链管理，提高物流效率，减少库存成本，并更好地满足客户需求。

（九）视频内容审核

随着视频内容的增加，人工智能可以快速准确地审核视频内容，过滤掉不良或违法内容，提高内容审核的效率和准确性。

（十）图像识别技术

人工智能的图像处理能力可以帮助企业快速识别图片中的物体、场景等，为产品推广、市场分析等提供支持。

二、人工智能技术在内容营销中的实践路径

人工智能技术在内容营销中具有广泛的应用前景和潜力。通过个性化内容推荐、自动化内容创作、内容优化和测试、情感分析和用户反馈、预测内容趋势、跨渠道内容整合以及实时内容更新等实践路径，人工智能可以帮助企业提高内容营销的效果和效率。

（一）个性化内容推荐

利用人工智能技术对用户年龄、性别、教育程度、行为习惯、社交特征等进行分析，实现对用户画像的精确描绘，对用户偏好做出精准而个性化的判断。[①] 基于这些分析，人工智能可以为用户推荐符合其兴趣的内容，

---

① 黄健，何丽. 人工智能在企业管理中的应用［J］. 科技创业月刊，2018，31（12）：125-127.

如文章、视频、音频或产品推荐。这种个性化推荐不仅提高了用户体验，还增加了用户与内容的互动，提高了内容营销的转化率。

（二）自动化内容创作

人工智能技术可以辅助或完全自动化完成内容创作过程。例如，使用自然语言处理技术生成文章、社交媒体帖子或电子邮件营销文案。通过训练人工智能模型学习特定领域的知识和语言风格，可以生成高质量、符合品牌调性的内容。自动化内容创作可以减轻内容创作者的负担，同时保持内容更新的频率和质量。

（三）内容优化和测试

人工智能技术可以帮助优化内容的表现。通过分析用户与内容的交互数据（如点击率、转化率、跳出率等），人工智能可以识别哪些内容元素（如标题、图片、布局等）对用户吸引力最大。基于这些分析，人工智能可以自动调整内容元素以提高内容的吸引力和转化率。人工智能还可用于 A/B 测试，以比较不同内容版本的效果，并确定最佳的内容策略。

（四）情感分析和用户反馈

人工智能技术可以分析用户对内容的情感反应。通过分析用户的评论、反馈和社交媒体帖子，人工智能可以识别用户对内容的情感倾向（如积极、消极或中性）。这种情感分析可以帮助企业了解用户对内容的反应，以便及时调整内容策略。同时，人工智能还可以自动收集和分析用户反馈，以识别内容中的问题和改进点。

（五）预测内容趋势

人工智能技术可以利用历史数据和实时数据来预测未来的内容趋势。通过分析用户行为、社交媒体趋势和行业动态等信息，人工智能可以预测哪些主题、话题或趋势将受到用户的关注。基于这些预测，企业可以提前准备相关内容，以满足用户的需求和兴趣。

（六）跨渠道内容整合

人工智能技术可以帮助企业实现跨渠道内容整合。通过将不同渠道（如网站、社交媒体、电子邮件等）的内容整合到一个统一的平台上，人工智能可以确保内容的一致性和连贯性。同时，人工智能还可以根据用户的行为和设备偏好自动调整内容的呈现方式和格式，以提供更好的用户体验。

（七）实时内容更新

人工智能技术可以实时监控和更新内容。例如，当发生重要事件或新闻时，人工智能可以自动识别和抓取相关信息，并将其添加到现有的内容中或创建新的内容。这种实时内容更新可以确保内容的时效性和相关性，提高用户对内容的兴趣和参与度。

三、人工智能驱动下的精准营销

精准营销的核心是建立在对用户进行深入剖析和建模的庞大互联网数据系统基础之上，旨在通过全面洞察并满足用户所具有的个性需求，以达到最优化营销活动的目的。精准营销理念强调了一个重要的转变，即从"以客户为中心"到"以客户需求为中心"，致力于注重满足客户的独特需求，以提升客户的整体体验。通过营销场景分析及其他相关方法，精准营销成功实现了个性化需求的精准推送，有效地满足了客户多样化的需求，为企业带来了更显著的营销效果和商业价值。

（一）精准数据

利用大数据技术收集、整理和分析用户数据，确保数据的准确性和完整性，为后续的精准营销提供可靠的数据支持。

（二）精准客户

通过对用户数据的深度分析，识别出目标市场的潜在客户，并针对这些客户制定个性化的营销策略。

（三）精准时间

根据用户的行为习惯和市场趋势，选择最佳的营销时间，确保营销信息在用户最活跃、最感兴趣的时间段内传递。

（四）精准需求

通过数据分析和用户调研，深入了解用户的真实需求，确保产品、服务和营销信息能够真正满足用户的期望。

（五）精准产品

基于对用户需求的精准把握，开发或调整产品以满足用户的个性化需求，提高产品的竞争力和市场占有率。

（六）精准定价

根据产品的成本、市场定位和用户价值感知，制定合理的价格策略，确保产品定价既能满足企业的盈利要求，又能被用户接受。

（七）精准促销

根据用户的购买历史、偏好和潜在需求，制定个性化的促销策略，如优惠券、折扣、赠品等，以激发用户的购买欲望。

（八）精准推荐

利用推荐算法和人工智能技术，根据用户的兴趣和行为习惯，为用户推荐最符合其需求的产品、服务或内容，提高用户满意度和忠诚度。

（九）精准渠道

根据目标客户的特征和偏好，选择合适的营销渠道，如社交媒体、电子邮件、短信、电话等，确保营销信息能够精准地传递给目标客户。

（十）精准服务

通过客户服务数据的分析，了解用户在购买、使用产品或服务过程中遇到的问题和需求，提供及时、准确、个性化的服务支持，提升客户满意度和忠诚度。

四、人工智能时代企业市场营销管理面临的挑战

在人工智能时代，企业市场营销面临着多方面的挑战。企业需要不断创新，加强技术研发与人才培养，同时注重保护消费者权益，以适应快速变化的市场环境。

（一）数据隐私和安全性

随着大数据和人工智能技术的广泛应用，企业能够收集和分析大量的用户数据以优化营销策略。然而，这也带来了数据隐私和安全性的问题。企业需要确保用户数据的合法获取、存储和使用，避免数据泄露和滥用。

（二）技术更新和人才短缺

人工智能技术快速发展，企业需要不断更新其技术以保持竞争力。然而，这要求企业具备相应的技术能力和人才储备。目前，人工智能领域的专业人才相对稀缺，企业可能面临招聘和培训的困难。

（三）算法偏见和透明度

人工智能算法在做出决策时可能受到数据偏见的影响，导致不公平的结果。企业需要确保算法的公正性和透明度，避免对用户造成不公平的待遇。此外，企业还需要解释算法的工作原理和决策过程，以增强用户信任。

（四）用户期望和个性化需求

随着消费者越来越注重个性化和定制化体验，企业需要提供更加精准和个性化的产品和服务。然而，这要求企业具备更深入的用户洞察和数据分析能力，以满足用户多样化的需求。

（五）法规和政策限制

不同国家和地区对数据保护、隐私权和营销行为等都有不同的法规和政策限制。企业需要确保自己的营销策略符合当地法规和政策要求，避免违规和罚款。

（六）技术成本和维护

人工智能技术的引入和应用需要相应的硬件和软件支持，这增加了企业的技术成本。同时，为了确保人工智能系统的正常运行和安全性，企业需要定期进行系统维护和更新，这也需要额外的投入。

（七）市场竞争和变化

随着市场竞争的加剧和消费者需求的变化，企业需要不断调整和优化自己的营销策略。然而，这要求企业具备敏锐的市场洞察力和快速响应能力，以应对市场变化带来的挑战。

为了应对这些挑战，企业需要采取一系列措施，如加强数据安全管理、培养和引进人工智能人才、提高算法公正性和透明度、加强用户洞察和数据分析能力、遵守法规和政策要求、优化技术成本和维护策略以及提高市场竞争力和变化应对能力。通过这些措施，企业可以更好地应对人工智能时代市场营销的挑战，实现可持续发展。

五、人工智能驱动下企业市场营销管理的新趋势

人工智能技术正在深刻地改变着企业市场营销管理的格局，带来了一系列新趋势。企业需要积极拥抱人工智能技术，不断创新和优化营销策略，以应对市场的变化和消费者的需求。

（一）超个性化营销

人工智能技术使企业能够更深入地了解消费者的需求、偏好和行为，从而提供高度个性化的产品和服务。这种超个性化营销不仅提高了消费者的满意度和忠诚度，还为企业带来了更高的转化率和销售额。

（二）智能化市场预测

人工智能可以通过分析历史数据和实时数据，对市场趋势、消费者行为和竞争对手进行深度挖掘和分析，为企业提供更加精准的市场预测结果。这有助于企业提前调整策略，以应对市场变化。

（三）自动化营销流程

人工智能可以自主执行许多常规的营销和销售任务，如电子邮件营销、社交媒体管理、潜在客户开发等。这提高了工作效率，释放了人力资源，使其能够专注于更具创造性和战略性的任务。

（四）智能客服和聊天机器人

通过自然语言处理和机器学习算法，人工智能可以实现智能问答、自动回复等功能，为用户提供即时的客户服务。这不仅节省了企业的人力成本，还提高了客户满意度。

（五）跨平台整合营销

人工智能技术可以帮助企业在不同平台上实现一体化的广告投放和内容传播，增加品牌曝光和影响力。这种跨平台整合营销有助于企业更好地与消费者互动，提高营销效果。

（六）人机协作营销

未来，人工智能将与营销人员实现更紧密的协作。人工智能技术可以帮助营销人员进行数据分析和决策，提供决策支持，而人类则专注于策略规划和创意创新。

（七）人工智能创意生成

人工智能技术在创意生成方面也将发挥越来越重要的作用。未来，人工智能可以根据用户的需求和品牌风格，自动生成符合用户兴趣和偏好的创意内容，如广告文案、社交媒体帖子等。

（八）数据驱动的精准营销

人工智能技术能够处理和分析海量数据，包括消费者行为、购买历史、在线活动、社交媒体互动等，从而帮助企业更准确地理解其目标市场。这种精准营销不仅提高了转化率，还降低了营销成本。

（九）优化语音和视觉搜索

随着数字时代的发展，语音和视觉搜索正迅速成为主流。人工智能技术可以优化这些搜索方式，使品牌更容易被消费者找到，提高品牌可见性和相关性。

（十）关注可持续性和道德性

在环保和社会责任日益受到重视的背景下，企业需要关注可持续性和道德性问题，在市场营销中传递积极的社会价值观。这有助于提升企业的品牌形象和社会责任感。

六、人工智能驱动下企业市场营销管理的研究方向

在人工智能的驱动下，企业市场营销的研究方向正朝着更加智能化、个性化和数据驱动的方向发展。这些研究方向将有助于企业更好地应对市场变化、提高营销效率、实现可持续发展。

（一）智能营销决策与优化

研究如何运用人工智能技术对市场趋势进行预测，对消费者行为进行深入分析，以支持更精准的营销决策。同时，探讨如何通过人工智能优化广告投放、定价策略、促销活动等营销活动的效果。

（二）消费者画像与个性化推荐

利用人工智能技术构建消费者画像，深入研究消费者的兴趣、偏好、需求等特征，以实现个性化的产品推荐和服务定制。此外，还可以研究如

何通过人工智能技术识别并满足消费者的潜在需求，提高客户的满意度和忠诚度。

（三）智能客户服务与沟通

探索人工智能技术在客户服务领域的应用，如智能客服机器人、语音识别和自然语言处理等。研究如何通过这些技术提高客户服务的效率，降低服务成本，同时提升客户满意度。

（四）多平台整合与跨渠道营销

研究如何在不同平台和渠道上实现营销活动的整合和协同，最大化营销效果。这包括社交媒体营销、搜索引擎营销、电子邮件营销等多种渠道的研究和应用。

（五）智能营销自动化

研究如何运用人工智能技术实现营销活动的自动化，包括自动化广告投放、自动化客户服务、自动化内容生成等。通过降低人力成本和提高工作效率，为企业创造更大的价值。

（六）营销数据分析与挖掘

研究如何运用人工智能技术对市场数据进行深入分析和挖掘，以发现隐藏在数据中有价值的信息。这包括消费者行为分析、市场趋势预测、产品性能评估等多个方面的研究和应用。

（七）智能营销创新模式

探索新的营销模式和商业模式，如基于社交媒体的社交营销、基于人工智能的虚拟试衣间、基于增强现实和虚拟现实的沉浸式营销等。这些创新模式将为企业带来更多的市场机会和竞争优势。

（八）数据隐私与合规性

在人工智能技术的驱动下，数据隐私和合规性成为企业市场营销中不可忽视的问题。研究如何保护消费者数据隐私、遵守相关法规和政策要求，以及如何在保障数据隐私的前提下进行有效的市场营销活动。

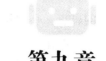

第九章
人工智能与企业文化、客户服务和创新管理

第一节　企业文化

一、企业文化的概念

就企业特定的内涵而言，企业文化就是处于一定经济社会文化背景下的企业在长期的发展过程中，逐步生成和发展起来的、日趋稳定的、独特的价值观，以及以此为核心而形成的行为规范、道德准则、群体意识、风俗习惯、规章制度和外显形象等内容的总和。[①] 它是企业在日常运行中所表现出的各个方面，是企业在一定的条件下，生产经营和管理活动中所创造的具有该企业特色的精神财富和物质形态。

企业文化的核心是企业的精神和价值观，这些价值观不是泛指企业管理中的各种文化现象，而是企业或企业中的员工在从事经营活动时所秉持的价值观念。这些价值观念对企业成员个体的思想和行为起导向作用，同时也对企业整体的价值取向和经营管理起导向作用。

[①]　安景文，荆全忠. 现代企业管理［M］.北京：北京大学出版社，2012：707-708.

企业文化具有多种功能，包括导向功能、约束功能、凝聚功能和激励功能等。它能够引导员工形成共同的目标和意识，增强归属感和凝聚力，提高员工的工作积极性和创造力。同时，企业文化还能够约束和规范员工的思想、心理和行为，保证企业人际关系的和谐性、稳定性和健康性。

企业文化是企业在经营活动中形成的经营理念、经营目的、经营方针、价值观念、经营行为、社会责任、经营形象等的总和。它是企业个性化的根本体现，是企业生存、竞争和发展的灵魂。因此，企业文化应该与企业的定位和战略目标相契合，体现企业的个性和特色，同时也需要不断地进行文化变革和创新，以适应市场的需求和竞争的挑战。

二、企业文化的基本结构

就企业文化的内涵而言，企业文化包含理念文化、制度文化、行为文化和物质文化四个方面。它们共同构成了一个完整的文化体系，在各个方面都对企业的经营活动起着引导作用。这四个要素之间相互联系、相互作用，构成了企业文化的整体内容。

（一）理念文化

理念文化是企业文化的灵魂，它影响着企业的战略方向、管理风格和员工行为。一个清晰、积极、向上的理念文化能够激发员工的归属感和使命感，推动企业不断发展。理念文化是企业文化的核心部分，它体现了企业的价值观、使命、愿景等核心理念。

首先，企业的价值观是理念文化的基石。它定义了企业在追求经济利益和社会价值时的根本准则和态度。例如，有些企业强调创新、卓越和团队合作，而有些企业则注重诚信、责任和可持续发展。这些价值观不仅影响着企业的决策过程，也塑造着员工的行为模式和思维方式。

其次，企业的使命阐述了企业存在的意义和目的。它告诉员工和外界，企业为什么存在，以及它希望为社会和顾客创造什么样的价值。一个清晰、有意义的使命能够激发员工的自豪感和使命感，使他们在工作中更加投入和积极。

最后，企业的愿景描绘了企业未来的发展方向和目标。它为员工提供了一个共同追求的远景，激发着他们的创造力和进取心。同时，愿景也为企业制定战略计划和行动方案提供了依据和指引。

（二）制度文化

制度文化是企业文化的中间层次，在企业文化体系中扮演着至关重要的角色。它包括企业的组织结构、管理制度、规章制度等。这些制度规范了企业的运作方式和员工的行为准则，确保企业能够有序、高效地运转。同时，制度文化也体现了企业的管理理念和价值观，是企业文化得以实施和落地的保障。

首先，企业的组织结构是制度文化的基础。它决定了企业内部各部门之间的层级关系、职责划分以及沟通协作的方式。一个清晰、高效的组织结构能够确保企业各项工作的有序进行，提高工作效率。

其次，管理制度是制度文化的核心。它涵盖了企业的各种管理流程和规定，如人力资源管理、财务管理、项目管理等。这些制度规范了企业各项工作的具体操作流程和要求，确保了企业管理的规范化和标准化。

最后，规章制度也是制度文化的重要组成部分。这些规章制度是企业在特定领域或特定情况下制定的具体规定，如员工行为规范、安全操作规程等。它们直接约束着员工的行为，确保员工能够按照企业的要求履行职责。

制度文化的建设需要注重以下几个方面。

第一，合理性。制度的设计应该符合企业的实际情况和发展需要，避免过于烦琐或过于简单。同时，制度应该具有可操作性和可执行性，能够真正起到规范作用。

第二，公正性。制度的执行应该公平、公正、公开，避免出现特权和偏见。同时，企业应该建立有效的监督机制，确保制度能够得到严格执行。

第三，灵活性。制度应该具有一定的灵活性，能够适应企业内外部环境的变化。当企业面临新的挑战和机遇时，制度应该能够及时调整和完善。

（三）行为文化

行为文化是企业文化的外在表现，它通过员工的言谈举止等方面展现出来。行为文化反映了企业的精神风貌和文化特色，是企业文化传播和展示的重要途径。一个积极、健康、向上的行为文化能够提升企业的品牌形象和社会声誉。就人员结构而言，企业的行为文化可以划分为企业家行为和员工行为两大类别。

企业家行为是指企业家在特定生活条件下，基于其独特的文化和完整的人格结构，在企业经营管理活动中对各种社会刺激所做出的反应和外在表现。企业家行为的主体既可以是单个企业家，也可以是企业家群体或阶层。这些行为不仅受到企业家个人的性格、经验、价值观等因素的影响，还受到社会、经济、文化等多种外部环境的制约。企业家行为通常表现在企业的战略决策、经营风格、创新精神等方面，对企业的发展具有深远的影响。

员工行为是指员工在工作场所表现出来的行为，这些行为是在一定的组织和工作环境条件下进行，并受到工作目标的严格制约。员工行为既可以表现为与工作直接相关的活动，如工作作业、与同事和上级的互动等，也可以表现为与工作无直接关联的其他活动。员工行为受到企业文化、管理制度、激励机制等多种因素的影响，同时也反映了员工的个人素质、工作态度和职业素养等。

在企业文化建设中，企业家行为和员工行为都是非常重要的组成部分。企业家行为能够塑造企业的整体形象和风格，引领企业的发展方向；而员工行为则能够体现企业的文化和价值观，影响企业的运营效率和竞争力。因此，企业需要注重培养积极、健康、向上的企业家行为和员工行为，以形成良好的企业文化氛围，推动企业的持续发展。

（四）物质文化

物质文化作为企业文化的物质基础，在企业文化中扮演着举足轻重的角色。它涵盖了企业的产品、服务、工作环境、生产设备等物质设施，这些物质设施不仅体现了企业的经济实力和技术水平，更反映了企业的价值观、管理理念和品牌形象。

企业的产品和服务是物质文化的核心。它们是企业与客户之间的桥梁，是企业实现经济效益和社会效益的直接途径。优质的产品和服务能够赢得客户的信任和满意，提升企业的品牌形象和市场竞争力。同时，产品和服务的设计、制造、销售等环节也体现了企业的管理水平和创新能力。

企业的工作环境和生产设备也是物质文化的重要组成部分。一个舒适、安全、整洁的工作环境能够激发员工的工作积极性和创造力，提高工作效率和产品质量。而先进的生产设备和技术则能够提高企业的生产效率和产品质量，降低生产成本，增强企业的市场竞争力。

物质文化的建设需要注重以下几个方面。

第一，实用性。物质设施的建设应该注重实用性，满足企业的实际需求。不应该追求豪华和奢侈，而是注重功能性和经济性。

第二，创新性。在物质设施的设计和建设过程中，应该注重创新，引入新的理念和技术，提高企业的创新能力和市场竞争力。

第三，环保性。企业应该注重环保，尽可能采用环保材料和技术，减少对环境的污染和破坏。这不仅能够提升企业的品牌形象，还能够为企业赢得更多的社会认可和支持。

三、企业文化的影响因素

企业文化的影响因素很多，它们共同塑造了一个组织的独特文化氛围和核心价值观。以下是一些主要影响企业文化的因素。

（一）创始人和领导者的影响

创始人和领导者的个人价值观、愿景和信念对企业文化有深远影响。他们的行为和决策风格会被员工模仿，并渗透到企业文化中。领导者的领导风格和管理哲学也会对企业文化产生显著影响。例如，如果领导者强调创新和团队合作，那么这些价值观也会成为企业文化的重要组成部分。

（二）组织结构和制度

企业的组织结构决定了员工之间的层级关系、职责划分和沟通方式，从而影响了企业文化的形成。企业的管理制度、流程和规章制度规范了员工的行为和工作方式，进一步塑造了企业文化的氛围。

（三）员工队伍和多样性

员工队伍的文化背景、教育水平、工作经验和个性特点都会影响企业文化的形成和发展。员工的多样性和包容性也会增强企业文化的活力和创造力，促进不同观点的交流和创新思维的产生。

（四）外部环境和市场竞争

政治、经济、社会和技术等外部环境的变化都会对企业文化产生影响。企业需要不断适应外部环境的变化，调整自己的战略和文化。市场竞争的激烈程度也会影响企业文化的形成。在竞争激烈的市场环境中，企业需要不断创新、进取，以应对挑战。

（五）企业战略和目标

企业的战略和目标决定了企业需要什么样的文化来支持其实现。例如，如果企业的战略是创新驱动，那么就需要鼓励创新、容忍失败的企业文化。企业的目标也会影响员工的价值观和行为方式，从而影响企业文化的形成。

（六）企业传统和历史

企业的传统和历史是企业文化的重要组成部分。企业的历史经验、成功故事和英雄人物都会成为企业文化的一部分，激励员工不断前进。企业的传统习俗、仪式和庆典等也会增强企业文化的凝聚力和认同感。

（七）沟通和传播

企业文化的形成和发展需要有效的沟通和传播。通过内部沟通、培训、宣传等方式，可以让员工更好地理解企业的价值观和愿景，从而增强企业文化的认同感和凝聚力。

四、企业文化的作用

企业文化对企业行为的影响深远而持久。它通常能够引导和塑造企业成员的态度和行为，激励他们追求卓越。企业文化可以被视作社会的黏合剂，通过设定明确的行为准则，将全体成员紧密地团结在一起。这种强大的文化力量，不仅增强了企业成员对集体的认同感，还引导着他们如何高效合作，共同达成工作目标。在企业文化的熏陶下，员工们清晰地知道如何在企业内部进行沟通、协商和协作，哪些行为是值得提倡的，哪些行为是不被接受的。这种文化不仅促使员工关注个人利益，更激发他们关注整体利益，共同推动企业的蓬勃发展。

所有杰出的企业都树立并践行着独特的企业文化，而企业文化亦有其优劣之分。出色的企业文化有助于企业的延续与发展，而劣质的企业文化则可能影响竞争力，缩短企业寿命，阻碍企业的发展。企业文化在企业发展中扮演着至关重要的角色，其作用主要体现在以下几个方面。

（一）增强企业凝聚力

企业文化是企业的核心价值观所在，对内它是凝聚员工的向心力。好的企业文化可以为企业发展在内部营造一个公平、公正、公开的良好环境，实现企业内部和谐竞争，不断提升员工能力素质，从而推动企业发展。

（二）提高核心竞争力

企业文化是企业的软实力，与先进的设备、经济基础等硬实力相辅相成。通过塑造独特的企业文化，企业可以在激烈的市场竞争中脱颖而出，形成独特的竞争优势。

（三）推进文明建设

企业文化建设可以积极推动企业文明创建，它不但可以凝聚人心、树立形象、构建和谐环境，还可以提高员工整体素质，共同创造文明新局面。

（四）塑造公司形象

企业文化是企业的形象名片，它展示了企业的经营理念、经营目的、经营方针、价值观念等。通过塑造积极向上的企业文化，企业可以赢得客户的信任和尊重，提升品牌形象。

（五）团结员工

企业文化能够团结员工，形成强大的集体力量。在面临外部挑战时，员工能够齐心协力，共同应对，维护企业的利益。

（六）引力作用

优秀的企业文化对员工、合作伙伴（包括客户、供应商）、消费者以及社会大众都具有强大的引力。它有助于稳定人才和吸引人才，提高企业的凝聚力和向心力。

（七）导向作用

企业文化就像一个无形的指挥棒，为员工提供了明确的方向和指引。它让员工自觉地按照企业要求去做事，提高工作效率。

（八）激励作用

优秀的企业文化无形中对员工起着激励和鼓舞的作用。良好的工作氛围和激励机制可以激发员工的工作热情和创造力，提高员工的满意度和忠诚度。

五、全面推行企业文化

推动企业文化的全面实施是将企业文化从理论概念转化为具体行动的关键过程，这要求企业在内部积极推广和强化文化建设，同时在外部塑造和传播企业形象，使核心价值观成为企业内外的共同信仰和行为准则。以下是针对这两个方面的详细阐述。

（一）宣传企业文化

1. 内部宣传

明确企业文化理念和核心价值观，通过内部会议、培训、员工手册等方式向全体员工传达。利用企业内部沟通渠道，如内部网站、员工公告板、企业微信群等，定期发布企业文化相关内容，增强员工对企业文化的认知。举办企业文化活动，如团队建设、员工分享会、主题活动等，让员工在实践中感受企业文化的魅力。建立激励机制，对践行企业文化的优秀员工进行表彰和奖励，树立榜样，引导全体员工积极参与企业文化建设。

2. 外部宣传

通过官方网站、社交媒体、广告等渠道向外界传递企业文化理念和核心价值观，增强公众对企业文化的认知。与合作伙伴、客户、供应商等建立良好关系，通过业务往来和合作，展示企业文化的独特魅力。积极参与社会公益活动，树立企业良好的社会形象，提升企业文化的社会影响力。

（二）塑造企业形象

1. 品牌建设

明确品牌定位，通过品牌传播和推广，树立企业独特的品牌形象。注重产品质量和服务质量，增强品牌口碑。加强品牌与企业文化的融合，使品牌形象与企业文化理念相契合，提升品牌的文化内涵。

2. 社会责任

履行企业社会责任，关注环保、公益、慈善等事业，积极参与社会公益活动。加强与政府、社区、媒体等各方合作，共同推动社会进步和发展。在面对社会问题时，勇于承担责任，积极寻求解决方案，展示企业的责任感和担当精神。

3. 公共关系管理

建立完善的公共关系管理体系，加强与媒体、公众、政府等各方面的沟通和互动。及时回应社会关切和舆论热点，保持信息透明和公开，树立企业的诚信形象。通过危机公关和舆情监测等手段，有效应对企业声誉风险，确保企业形象的稳定和良好。

第二节　客户服务

一、客户的重要性

在 21 世纪，企业面临着前所未有的经营挑战，经济和市场全球化趋势加剧了竞争的激烈程度。与此同时，科学技术的迅猛发展极大地提升了社会生产力水平，促进了经济快速发展。在这种背景下，客户需求也发生了显著变化，他们不再满足于普通商品，而是追求更个性化、符合自身需求的产品。

为了抢占市场份额，企业必须加强营销力度，积极迎合客户需求，不断提升客户的信任和满意度。客户资源在此背景下变得至关重要，它们成为企业生存和发展的基石。客户已成为企业最宝贵的稀缺资源，谁能够赢得客户的认可和忠诚，谁就能在竞争中占据先机。

以下是企业客户重要性的几个关键方面。

（一）收入来源

企业客户是企业产品和服务的主要购买者，因此，他们是企业收入的主要来源。保持和拓展优质客户群是企业实现盈利和增长的关键。

（二）市场地位

拥有大量稳定且满意的企业客户，能够提升企业在行业内的地位和声誉。这些客户的认可和推荐，有助于企业吸引更多的潜在客户。

（三）品牌塑造

企业客户对企业品牌的认知和评价，直接影响到企业的品牌形象。满意的客户将成为企业品牌的积极传播者，帮助企业塑造良好的品牌形象。

（四）市场反馈

企业客户是企业产品和服务的直接使用者，他们能够提供宝贵的市场反馈。这些反馈有助于企业了解市场需求和竞争态势，从而调整战略，提升产品和服务质量。

（五）创新动力

企业客户的需求和期望是推动企业创新的重要动力。为了满足客户不断变化的需求，企业需要不断创新，提供更具竞争力的产品和服务。

（六）业务拓展

忠诚的企业客户往往会与企业建立长期合作关系，并为企业带来新的业务机会。这些客户可以成为企业拓展市场和业务领域的重要合作伙伴。

（七）抵御风险

在市场波动和经济不景气的时期，稳定的企业客户关系能够为企业提供一定的经济保障。这些客户将继续购买企业的产品和服务，帮助企业渡过难关。

（八）口碑传播

满意的企业客户往往会向他们的合作伙伴、供应商等传播正面的评价，这种口碑传播有助于企业吸引更多的潜在客户，并提升企业的市场知名度。

随着人工智能时代的到来，生产力将迎来更大的发展，市场商品将愈发多样化，客户的个性化需求也将日益凸显。在这个时代背景下，客户资源的稀缺性将推动企业更加注重老客户的维护和新客户的开发。因此，企业应充分认识到客户的重要性，通过提供优质的产品和服务、建立稳定的客户关系、积极回应客户需求和反馈，不断提升客户满意度和忠诚度，为企业创造更大的价值。

二、客户理论

客户理论全面解释了客户从认识一个产品或服务到做出购买决策的整个过程。具体来说，它包含了消费行为建模，描述了客户如何制定购买决策、如何使用和处理购买的产品或服务的过程，以及影响购买因素的分析和产品的使用等信息。同时，它也涵盖了消费心理建模，描述了客户在需求、购买、使用产品或服务过程中，其心理现象产生、发展和具有的一般性规律。

客户理论以客户属性（特征）为分析对象，采用定性和定量的分析方法，指导客户管理系统按某一主题对客户进行分析，比如客户满意度分析、利润率分析、客户忠诚分析、客户价值分析等。客户分析的结果是产生有效的客户战略或策略，如客户保留策略、市场营销策略、销售策略等。

（一）客户满意理论和客户忠诚理论

客户满意理论和客户忠诚理论是客户关系管理中的重要组成部分，它们分别涉及客户对产品或服务的满意度以及客户对品牌的忠诚程度。

1. 客户满意理论

客户满意理论主要关注客户对企业提供的产品或服务的满意程度。客户满意度是客户对产品或服务满足自己需求或期望程度的感知和评价。这种感知和评价是基于客户对产品或服务的实际体验与他们的期望之间的比较。如果实际体验超过期望，客户会感到满意；如果实际体验与期望相符，客户会感到基本满意；如果实际体验低于期望，客户会感到不满意。

客户满意度对于企业的成功至关重要。满意的客户更有可能再次购买企业的产品或服务，并可能向他人推荐。因此，企业应该努力提升客户满意度，以吸引和保留客户。

2. 客户忠诚理论

客户忠诚理论则关注客户对品牌的忠诚程度。客户忠诚是指客户对某一品牌的产品或服务有深厚的情感依恋，愿意持续购买该品牌的产品或服务，并可能为该品牌的产品或服务支付更高的价格。客户忠诚是企业的重要资产，因为它能够为企业带来稳定的收入和市场份额。

客户忠诚与客户满意密切相关，但并非完全等同。客户满意是客户忠诚的必要条件，但并非充分条件。也就是说，满意的客户不一定忠诚于某一品牌，而不满意的客户则更不可能忠诚于该品牌。因此，企业需要在提升客户满意度的基础上，进一步培育客户的忠诚度。为了培育客户忠诚度，企业可以采取以下措施。

（1）提供高质量的产品或服务。高质量的产品或服务是客户忠诚的基础。企业应该不断提升产品或服务的质量，以满足客户的期望和需求。

（2）建立良好的客户关系。企业应该与客户建立长期、稳定的关系，通过提供个性化的服务和关怀，增强客户对企业的信任和忠诚度。

（3）提供优质的售后服务。优质的售后服务能够解决客户在使用产品或服务过程中遇到的问题，提高客户满意度和忠诚度。

（4）实施会员制度和积分计划。会员制度和积分计划能够激励客户持续购买企业的产品或服务，提高客户忠诚度。

（二）客户生命周期理论

客户生命周期理论，也称为客户关系生命周期理论，是指从企业与客户建立业务关系到完全终止关系的全过程，它动态地描述了客户关系在不同阶段的总体特征。该理论有助于企业理解客户与企业之间关系的发展过程，从而制定更有效的客户关系管理策略。客户生命周期可分为以下四个阶段。

1. 考察期

这是客户关系的孕育期。在这一阶段，双方考察和测试目标的相容性、对方的诚意和绩效，并考虑建立长期关系的潜在职责、权利和义务。此时，客户和企业之间相互了解不足，不确定性大，企业会投入资源对所有客户进行调研，以便确定出可开发的目标客户。

2. 形成期

这是客户关系的快速发展阶段。在考察期双方相互满意并建立了一定的相互信任和交互依赖后，双方从关系中获得的回报日趋增多，交互依赖的范围和深度也日益增加。企业开始看到客户对企业业务的贡献。

3. 稳定期

这是客户关系的成熟期和理想阶段。在此阶段，客户和企业之间的关系已经相当稳定，双方为对方提供的价值都感到满意，并且形成了较高的忠诚度和黏性。此时，企业应致力于维护和增强与客户的关系，以保持客户持续为企业带来价值。

4. 退化期

这是客户关系水平发生逆转的阶段。在这一阶段，客户和企业之间的关系开始出现问题，可能是由于客户需求的变化、企业服务质量的下降或其他原因导致的。企业应密切关注这一阶段的变化，并采取措施挽回客户关系或准备与客户终止合作。

客户生命周期理论对于企业制定客户关系管理策略具有重要意义。通过了解客户生命周期的不同阶段及其特征，企业可以更加精准地识别客户需求、评估客户价值、制定个性化的服务策略以及优化客户管理流程，从而实现客户关系的持续优化和企业价值的最大化。

（三）客户数据分析理论

客户数据分析理论是指通过对客户数据进行收集、整理、分析和应用的全过程，以揭示客户行为、心理、价值等方面的特征和规律，从而为企业或机构提供决策支持和优化客户关系的理论基础。客户数据分析理论为企业提供了一套系统的理论框架和方法论，有助于企业更好地利用客户数据，优化客户关系管理，提高市场竞争力。客户数据分析理论包含以下几个关键方面。

1. 数据分析的目的和意义

明确数据分析的目的，如解决业务问题、了解客户行为、检测市场趋势、评估销售预测等，有助于确定分析的范围和所需的数据类型。客户数据分析有助于企业确立数据为核心资产，将客户数据转化为实现企业目标的有用工具。

2. 数据收集

根据分析目的，收集相关的客户数据。数据收集的准确性和完整性是这一阶段的关键。数据可以来源于各种渠道，如企业内部的销售、市场、客服等部门，以及外部的市场研究、社交媒体等。

3. 数据清洗和预处理

在数据分析和建模之前，需要对数据进行清洗和预处理，以消除错误、重复或无效的数据，并统一数据格式和标准。

4. 数据探索和可视化

通过数据探索，可以初步了解数据的分布、关系和模式。通过可视化工具（如图表、图像等），可以直观地展示数据的特征和趋势。这一阶段有助于发现数据中的异常值和潜在问题，为后续的分析和建模提供指导。

5. 模型构建和评估

根据分析目的和数据特征，选择合适的分析方法和模型进行建模。例如，统计分析、机器学习算法、时间序列分析等。模型构建完成后，需要通过交叉验证和其他评估方法来检验模型的性能，以确保其准确性和可靠性。

6. 模型部署和实施

模型评估通过后，可以将其部署到实际业务中，用于指导企业的运营和决策。

三、"以客户为中心"的管理理念

"以客户为中心"的管理理念是一种将客户置于企业所有活动核心的商业哲学。这种理念强调企业需要深入理解并满足客户的需求、期望和偏好，通过提供卓越的产品和服务来赢得客户的忠诚和信任，从而实现企业的长期成功和可持续发展。以下是"以客户为中心"管理理念的核心要素。

（一）客户需求导向

企业的一切活动都应该围绕客户的需求展开。这意味着企业需要通过市场调研、客户反馈等方式不断了解客户的需求和期望，并将其作为产品和服务开发的依据。

（二）客户体验优化

企业致力于提供卓越的客户体验，从产品的设计、生产、销售到售后服务的每一个环节，都力求让客户感受到方便、舒适和满意。

（三）客户价值创造

企业不仅关注产品的功能和性能，更关注产品能够为客户创造的价值。通过提供超越竞争对手的产品和服务，企业可以为客户创造更大的价值，从而赢得客户的忠诚和口碑。

（四）客户关系管理

企业建立和维护良好的客户关系，通过有效的沟通、互动和关怀，增强客户对企业的信任和满意度。同时，企业还需要建立客户数据库，对客户的行为和偏好进行深入分析，以便更好地满足客户的需求。

（五）持续改进和创新

企业始终保持对市场和客户的敏锐洞察，通过持续改进和创新，不断提升产品和服务的质量，以满足客户不断变化的需求。

（六）团队协作和跨部门协作

为了确保客户为中心的理念能够贯穿于企业的每一个部门和环节，企业需要建立高效的团队协作机制，打破部门壁垒，实现信息的快速传递和共享。

（七）以客户满意为衡量标准

企业将客户满意度作为衡量企业绩效的重要标准，通过收集和分析客户反馈，不断评估和改进企业的产品和服务。

通过实施"以客户为中心"的管理理念，企业可以建立长期稳定的客户关系，提高客户忠诚度和满意度，从而增强企业的竞争力和市场地位。同时，这种理念也有助于企业树立良好的品牌形象，吸引更多的潜在客户，实现企业的可持续发展。

四、客户关系管理理论

客户关系管理理论是一种旨在帮助企业建立、发展和维护与客户之间长期、有效关系的管理理念和方法论。其核心思想是通过全面、深入地理解客户的需求、期望和偏好，提供个性化的产品和服务，以满足客户的多样化需求，实现企业的长期成功和可持续发展。

（一）客户关系管理的产生背景

客户关系管理作为当代企业管理变革的重要组成部分，全面解决了企业在维系客户方面的一系列难题，有效挖掘和利用客户资源，对企业战略发展起到巨大推动作用，成为企业持续保持竞争优势、适应竞争环境变化的有力武器。企业客户关系管理的产生背景可以归结为以下几个方面。

1. 市场经济的发展和企业竞争的激烈化

随着市场经济的不断发展，企业间的竞争日益激烈。为了在竞争中脱颖而出，企业需要不断满足和超越客户的期望，建立长期稳定的客户关系。因此，客户关系管理应运而生，成为企业提高竞争力和市场份额的重要手段。

2. 客户需求的个性化和多样化

随着消费者市场的日益成熟和消费者需求的不断变化，客户对产品和服务的需求越来越个性化和多样化。企业需要深入了解客户的需求和偏好，提供个性化的产品和服务，以满足客户的多样化需求。客户关系管理正是帮助企业实现这一目标的重要工具。

3. 信息技术和网络技术的发展

随着信息技术和网络技术的不断发展，企业可以更加便捷地收集、存储和分析客户数据。这使企业能够更准确地了解客户需求、行为偏好和购买习惯等信息，为制定个性化的服务和营销策略提供有力支持。同时，信息技术和网络技术也为企业提供了更加高效的客户服务渠道和方式，如在线客服、自助服务等，提高了客户服务的效率。

4. 企业管理理念的转变

传统的企业管理理念以产品为中心，而现代企业管理理念则更加注重以客户为中心。企业需要树立以客户为中心的经营理念，关注客户的需求和体验，提供个性化的产品和服务，以赢得客户的信任和忠诚。客户关系管理正是这一理念的具体体现和实现手段。

（二）客户关系管理的主要内容

在客户关系管理的概念下，其主要内容涵盖了多个方面。

第一，客户资源是企业的关键资源。客户关系管理强调客户是企业最重要的资产之一。企业需要深入了解客户的需求、期望和行为，以便能够为他们提供个性化的服务和产品。这种以客户为中心的理念有助于企业建立长期稳定的客户关系。

第二，进行客户关系管理需要借助现代信息技术。随着信息技术的快速发展，企业越来越依赖客户关系管理系统来管理客户信息、销售数据和服务记录等。这些系统可以帮助企业实现客户数据的集中存储和分析，提高决策效率和客户满意度。同时，通过客户关系管理系统，企业可以更加便捷地与客户进行沟通和互动，提供更加个性化的服务。

第三，致力于改善企业的营销、销售和服务支持等业务流程。客户关系管理致力于提升企业的营销、销售和服务支持三大业务流程。通过深入了解客户需求和行为，企业可以制定更加精准的营销策略，提高销售转化率。同时，企业可以通过客户关系管理系统实现销售流程的自动化和标准化，提高销售效率和客户满意度。此外，企业还可以通过客户关系管理系统提供更加及时和专业的售后服务，增强客户忠诚度。

第四，注重客户数据资源的有效利用。在客户关系管理中，客户数据资源的有效应用是至关重要的。通过对客户数据的收集、整理和分析，企业可以深入了解客户的需求和行为模式，为制定个性化的服务和营销策略提供有力支持。此外，企业还可以利用客户数据进行市场预测和趋势分析，为企业决策提供更加科学的依据。

第五，对客户满意度和忠诚度的提升有重要意义。客户满意度和忠诚度是客户关系管理的重要目标。通过提供个性化的服务和产品、及时解决客户问题和反馈以及建立长期稳定的客户关系等方式,企业可以不断提高客户满意度和忠诚度。这不仅有助于企业获得更多的客户资源和市场份额,还可以降低客户流失率,提高客户回购率。

第六,需要付诸一系列的行动,具有很强的实操性。企业需要制定具体的客户关系管理策略和实施计划,并通过培训和实践不断提高员工的客户关系管理能力。同时,企业还需要不断评估和调整客户关系管理策略和实施计划以适应市场变化和客户需求的变化。

第三节 企业创新

一、企业创新的含义

企业创新,是指从构想新概念开始,至渗透到具体的生产、操作,形成真正的生产力,从而进入市场,最终获得经济效益的全过程。[①]

企业创新是推动企业发展和提高竞争力的关键因素。它有助于企业适应市场需求的变化,开发新的产品和服务,提高生产效率,降低成本,增强企业的竞争力和市场占有率。同时,企业创新还可以带来经济效益和社会效益,促进科技进步和社会发展。

需要注意的是,企业创新具有高风险性、高效益性的特点。创新活动中的发明、发现、革新、开发活动都需要投入大量的人力、物力、财力,消耗大量的时间。而创新的结果,即体现科技进步的产品和服务,却有在市场上不被人们承认的风险,其价值有不能实现的风险。因此,企业在进行创新时,需要充分评估市场需求、技术可行性、经济效益等因素,制定科学的创新战略和计划,降低创新风险,提高创新成功率。

[①] 何荣宣. 现代企业管理(第2版)[M].北京:北京理工大学出版社,2021:271.

二、企业创新战略

企业创新是一个综合性的过程，它涉及多个方面的创新，包括组织创新、技术创新、管理创新和战略创新等。这些方面的创新并不是孤立存在的，而是相互关联、相互影响的，需要全盘考虑整个企业的发展。例如，组织创新可以为技术创新提供有力的组织保障；技术创新可以推动管理创新和战略创新的实现；管理创新可以优化组织结构和流程，提高技术创新和战略创新的效率；战略创新则可以为组织创新、技术创新和管理创新提供明确的方向和目标。因此，企业在推进创新时，需要综合考虑各个方面的因素，形成一个全面、协调、可持续的创新体系，以实现企业的长期发展。

（一）组织创新

组织创新是企业持续发展的关键驱动力之一，它涵盖了对企业内部组织结构、企业文化及工作流程等多方面的深入变革。这不仅仅是简单的调整，更是通过细致的分析和规划，优化企业的组织架构，使其更加灵活、高效。通过组织创新，企业可以提高决策效率，减少层级间的信息传递障碍，使决策更加迅速且精准。同时，强化团队协作，促进不同部门间的沟通与合作，打破传统壁垒，形成合力。此外，组织创新还注重营造积极向上的创新氛围，鼓励员工提出新想法、新观点，激发整个组织的创新活力。这种全面的组织创新有助于企业更好地适应外部环境的变化，迅速捕捉市场机遇，提高内部运营效率，进而为技术创新、管理创新和战略创新提供坚实的组织基础和有力支持。

（二）技术创新

技术创新，作为企业发展的核心驱动力，是推动企业不断进步和突破的关键所在。它涵盖了从新产品、新工艺的研发，到新技术的引入和应用，每一个环节都充满了创新和挑战。通过技术创新，企业能够不断突破技术瓶颈，提升产品的性能和质量，满足消费者日益增长的需求。同时，技术创新还能帮助企业优化生产流程，降低成本，提高生产效率，从而在激烈的市场竞争中占据优势地位。

具体而言，技术创新可能涉及对材料、工艺、设备等方面的改进和升级，这些改进能够带来产品性能的提升和成本的降低。例如，企业可能研发出新型材料，使产品更加轻便、耐用；或者通过优化生产流程，减少生产环节中的浪费，降低生产成本。此外，技术创新还能够为企业带来新的商业模式和盈利点，例如通过开发新的产品或服务，满足市场的新需求，从而开拓新的市场领域。

技术创新的重要性不仅在于它能够直接提升企业的市场竞争力，更在于它能够为企业带来长远的竞争优势。随着技术的不断进步和市场的不断变化，企业需要不断地进行技术创新，以保持自身的领先地位。因此，技术创新已经成为企业不可或缺的一部分，是企业持续发展的重要保障。

（三）管理创新

管理创新是企业应对日益复杂多变的市场环境和提升竞争力的重要手段。它涉及企业管理理念、方法和手段的全面变革，旨在通过引入新的管理理论、采用先进的管理技术以及优化管理流程，来提升企业的管理效率，降低管理成本，从而为企业的长期发展奠定坚实基础。

管理创新要求企业摒弃陈旧的管理观念，引入新的管理理论。这包括敏捷管理、精益管理等，这些理论能够为企业提供更为科学、合理的管理框架，帮助企业更好地应对市场变化和竞争挑战。

管理创新要求企业积极采用先进的管理技术。随着信息技术的快速发展，大数据、云计算、人工智能等先进技术为企业管理带来了革命性的变革。企业可以通过这些技术实现数据的实时分析、流程的自动化管理以及决策的智能化支持，从而大大提高管理效率。

管理创新还要求企业优化管理流程。通过精简流程、减少不必要的环节和审批，企业可以提高决策速度和执行效率，降低管理成本。同时，优化管理流程还能够促进部门之间的沟通与协作，形成高效协同的工作氛围。

管理创新不仅能够提高企业的管理效率，降低管理成本，还能够增强企业的市场竞争力。在日益激烈的市场竞争中，企业只有不断创新，才能在市场中立于不败之地。因此，企业应该高度重视管理创新，不断探索和实践新的管理理念、方法和手段，为企业的长期发展奠定坚实基础。

（四）战略创新

战略创新是企业为了应对不断变化的市场环境和挑战，而对未来进行深刻洞察和前瞻性规划的过程。它不仅关乎企业的市场定位、竞争策略，更涉及企业的长远发展方向和战略布局。通过战略创新，企业能够更准确地把握市场机遇，有效规避潜在风险，为实现可持续发展奠定坚实基础。

在战略创新的过程中，企业首先需要对市场进行深入的调研和分析，了解行业趋势、竞争对手动态以及消费者需求的变化。基于这些信息，企业可以重新评估自身的市场定位，确定自身在市场中的独特优势和价值所在。同时，企业还需要制定具有前瞻性的竞争策略，通过差异化竞争、创新驱动等方式，塑造独特的竞争优势。

此外，战略创新还要求企业明确自身的发展方向和长期目标。这包括确定企业的核心业务领域、拓展新的市场领域以及探索新的增长点等。通过明确的发展方向和长期目标，企业可以更加有针对性地制定战略规划和实施计划，确保企业的持续发展和稳定增长。

战略创新不仅能够帮助企业更好地适应市场变化和挑战，还能够激发企业的创新活力，推动企业不断向前发展。在竞争日益激烈的市场环境中，只有不断进行战略创新的企业，才能够在市场中立于不败之地，实现可持续发展。因此，企业应该高度重视战略创新，不断提升自身的战略规划和执行能力，为企业的长远发展奠定坚实基础。

第四节　人工智能驱动下的企业文化、客户服务和创新管理

一、人工智能驱动下的企业文化

人工智能的普及对企业文化产生深远影响。企业需要建立积极面对变化和创新的文化氛围，以应对人工智能技术带来的挑战和机遇。此外，人工智能的普及也意味着企业需要加强员工的数字化能力和数据分析能力，这就需要企业建立一种学习型组织文化，鼓励员工不断学习和提升自己的技能。人工智能的广泛应用对企业文化产生了多方面的影响，以下是一些主要的方面。

（一）创新文化的推动

人工智能技术，作为现代科技的杰出代表，本身就是创新思维的结晶和产物。它的引入和应用，为企业带来了前所未有的机遇和挑战，激发了企业不断追求技术创新和模式创新的热情。这种创新氛围像一股清流，迅速渗透到企业的各个层面，从高层管理到基层员工，都在这一过程中深受影响，更加注重创新思维的培养和实践。

在高层管理层面，人工智能技术的引入使企业能够更精准地把握市场趋势，预测未来发展方向。管理层通过运用人工智能技术，对海量数据进行分析和挖掘，从而制定出更具前瞻性和战略性的决策。这种基于数据的决策方式，不仅提高了决策的科学性和准确性，也为企业带来了更多的创新机会。

中层管理者在人工智能技术的推动下，开始注重流程优化和效率提升。他们利用人工智能技术，对传统的业务流程进行改造和升级，实现了流程的自动化和智能化。这不仅降低了企业的运营成本，也提高了工作效率，

为企业创造了更多的价值。同时，中层管理者还积极探索新的管理模式和方法，以适应人工智能时代的需求。

在基层员工层面，人工智能技术的普及和应用，激发了他们的创新精神和创造力。员工们开始意识到，只有不断创新，才能在这个快速发展的时代中保持竞争力。因此，他们积极参与创新活动，通过不断学习和实践，提升自己的创新能力。基层员工的这种创新精神，为企业的持续发展和创新注入了新的活力。

人工智能技术的引入和应用，为企业带来了创新氛围的全面提升。从高层管理到基层员工，都更加注重创新思维的培养和实践。这种创新氛围的营造，不仅有助于企业应对市场变化和挑战，也有助于企业实现可持续发展和长期繁荣。

（二）数据驱动文化的形成

人工智能的应用，无疑已成为现代企业不可或缺的一部分，而其核心动力则离不开大数据的强力支撑。随着信息技术的飞速发展，数据已经成为企业最宝贵的资源之一。因此，企业会愈发注重数据的收集、分析和应用，努力构建数据驱动的文化，以应对日益复杂多变的市场环境。

数据的收集是企业实现数据驱动的基础。企业需要从各个渠道、各个环节收集数据，包括市场数据、客户数据、运营数据等。这些数据将成为企业决策的重要依据，帮助企业更准确地了解市场趋势、客户需求以及自身运营状况。

数据分析是企业将数据转化为有用信息的关键。通过对收集到的数据进行深入分析，企业可以发现数据背后的规律和价值，为决策提供有力支持。同时，数据分析还可以帮助企业识别潜在的风险和机会，为企业的战略规划和业务调整提供科学依据。

数据应用是企业将数据驱动文化落到实处的重要一环。企业需要将数据分析结果应用于实际业务中，通过优化业务流程、提升产品质量、改善客户体验等方式，不断提升企业的运营效率和市场竞争力。

这种数据驱动的文化不仅有助于企业做出更科学的决策，还能提升企业的运营效率。通过数据分析，企业可以更加精准地把握市场需求和竞争态势，制定出更加符合市场需求的产品和服务策略。同时，数据驱动的文化还可以帮助企业实现资源的优化配置和流程的自动化管理，降低运营成本，提高生产效率。

此外，数据驱动的文化还能增强企业的市场竞争力。通过对数据的深入挖掘和分析，企业可以发现新的市场机会和增长点，推出具有创新性和差异化的产品和服务。这种基于数据驱动的创新模式，将帮助企业在激烈的市场竞争中脱颖而出，赢得更多的市场份额和客户信任。

（三）合作与共享文化的强化

人工智能技术的实施，不仅仅是一项技术革新，更是一次组织文化的深刻变革。在推进这一技术的过程中，企业往往需要多个部门的协同合作，打破传统的部门壁垒，形成全新的工作模式。这种变革促使企业逐渐形成一种更加开放、合作和共享的文化氛围，为企业的持续发展和创新注入了新的活力。

首先，人工智能技术的实施需要多个部门共同参与，包括技术、市场、销售、运营等。这些部门在人工智能技术的推进过程中，需要共享资源、交流信息、协同决策。这种跨部门合作打破了传统的部门壁垒，使企业内部的沟通更加顺畅，信息流通更加高效。

其次，为了推动人工智能技术的实施，企业需要形成一种开放的文化氛围。这种氛围鼓励员工敢于尝试、勇于创新，同时也提倡开放、包容的沟通方式。在这种氛围下，员工们愿意分享自己的知识和经验，积极参与人工智能技术的推进。

再次，合作也是推动人工智能技术实施的关键因素。企业需要建立一种跨部门的合作机制，确保各个部门在推进人工智能技术的过程中能够形成合力。这种合作机制不仅有助于解决技术难题，还能够促进部门之间的理解和信任，增强企业的凝聚力。

最后，共享也是人工智能技术实施过程中的重要理念。企业需要建立一种资源共享的机制，使各个部门能够充分利用企业的资源，共同推进人工智能技术的实施。这种共享机制不仅能够提高资源的利用效率，还能够促进员工之间的学习和交流，提升企业的整体创新能力。

总之，人工智能技术的实施需要企业形成更加开放、合作和共享的文化氛围。这种氛围将促使员工跨部门、跨层级地进行交流和合作，共同推动人工智能技术的实施和企业的持续发展。在这个过程中，企业也将逐渐建立起一种全新的工作模式和文化理念，为未来的市场竞争和创新打下坚实的基础。

（四）员工发展与学习文化的提升

随着人工智能技术的迅猛发展和普及，企业对于员工的技术能力和学习能力提出了前所未有的高要求。这是因为人工智能技术不仅改变了企业的运营模式和业务流程，还对企业的创新能力和竞争力产生了深远的影响。为了应对这一变革，企业开始更加注重员工的培训和发展，努力构建一种持续学习、不断进步的文化氛围。

企业需要培养员工的技术能力，使其能够熟练掌握和应用人工智能技术。这意味着企业不仅需要为员工提供相关的技术培训课程，还需要鼓励员工自主学习和实践，通过不断的练习和实践来提升自己的技术水平。在这个过程中，企业可以通过建立技术学习小组、开展技术交流活动等方式，为员工提供一个互相学习、共同进步的平台。

企业需要提升员工的学习能力，以适应人工智能技术不断更新换代的特点。随着技术的不断进步，企业需要员工能够迅速适应新技术的发展，并将其应用到实际工作中。因此，企业需要培养员工具备快速学习、持续学习的能力，使其能够紧跟技术发展的步伐，不断提升自己的专业素养。

为了实现这一目标，企业可以采取多种措施来加强员工的培训和发展。例如，企业可以制定完善的培训计划，根据员工的岗位需求和职业发展路径，提供有针对性的培训课程和学习资源。同时，企业还可以建立激励机制，鼓励员工参加外部培训和认证考试，提高自己的专业技能和知识水平。此外，企业还可以通过开展内部竞赛、评选优秀员工等方式，激发员工的学习热情和创造力，推动整个企业的持续学习和进步。

在构建持续学习、不断进步的文化氛围方面，企业需要树立榜样和标杆。企业领导层应该成为学习的先行者，通过自身的实践和经验来影响和带动员工的学习。同时，企业还应该注重建立学习型组织，通过分享、交流和合作来共同提升整个企业的学习能力和竞争力。

总之，随着人工智能技术的普及和应用，企业对员工的技术能力和学习能力提出了更高的要求。为了应对这一挑战，企业需要更加注重员工的培训和发展，形成持续学习、不断进步的文化氛围。这将有助于提升员工的专业素养和创新能力，为企业的发展注入新的活力和动力。

（五）客户至上文化的深化

随着人工智能技术的飞速进步和广泛应用，企业正在经历一场深刻的变革。这种技术使企业能够以前所未有的精确度来捕捉和洞察客户的需求与偏好，进而设计出更加个性化和贴心的产品和服务。这不仅提升了企业的运营效率，更重要的是，它帮助企业深化了客户至上的文化理念，将客户的需求和满意度置于企业运营的核心位置。

在传统商业模式中，企业往往通过市场调研和问卷调查等方式来收集客户反馈，但这些方法往往存在样本量有限、数据收集周期长、信息失真等问题。而人工智能技术的应用，则为企业提供了一个全新的解决方案。通过大数据分析和机器学习等技术手段，企业可以实时收集和分析客户在平台上的行为数据，如浏览记录、购买历史、搜索关键词等，从而更加准确地把握客户的真实需求和偏好。

基于这些精准的数据分析，企业可以设计出更加个性化的产品和服务。例如，电商平台可以根据用户的购物历史和浏览习惯，为其推荐可能感兴趣的商品；金融机构可以根据客户的投资偏好和风险承受能力，为其量身定制理财方案。这种个性化的服务不仅能够提高客户的满意度和忠诚度，还能够为企业带来更高的利润和市场份额。

同时，人工智能技术的应用还帮助企业深化了客户至上的文化理念。在传统商业环境中，企业往往更关注产品的生产和销售，而对于客户需求和满意度的重视程度相对较低。但随着人工智能技术的应用，企业可以更加清晰地了解客户的真实需求和期望，因此更加倾向于将客户的需求和满意度作为决策的首要依据。这种客户至上的文化理念不仅提升了企业的品牌形象和声誉，还为企业赢得了更多的客户信任和支持。

为了进一步深化客户至上的文化理念，企业还需要在内部建立相应的机制和制度。例如，企业可以设立专门的客户服务部门，负责收集和分析客户反馈，及时响应客户需求；同时，企业还可以建立客户满意度调查制度，定期收集客户对产品和服务的评价和建议，作为改进和优化的重要参考。此外，企业还需要注重员工培训和素质提升，让员工深刻理解和践行客户至上的文化理念，为客户提供更加优质的服务。

总之，人工智能技术的应用为企业提供了更加精准地了解客户需求和偏好的手段，进而帮助企业提供更加个性化的产品和服务。这不仅提升了企业的运营效率和市场竞争力，更重要的是，它帮助企业深化了客户至上的文化理念，将客户的需求和满意度置于企业运营的核心位置。这将有助于企业赢得更多的客户信任和支持，实现可持续发展。

（六）灵活适应文化的培养

随着人工智能技术的迅猛发展和不断迭代，企业正面临着一个日新月异的商业环境。在这个快速变化的时代，企业需要不断适应新的技术潮流和市场趋势，以保持竞争力和持续发展。为此，企业必须形成一种灵活适应的文化氛围，鼓励员工以积极的心态面对变化，勇于尝试新的方法和思路。

企业需要认识到人工智能技术带来的挑战和机遇。这种技术不仅改变了企业的业务模式、工作流程和决策方式，还为企业带来了前所未有的创新机会。因此，企业需要摒弃传统的思维模式和经营方式，以开放的心态接受新技术和新方法。

企业需要构建一种灵活适应的组织结构。传统的组织结构往往存在层级多、决策缓慢等问题，难以适应快速变化的市场环境。因此，企业需要打破部门壁垒，加强跨部门的沟通和协作，形成一个灵活、高效、协同的工作团队。同时，企业还需要鼓励员工提出新的想法和建议，鼓励员工参与决策过程，形成一个开放、包容的决策环境。

在这种灵活适应的文化氛围中，企业需要注重培养员工的适应能力和创新精神。首先，企业可以通过培训和教育等方式，提升员工的技术能力和学习能力，使其具备应对新技术和新方法的能力。其次，企业需要鼓励员工敢于尝试新的方法和思路，即使面临失败和挫折也要保持积极的态度。

这种勇于尝试的精神将激发员工的创新潜力，为企业带来新的发展机遇。

最后，企业还需要建立一种快速响应的机制。当市场或技术发生变化时，企业需要迅速调整战略和业务模式，以适应新的变化。这要求企业具备敏锐的市场洞察力和快速决策的能力。为了实现这一目标，企业可以建立专门的团队或部门，负责收集和分析市场和技术信息，为企业决策提供有力支持。

总之，人工智能技术的快速发展要求企业形成灵活适应的文化氛围。在这种氛围中，企业需要摒弃传统的思维模式和经营方式，以开放的心态接受新技术和新方法。同时，企业需要构建灵活适应的组织结构，加强跨部门的沟通和协作。此外，企业还需要注重培养员工的适应能力和创新精神，鼓励员工积极面对变化并勇于尝试新的方法和思路。只有这样，企业才能在快速变化的市场环境中立于不败之地，实现持续发展。

二、人工智能驱动下的企业客户服务

（一）人工智能时代的传统客服变革

近年来，人工智能技术迎来了蓬勃发展的时期，其在各行业，尤其是客服领域的实际应用备受瞩目。将人工智能技术融入客服领域，不仅仅是为了协助企业节约客服成本、提升用户满意度，更重要的是推动了传统客服模式的全面升级和转型，为整个客服产业带来了颠覆性的创新。在"人工智能＋客服"的新时代，客服产业链所涉及的服务成本、服务范畴、渠道运营、服务流程等管理要素都将全面重塑。

1. 降低服务运营的成本

在以往的传统客服行业中，人工是主要的生产力，这个行业往往被归类为劳动密集型产业。客服部门的日常运营，从接听电话、回复邮件到处理投诉，几乎每一项工作都离不开大量的人工参与。因此，人工成本在客服部门的运营成本中所占比例极高，这在一定程度上限制了企业的盈利能力和市场竞争力。

然而，随着人工智能技术的兴起，客服行业迎来了前所未有的变革。

智能客服机器人作为这一变革的先锋，已经开始逐步取代人工，执行那些量大而相对简单的客服任务。这些机器人通过先进的自然语言处理技术和机器学习算法，能够准确理解客户的需求，提供快速、准确的回答和解决方案。

例如，在流程化、标准化的客服服务中，智能客服机器人可以发挥巨大的作用。它们可以全天候在线，不受时间和地点的限制，为客户提供及时的服务。同时，由于机器人可以自动处理大量重复性的工作，企业无需再雇用大量的客服人员，从而降低了人工成本。此外，智能客服机器人还可以减少人为错误，提高服务质量和客户满意度。

展望未来，随着人工智能技术的不断发展和完善，智能客服机器人将能够承担更加复杂和有挑战性的客服任务。它们将不仅限于简单的问答和咨询，还能够进行情感分析、智能推荐等高级功能。这将进一步提高处理效率和服务质量，使企业在激烈的市场竞争中脱颖而出。

因此，对于现代企业而言，智能客服系统已成为降低成本、提高竞争力的关键所在。随着人工智能技术的不断进步和应用场景的不断拓展，智能客服机器人将在客服行业中发挥越来越重要的作用。

2. 扩大服务范畴的外延

在很多传统企业中，客服中心往往被视为一个纯粹的成本中心，似乎它仅仅是一个需要公司不断投入资金以维持其运作的部门，而无法为企业带来实质性的价值增长。然而，这种看法却忽视了客服中心所蕴藏的巨大潜力，特别是其所掌握的海量数据资源。这些数据实际上是一座尚未被充分发掘的宝藏，蕴含着巨大的商业价值。

在过去，由于技术限制以及管理人员对数据价值的认识不足，客服中心的数据资源往往被忽视，未能得到有效的利用。然而，随着人工智能技术的迅猛发展，为我们打开了一个全新的视角。通过运用人工智能等先进技术，企业可以深入挖掘客服中心的数据资源，分析用户的行为、偏好和需求，从而绘制出精准的用户画像。

这些用户画像将成为企业宝贵的资产，为营销人员提供有力的支持。借助这些画像，营销人员可以更加精准地了解目标用户，为他们提供个性化的营销活动和定制化的服务。这不仅有助于提升用户的满意度和忠诚度，还能够显著提高营销活动的转化率和效果。

展望未来，随着人工智能技术的不断发展和应用，客服中心的角色和职责也将发生深刻的变化。它将不再仅仅是一个被动的服务响应部门，而将积极融入企业的整个商业服务流程中。从订单处理到售后服务等多个环节，客服中心都将发挥重要的作用，为用户提供一体化、全方位的解决方案。

具体而言，客服中心将借助人工智能技术，对用户的需求进行更深入的洞察和分析。它可以通过与用户的互动和交流，了解他们的痛点和需求，从而为企业提供有针对性的产品改进和创新建议。同时，客服中心还可以利用自身的数据资源和分析能力，为企业制定更精准的营销策略和方案，提高市场竞争力。

随着人工智能技术的不断发展和应用，客服中心将逐渐从成本中心转变为价值中心。它将不再仅仅是一个服务部门，而将成为企业创造价值和提升竞争力的关键部门之一。

3. 提升服务渠道的运营能力

在当今快速发展的商业环境中，服务渠道整合运营能力的不断提升已成为企业赢得市场竞争的关键。这一趋势不仅日益凸显，而且在企业界得到了广泛的认可与追捧。越来越多的企业正积极投身于这一变革浪潮中，努力拓展全媒体客服中心，以更全面地满足客户的多样化需求。

传统的客服中心通常仅依赖于语音渠道进行服务，但随着互联网技术的快速发展和社交媒体的普及，客户的沟通方式也在不断变化。为了适应这种变化，企业开始将客服中心的服务渠道扩展到更多元化的领域。除了传统的语音渠道外，企业纷纷将服务触角延伸到各种社交平台，以实现更为广泛的服务覆盖。

这种全媒体客服中心的建立，不仅提升了企业的服务效率，还增强了客户体验。通过社交媒体平台，企业可以更加便捷地与客户进行实时互动，快速响应客户的需求和问题。同时，社交媒体平台上的用户群体庞大，企业可以借此机会扩大品牌影响力，吸引更多潜在客户。

在实现全媒体客服中心的过程中，企业需要具备强大的技术实力和丰富的运营经验。首先，企业需要搭建稳定、高效的客服系统，确保各种服务渠道能够顺畅运行。其次，企业需要制定科学的运营管理策略，对各个服务渠道进行有效的整合和优化，确保服务质量得到持续提升。最后，企业还需要不断培训客服人员，增强他们的专业素养和服务意识，以满足客户日益增长的需求。

随着服务渠道整合运营能力的不断提升，全媒体客服中心已成为企业赢得市场竞争的重要武器。通过不断拓展服务渠道，企业可以更加全面、高效地满足客户需求，提升客户满意度和忠诚度，进而实现企业的可持续发展。

4.提高服务流程的速度

在传统的客服中心，服务流程常常显得复杂而烦琐。这种烦琐的流程不仅给用户带来了诸多不便，影响了他们的整体体验，还可能无形中增加了企业的运营成本。客户在寻求帮助时，往往需要经历多个环节，如电话转接、等待人工客服接入、解释问题、等待解决方案等，这些步骤都可能造成时间上的浪费和效率上的降低。

然而，随着人工智能技术的快速发展，智能客服机器人开始成为优化服务流程的重要工具。这些机器人具备强大的自然语言处理能力和学习能力，能够模拟人类的语言和行为，与用户进行流畅的交互。一旦企业引入人工智能客服机器人，便能够大幅提升服务流程的效率和品质，打造全方位的服务体系。

智能客服机器人的应用，使企业能够为用户提供更加便捷、高效的服务。当用户需要咨询或解决问题时，可以直接与智能客服机器人进行交流，机器人能够迅速理解用户的需求，并提供相应的解决方案。这种即时、准确的响应，不仅提升了用户体验，还减少了用户的等待时间，提高了服务的整体效率。

对于客服人员来说，智能客服机器人的应用也带来了诸多好处。它减轻了客服人员的工作压力。传统客服人员需要处理大量的咨询和投诉，工作强度大、压力大。而智能客服机器人能够分担一部分工作，使客服人员有更多的时间和精力去处理复杂的问题和提供个性化的服务。智能客服机器人还能够提高客服人员的工作效率。通过自动化处理一些简单、重复的问题，智能客服机器人能够释放客服人员的时间，让他们有更多的精力去关注客户的需求和提供优质的服务。

（二）人工智能在企业客服领域中的应用

目前，人工智能在客服领域的应用主要体现在以下四个方面。

1.智能语音服务

基于传统的互动式语音应答系统，企业正逐步融合智能语音识别与先进的自然语言处理技术，构建出新一代的智能语音服务系统。这样的系统不仅具备了高度的智能化和个性化，更以其高效率的特点，在简化互动式语音应答菜单管理的同时，精准地满足了客户多样化的需求，进而大幅提升了客户满意度。

在以人工智能技术为基石的语音导航系统中，用户不再需要被动地听取复杂的菜单选项，而是可以简单直接地述说自己的需求。系统能够迅速捕捉并准确理解用户的意图，从而为用户提供所需的信息和服务。这种高效的自助语音服务体验不仅提升了用户的便捷性，更在无形中增加了用户与系统的互动性，让每一次的服务都充满了人性化的关怀。

这种智能语音服务系统还具备向用户提问的能力。通过预设的或根据用户实时需求动态生成的提问，系统能够引导用户更深入地表达自己的需求，从而为用户提供更加精准的服务。这种互动性不仅增加了用户的参与感，也为服务过程增添了更多的乐趣。

此外，在整个语音交互过程中，用户可以随时打断系统的提示语，无需等待其完全播放完毕。系统能够智能地识别用户发话的起止点，及时停止当前的提示语，并立即响应用户的需求。这种灵活的交互方式使用户与服务系统之间的交流更加便捷、自然，仿佛在与一个真正的对话者进行交流。

呼叫导航技术作为智能语音服务系统的核心之一，拥有强大的自然语言理解能力。通过对用户话语中的关键词进行深度分析，系统能够准确理解用户的真实需求，并据此提供相关的信息和服务。这种精准的服务不仅提高了用户的满意度，也为企业带来了更高的服务质量和效率。

展望未来，随着人工智能技术的不断发展和完善，智能语音服务系统将为用户提供更加自然、高效的交互体验。通过更加先进的语音识别、自然语言处理等技术，系统能够更深入地理解用户需求，提供更精准、个性化的服务。同时，随着服务自动化水平的不断提升，企业也将能够降低运营成本，提高服务效率，从而在激烈的市场竞争中脱颖而出。

2. 智能语音质检

智能语音质检与分析系统是现代企业提升服务质量和客户满意度的关键工具。该系统具备强大的自动质检功能，能够深入分析用户语音，挖掘出他们最真实、最核心的需求。通过设定精确的质检策略和规则，系统能够自动筛选录音信息，快速识别服务过程中可能存在的质量问题，并将这些发现及时提交给质检人员进行确认和进一步处理。

这种自动质检的方式极大地提高了质检的效率和准确性，使企业能够在海量通话录音中迅速定位问题，并采取相应的改进措施。质检人员不再需要逐一听取录音，而可以专注于系统筛选出的关键录音，进行针对性的分析和处理，从而提高了质检工作的效率和效果。

智能语音分析系统在语音质检中发挥着不可或缺的引导作用。通过分析用户来电的详细数据，系统能够揭示出客户需求的变化趋势和服务过程中存在的问题。这些宝贵的数据洞察为企业提供了优化服务的宝贵线索。

借助智能语音分析系统，企业可以及时发现客户需求的变化，了解客户对服务的期望和反馈，从而有针对性地改进服务流程和内容，提升客户满意度。同时，系统还能够揭示出服务过程中存在的瓶颈和问题，帮助企业及时采取措施进行解决，避免问题扩大化，影响整体服务质量。

智能语音质检与分析系统的应用不仅提升了质检的效率和准确性，还为企业提供了宝贵的数据支持和决策依据。通过深入分析用户语音和需求数据，企业能够更好地了解客户的需求和期望，制定更加精准和个性化的服务策略，提高服务质量和营销效率，从而在激烈的市场竞争中保持领先地位。

3. 智能机器人

智能机器人作为现代客户服务领域的创新工具，其能力已经远远超出了简单的问答交互。这些先进的机器人系统能够精准地识别用户提问的意图，无论是通过电话、在线聊天、社交媒体还是其他渠道。一旦识别出用户的意图，智能机器人会迅速与企业的知识库或业务系统建立连接，进行深度知识查询或实时调整业务流程。通过智能算法和数据分析，机器人能够将查询结果或业务处理结果以清晰、易懂且科学的方式反馈到用户的终端渠道上，让用户能够即时了解和掌握所需信息。

智能机器人的全天候工作特性是其另一大优势。它们能够不间断地收集来自各个渠道的信息，实现社交化和媒体化的全面覆盖。这不仅有助于企业更好地了解市场动态和客户需求，还能够及时响应和处理用户的反馈和投诉，从而极大地提升了客户服务的效率。

近年来，随着我国经济的快速发展和市场竞争的加剧，人力资源成本持续上升，企业招聘和培训人工客服的费用也在不断攀升。特别是在人员密集的企业客服中心，人力成本压力日益凸显。为了应对这一挑战，越来越多的企业开始考虑引入智能客服机器人，以减少对人工客服团队的依赖，降低运营成本。

智能客服机器人的引入不仅可以减轻人工客服的工作压力，让他们有更多的时间和精力去处理更复杂、高价值的问题，还可以帮助企业实现客服资源的优化配置。通过将有限的人力资源聚焦在高价值客户群体上，企业可以提供更加个性化、专业化的服务，进一步提升客户满意度和忠诚度。

4. 智能知识库

随着科技的迅猛发展和社会的不断进步，客户与企业的交互方式已经发生了翻天覆地的变化。以往，客户主要通过电话渠道向企业反馈问题和需求，但现在，随着互联网和移动设备的普及，客户反馈渠道已经扩展至多种多样的多媒体渠道，如社交媒体、在线客服系统、电子邮件、论坛等。这种多元化的反馈渠道不仅丰富了客户的交流体验，也为企业提供了更多收集和分析客户数据的途径。

然而，这种变化也给传统企业知识库带来了前所未有的挑战。传统的知识库往往以文本形式存储，缺乏结构化和智能化的处理能力，难以应对客户在多媒体渠道上提出的复杂问题。为了解决这个问题，许多企业开始尝试建立新型的智能知识库。

智能知识库是一种利用人工智能技术构建的知识管理系统，它具备知识结构化、知识智能化和知识互联网化三大特点。知识结构化是指将传统的文本知识转化为结构化数据，便于计算机进行理解和处理；知识智能化是通过机器学习、自然语言处理等技术，使知识库能够自动学习和更新知识，提高回答问题的准确性和效率；知识互联网化则是将知识库与互联网连接，实现知识的共享和协同编辑，提高知识的更新速度和准确性。

对于中小企业来说，由于资金、人才和技术等方面的限制，他们往往无法独立开发智能客服系统。因此，他们迫切需要寻求外部合作，借助专业的科技公司来构建和运营智能知识库。近年来，一些专注于智能客服系统研发的科技公司应运而生，他们利用先进的人工智能技术，为中小企业提供定制化的智能知识库解决方案。

为了满足市场需求，一些大型互联网企业也相继开放技术服务，与第三方公司分享他们的人工智能技术。这些互联网企业拥有丰富的人工智能技术积累和大量的用户数据，通过开放技术服务，他们可以将这些优势转化为生产力，为中小企业提供更加高效、智能的客户服务解决方案。

三、人工智能驱动下的企业创新

（一）人工智能驱动下企业创新的意义

人工智能驱动下企业创新的意义重大。它不仅能够提升产品与服务的质量，还能加速企业研发进程，降低创新成本。通过智能分析与预测，企业能更精准地把握市场趋势，从而制定出更具前瞻性的战略，保持竞争优势，实现可持续发展。人工智能技术对企业创新发展的意义，具体表现在以下两个方面。

1. 优化创新资源的分配效能

借助人工智能等先进技术，企业正逐步引领一场革命性的变革，这不仅体现在产品和服务的创新上，更体现在企业内部运营的全面优化。特别是在数据的流动和利用方面，人工智能技术发挥了至关重要的作用，显著减少了信息不对称现象，从而极大地提升了研发、生产和流通过程中资源分配的效率。

在研发领域，人工智能的引入使数据的收集、分析和利用变得更加高效和准确。企业可以利用先进的算法和模型，对海量的研发数据进行深度挖掘，从中发现有价值的信息和规律。这不仅能够加快新产品的研发速度，提高研发成功率，还能够优化研发流程，降低研发成本。此外，通过人工智能的预测性分析能力，企业还能够预测市场需求和技术趋势，提前布局未来产品和技术方向。

在生产领域，人工智能技术通过优化生产计划和调度，提高了生产效率和资源利用率。借助智能算法，企业可以实现对生产设备的实时监控和预测性维护，减少设备故障和停机时间，提高设备利用率。同时，通过智能调度系统，企业可以实时调整生产计划，确保生产线的顺畅运行。此外，人工智能还能够帮助企业优化物料管理和库存控制，减少原材料和半成品的浪费，降低生产成本。

在流通领域，人工智能技术的应用同样为企业带来了显著的效益。通过智能物流系统，企业可以实现对物流过程的实时监控和预测性管理，提高物流效率和服务质量。同时，人工智能还能够优化运输路径和配送计划，降低运输成本和配送时间。此外，通过智能供应链管理系统，企业可以实现对供应链各环节的协同管理和优化，提高供应链的响应速度和稳定性。

数字化转型的深入推进，还能够帮助企业优化内部创新组织的分工和协作。通过构建数字化的创新平台和工具，企业可以打破部门壁垒，促进跨部门的沟通和协作。这不仅能够提高创新效率，还能够激发员工的创新热情和创造力。同时，数字化转型还能够实现创新资源的共享和复用，降低创新成本和风险。

2. 减少创新要素的组织开支

在数字化浪潮的推动下，以数据为基础的新的生产要素正逐渐崭露头角，它们为企业带来了前所未有的变革机遇。这些新型生产要素不仅实现了生产条件的数字化、生产组织的网络化，还推动了劳动方式的智能化，从而显著降低了对土地、劳动力等传统生产要素的依赖，并大幅度削减了相关的要素成本。

生产条件的数字化为企业带来了前所未有的便利和效率。通过对生产过程中的各种数据进行采集、整合和分析，企业能够实时监控生产线的运行状态，预测设备故障，并提前进行维护。这种智能化的管理方式不仅减少了人工巡检的频率和成本，还提高了生产线的稳定性和可靠性。

生产组织的网络化使企业能够更好地协调和优化生产流程。通过构建数字化平台，企业能够实现不同部门、不同生产线之间的信息共享和协同工作。这种跨部门的协作方式不仅提高了生产效率，还缩短了产品的生产周期。同时，网络化的生产组织也使企业能够更加灵活地应对市场需求的变化，实现快速响应和定制化生产。

劳动方式的智能化也是数字化转型的重要体现。通过引入人工智能、机器人等智能设备，企业可以自动化完成一些重复性和预测性的工作，从而释放人力资源，让员工有更多的时间和精力投入更具创造性和价值的工作中。这种智能化的劳动方式不仅提高了生产效率和产品质量，还降低了人力成本，增强了企业的竞争力。

具体到实践中，企业可以利用数字化平台对生产线进行智能化管理。通过实时收集和分析生产过程中的数据，企业可以了解生产线的运行状态、产品质量、设备效率等信息，并据此进行针对性的优化和改进。例如，企业可以利用大数据分析技术对生产过程中的瓶颈环节进行识别和优化，提高生产效率；同时，企业还可以利用人工智能技术对设备故障进行预测和预警，提前进行维护和更换，降低设备故障率。

此外，企业还可以应用人工智能和大数据技术对生产运营过程中的数据进行建模分析。通过对历史数据的分析和挖掘，企业可以了解市场需求、消费者行为、产品趋势等信息，并据此制定更加精准和有效的生产计划和营销策略。这种基于数据驱动的生产运营方式可以帮助企业找到最适合自己的规模经济水平，实现最优化的资源配置和效率提升。

（二）人工智能对企业创新的作用机制

人工智能为企业创新注入了新的活力，推动了企业向更高层次的发展。人工智能对企业创新的作用机制，主要体现在以下两个方面。

1. 推动企业商业模式的创新

在数字化转型的浪潮中，企业不再固守传统的组织边界，而是勇敢地迈向一个全新的时代。过去，企业往往以自我为中心，将资源和流程紧紧锁定在内部，但如今，这种边界正在悄然重塑，企业正逐步转型为以市场为罗盘、以客户为灵魂的新型组织结构。

随着消费互联网的蓬勃发展，消费者的声音愈发响亮，企业开始深刻认识到，只有紧密贴近市场需求，真正了解并满足消费者的需求，才能在激烈的竞争中立于不败之地。因此，企业的商业模式创新正经历着一场深刻的变革，从过去的产品导向，逐渐转变为以用户需求为导向。

这种转变催生了平台化、组合化以及分布化的数字化创新模式。企业不再局限于单一的产品或服务，而是通过建立平台，整合各方资源，为用户提供更加多元化、个性化的选择。同时，企业也开始注重产品和服务的组合，通过灵活的组合方式，满足用户在不同场景下的需求。此外，企业还借助互联网技术，将生产、设计、销售等各个环节分散到全球各地，形成一个高效、协同的分布式网络。

以某知名制造企业为例，他们通过深度数据分析和市场预测，敏锐地捕捉到市场趋势和消费者需求的变化。为了更快速地响应这些变化，企业利用互联网技术，将生产设备与设计平台紧密连接起来，实现了生产流程的智能化和自动化。通过这种方式，企业能够实时了解用户需求，并快速调整生产计划，为用户提供个性化的定制服务。同时，这种柔性化的生产能力也极大提升了企业的生产效率和竞争力。

总之，数字化转型正在推动企业组织边界的重塑和商业模式的创新。在这个过程中，企业需要紧跟市场趋势和消费者需求的变化，积极拥抱数字化技术，不断创新和改进自己的产品和服务。只有这样，企业才能在激烈的市场竞争中立于不败之地。

2. 推动企业研发模式的创新

数字化转型已成为当今企业发展的关键驱动力，它不仅重塑了企业的业务运作方式，还催生了研发范式的全面变革。这一变革推动企业从传统的封闭研究开发模式，逐步迈向更加开放、数据驱动、个性化和多样化的研发新纪元。

在数据驱动的时代，企业越来越倾向于利用数据来驱动研发过程。通过深度数据挖掘和先进的分析技术，企业能够发现隐藏在数据中的规律，优化研发流程，并据此做出更加明智的决策。这种数据驱动的研发模式，不仅提高了研发效率，还为企业带来了更多创新的可能性。

举例来说，在医药研发领域，越来越多的创新药企业开始运用人工智能大模型平台进行临床发现、靶点验证等工作。这些平台能够处理海量的生物数据，通过深度学习算法发现新的药物作用机制，为新药研发提供了强大的技术支持。同时，数据驱动的研发模式还使企业能够更快地验证药物效果，降低研发风险，加速新药上市。

在汽车制造业中，数字化转型同样带来了研发模式的革新。我国多家汽车制造商已经建立了数字仿真物理系统，这些系统能够模拟真实的汽车生产环境，对新车设计、工艺开发以及试产验证等研发环节进行虚拟仿真。通过数字仿真，企业能够在产品研发初期就发现潜在的问题，及时进行改进和优化，从而大幅缩短了新车研发周期。此外，数字仿真系统还能够为企业提供丰富的数据分析支持，帮助企业更好地理解用户需求和市场趋势，为产品创新提供有力支撑。

第十章　人工智能驱动下的企业实践研究

第一节　人工智能技术在企业实践中的应用

一、智慧医疗

（一）智慧医疗概述

智慧医疗是一个新兴的专有医疗名词，它利用物联网、大数据、人工智能等先进技术，通过打造健康档案区域医疗信息平台，实现患者与医务人员、医疗机构、医疗设备之间的互动，使医疗服务走向真正意义的智能化。智慧医疗由三个主要部分组成。

1. 智慧医院系统

智慧医院系统包括数字医院和提升应用两部分。数字医院涵盖了医院信息系统、实验室信息管理系统、医学影像信息的存储和传输系统等。提升应用则涉及远程图像传输、大量数据计算处理等技术的应用，以提升医疗服务水平。

2. 区域卫生系统

区域卫生系统由区域卫生平台和公共卫生系统两部分组成，旨在收集、处理、传输社区、医院、医疗科研机构、卫生监管部门记录的所有信息。

3. 家庭健康系统

家庭健康系统主要是为了满足家庭成员的健康管理需求，通过智能家居设备、可穿戴设备等来监测家庭成员的健康状况。

（二）智慧医疗的优势

智慧医疗作为现代医疗体系的重要发展方向，其优势不仅体现在提升医疗服务效率上，更在解决就医难题、实现医疗资源的跨地域均衡分配以及重构大健康管理范式等方面展现出巨大的潜力。

首先，智慧医疗通过引入智能化技术，有效解决了传统就医过程中存在的诸多难题。通过智能导诊系统，患者能够快速了解医院科室分布、医生排班等信息，避免了因不熟悉医院环境而带来的困扰。同时，智能挂号、缴费、取药等自助服务终端的普及，大大减少了患者排队等待的时间，提高了就医效率。此外，智慧医疗还通过远程医疗、在线问诊等方式，让患者在家就能享受到专业的医疗服务，进一步解决了看病难、看病贵的问题。

其次，智慧医疗有助于实现医疗资源的跨地域均衡分配。在传统医疗体系中，优质医疗资源往往集中在少数大城市和大型医院，导致基层医疗机构和偏远地区医疗资源匮乏。而智慧医疗通过构建区域医疗服务平台，实现了医疗信息的互联互通和资源共享。基层医疗机构可以通过平台获取到大医院的专业知识和技术支持，提高诊疗水平。同时，大医院也可以将部分常见病、多发病的诊疗工作转移到基层医疗机构，减轻自身负担，提高整体医疗资源的利用效率。

最后，智慧医疗还推动了大健康管理范式的重构，实现了主动管理个人健康。传统医疗模式往往以疾病治疗为主，而智慧医疗则更加注重疾病的预防和健康管理。通过智能穿戴设备、移动健康应用等工具，智慧医疗能够实时监测个人的健康状况，提供个性化的健康指导和建议。同时，智慧医疗还通过建立健康档案、进行健康风险评估等方式，帮助人们了解自己的健康状况和潜在风险，从而主动采取措施进行健康管理。这种主动管理个人健康的方式，不仅能够降低疾病的发生率和医疗费用支出，还能够提高人们的健康水平和生活质量。

（三）智慧医疗的应用场景

智慧医疗的应用场景广泛且多样，涵盖了医疗服务的各个方面。以下是一些主要的应用场景。

1. 远程医疗服务

智慧医疗通过互联网技术，实现了医疗服务的远程化。患者可以通过在线平台与医生进行远程咨询、诊断和治疗，无需亲自到医院。这对于偏远地区的居民、行动不便的老年人和残疾人等特殊群体尤为重要，能让他们更方便地获取医疗服务。

2. 电子病历管理

智慧医疗利用信息技术，实现了病历的电子化管理。医生可以通过电子病历系统快速查看患者的病史、诊断记录、用药情况等，提高了诊疗效率。同时，电子病历也方便了医疗信息的共享和传输，有助于医疗服务的协同和合作。

3. 智能诊断与辅助决策

智慧医疗利用人工智能、大数据等技术，可以对患者的病情进行智能分析和诊断，为医生提供辅助决策支持。这有助于提高诊断的准确性和效率，减少误诊和漏诊的发生。

4. 健康监测与管理

智慧医疗通过智能穿戴设备、移动健康应用等工具，可以实时监测患者的健康状况，包括心率、血压、血糖等指标。同时，这些工具还可以提供个性化的健康指导和建议，帮助患者更好地管理自己的健康。

5. 远程手术

在5G网络的支持下，上级医疗机构专家可以依托搭建的手术室视频、影像等信息还原系统，实现远程精准手术指导或操控。这对于提高基层医疗机构的手术水平、降低患者就医成本具有重要意义。

6. 应急救援

智慧医疗在应急救援中也发挥着重要作用。通过移动医疗检查设备、生命体征监护仪等设备，可以实时监测患者的生命体征和病情变化，并通过网络将相关信息传输给医院，为救治提供有力支持。

7. 个性化医疗

基于个体的基因组信息和健康数据,智慧医疗可以进行个性化医疗的预测与干预。通过对个体的基因组信息和生活习惯的分析,可以制定更加精准的预防和治疗方案,提高医疗服务的针对性和有效性。

案例:

近年来,随着科技和医疗行业的不断深度融合,各大医院纷纷加快了自身信息化建设的步伐,积极朝着智慧医院的目标迈进。在这个趋势中,京东健康以其深厚的技术积累和对医疗行业的深刻理解,专注于智慧服务建设,致力于成为推动医院高质量发展的数据智能引擎。

京东健康始终坚持以客户需求为核心驱动力,将实际可应用性作为根本目的。在智慧医院领域,他们不仅关注技术的先进性,更注重技术如何与医疗服务深度融合,为患者带来实实在在的好处。通过一系列创新举措,京东健康助力医院实现了从"以医疗资源为中心"向"以患者为中心"的转型。

对于医院环境下患者诊疗全过程中的各种需求,京东健康建立了一套全面覆盖医疗需求的技术产品体系。在诊疗前,智慧服务能够精准地引导患者进行就诊准备,通过在线预约、智能导诊等功能,让患者提前了解就诊流程,减少不必要的等待和奔波。

在诊中,京东健康依托医疗人工智能技术,打造了一系列临床和科研辅助工具。这些工具能够辅助医生进行更准确的诊断和治疗,提高医疗质量和效率。同时,它们还能够为医生提供科研支持,推动医疗技术的不断创新和发展。

在诊后,京东健康通过数据智能诊后服务平台,为医生提供随访辅助。平台能够收集和分析患者的康复数据,为医生提供个性化的随访建议,帮助患者更好地恢复健康。这种全程化的服务模式,让患者感受到了更加贴心和专业的医疗服务。

以医疗人工智能分诊为例,京东健康根据不同医院环境,提供了一套丰富的智慧医疗产品体系。这套体系能够有效提升分诊准确性,减少患者平均在院时间和排队等候时间。同时,它还能够完善患者档案管理,为医院提供更加全面和准确的患者信息,为医疗服务提供有力支持。

京东健康在智慧医院建设领域展现出了强大的实力和深厚的积累。他们不仅提供了一系列先进的技术产品和服务，更关注如何将这些技术和服务与医疗服务深度融合，为患者带来更加优质和便捷的医疗服务体验。未来，我们有理由相信京东健康将继续在智慧医院建设领域发挥重要作用，推动医疗行业向更高质量、更高效率的方向发展。

二、智慧教育

（一）智慧教育概述

智慧教育是指依托计算机和教育网，全面深入地利用以人工智能、云计算等为代表的新兴信息技术，以教育信息化基础设施建设为重点，以资源建设及管理服务为中心，以技术培训和各项制度为保障，以深入实施新课程改革和素质教育为宗旨，全面构建网络化、数字化、个性化、智能化、国际化的现代教育体系。

（二）智慧教育的基本特征

智慧教育的基本特征包括个性化学习、教育资源共享、协同学习与交流和跨时空学习。这些特征共同构建了一个全新的教育生态系统，为学生提供了更加优质、高效和个性化的学习体验。随着技术的不断进步和应用场景的不断拓展，智慧教育将在未来发挥更加重要的作用，推动教育事业的持续发展和创新。

1.个性化学习

智慧教育的核心在于其能够充分利用人工智能和大数据分析技术，深入分析每个学生的学习数据和行为信息。通过这些数据的收集和分析，智慧教育系统能够准确地把握学生的学习习惯、兴趣爱好和学习能力，从而为他们量身定制个性化的学习计划和教学内容。这种个性化的学习模式不仅能够满足学生的不同需求，还能激发他们的学习兴趣和动力，进而提高学习效果。

2. 教育资源共享

智慧教育通过互联网技术，打破了传统教育资源的地域限制，实现了教育资源的共享和开放。学生和教师可以通过网络平台，轻松获取各种教育资源，包括教材、课件、学习资料、教学视频等。这些资源不仅丰富了教学内容，还提高了教学质量。同时，教育资源的共享也促进了不同地区、不同学校之间的教育公平，让更多的学生享受到优质的教育资源。

3. 协同学习与交流

智慧教育注重培养学生的合作能力和社交技能。通过网络平台和社交工具，学生可以在虚拟学习社区中与其他学生进行协同学习和交流。他们可以分享学习心得、讨论问题、互相帮助，形成一个积极向上的学习氛围。这种协同学习的模式不仅能够提高学生的学习动力和合作能力，还能培养他们的批判性思维和创新能力。同时，学生之间的交流也有助于他们拓宽视野、增强沟通能力，为未来的职业发展打下坚实基础。

4. 跨时空学习

智慧教育通过网络技术，实现了学习的时间和空间的解构。学生不再受传统课堂的限制，可以根据自己的时间安排和地点选择，随时随地进行在线学习。这种跨时空的学习模式不仅提高了学习的灵活性和便利性，还使学习更加高效。学生可以根据自己的学习进度和兴趣点，自由安排学习内容和学习时间，实现自主学习和自我管理。同时，跨时空学习也为学生提供了更多的学习机会和资源，让他们能够更好地适应快速发展的现代社会。

（三）智慧教育的优势

与传统教育相比，智慧教育展现出了诸多显著优势。这些优势不仅体现在教育理念的更新上，更在教学模式、学习方式以及学生的全面发展等方面产生了深远的影响。

第一，智慧教育有利于转换学习主体，真正做到以学生为中心。在传统教育中，教师往往扮演着主导者的角色，而学生则更多地处于被动接受的位置。而在智慧教育中，学生的学习需求和个性发展得到了充分的尊重和重视。通过采集学生的学习数据和行为信息，利用人工智能和大数据分析技术，智慧教育系统能够深入了解每个学生的学习特点和需求，为他们量身定制个性化的学习计划和教学内容。这种以学生为中心的教学模式，能够更好地激发学生的学习兴趣和动力，提高学习效果。

第二，智慧教育利用信息技术和学习资源引发了学与教方式的深层变革。在传统教育中，教学主要依赖于教材和课堂讲授，学生的学习方式较为单一。而智慧教育则通过整合多种信息技术和资源，如在线课程、互动软件、虚拟实验等，为学生提供了更加多元化、互动性的学习方式。这种变革不仅使教学更加生动有趣，还能够满足不同学生的学习需求，提高他们的学习主动性和创造性。

第三，智慧教育强调开放式教育，主张借助信息技术的力量，创建具有一定智慧（如感知、推理、辅助决策等）的学习时空环境。这种环境能够为学生提供更加广阔的学习空间和更加丰富的学习资源，让他们能够根据自己的兴趣和需求进行自主学习和探究。此外，智慧教育还鼓励学生之间的协同学习和交流，通过虚拟学习社区、在线讨论等方式，促进学生之间的合作和交流，培养他们的团队合作能力和社交技能。

第四，智慧教育促进了学生智慧的全面发展。在传统教育中，学生的学习主要局限于知识和技能的获取，而智慧教育则更加注重学生的综合素质和能力的培养。通过个性化的学习计划和多元化的学习方式，智慧教育能够培养学生的自主学习能力、创新思维和实践能力。同时，智慧教育还注重学生的情感、态度和价值观的培养，让他们在学习的过程中不仅获取知识，更能够形成良好的品质和人格。

（四）智慧教育的发展趋势

未来智慧教育的发展前景广阔，将呈现出一系列新趋势。这些趋势不仅将推动教育领域的创新，还将为学生们带来更为丰富、高效和沉浸式的学习体验。

第一，互动式学习将成为未来教育的重要形式。在智慧教育的背景下，学生将不再是被动的知识接受者，而是成为学习过程中的积极参与者和主导者。通过先进的互动技术和平台，学生可以与教师、同学以及其他学习资源进行实时互动，共同探索和解决问题。这种互动式学习模式将激发学生的学习兴趣，提高他们的学习动力和参与度，促进他们更深入地理解和掌握知识。

第二，海量数据分析和教育机器人的应用将成为未来智慧教育的重要趋势。随着大数据技术的不断发展，智慧教育系统将能够收集和分析大量学生的学习数据和行为信息。通过对这些数据的分析，系统可以更准确地了解学生的学习状态、需求和潜力，为他们提供更加个性化的学习建议和资源推荐。同时，教育机器人的应用也将进一步推动个性化教学的实现。这些机器人可以根据学生的学习特点和需求，提供定制化的教学服务和支持，帮助学生更好地掌握知识和技能。

第三，虚拟现实技术也将被广泛应用于智慧教育中。虚拟现实技术能够为学生创造一种沉浸式的学习体验，让他们仿佛置身于真实的学习环境中。通过虚拟现实技术，学生可以更加直观地了解各种复杂的概念和现象，参与模拟实验和实践活动，提高他们的实践能力和创新能力。这种沉浸式的学习体验将使学生更加深入地理解和掌握知识，提高他们的学习效果和兴趣。

（五）智慧教育的应用场景

智慧教育的应用场景相当广泛，主要体现在以下几个方面。

1. 智能教育设备

智能教育设备在现代教育中发挥着不可或缺的作用。其中，智能平板和电子书包等先进设备，能够无缝连接在线学习平台，为学生带来沉浸式的互动学习体验。这些设备不仅功能强大，而且轻便易携，能够轻松承载海量的教育资源，使学习变得更加便捷和高效。学生可以随时随地利用这些设备进行学习，充分满足个性化学习的需求，为他们的成长和发展提供强有力的支持。

2. 虚拟实验室

虚拟现实技术为教育领域带来了革命性的改变。学生现在可以在完全模拟的虚拟环境中进行实验操作，无需担心真实实验中可能带来的安全风险，也无需准备复杂的实验设备和材料。这种创新的实验方式不仅为学生提供了安全、便捷的实验环境，还极大地降低了实验成本，使更多的学生有机会参与并探索科学实验的乐趣，从而丰富他们的学习体验并加深对科学知识的理解。

3. 智能辅导系统

在智慧教育的背景下，人工智能技术的应用为学生带来了个性化的辅导和学习体验。通过智能算法分析学生的学习进度和能力，系统能够自动生成适合每个学生的辅导方案和学习建议。这种个性化的学习方式有助于学生更高效地掌握知识，避免盲目学习。同时，这也让教师在繁忙的教学工作中能够更精确地关注每个学生的需求，提供更加精准的教学指导，从而提升整体的教学质量。

4. 教育大数据分析

在智慧教育系统中，学生的学习数据被全面地收集和分析，涵盖了学习行为、学习成果等多个维度。这些数据为教师提供了宝贵的教学决策支持，使教师能够更准确地把握学生的学习状态、理解他们的学习需求。基于这些数据，教师可以制定出更加合理、个性化的教学计划，从而更有效地提升学生的学习效果，促进他们的全面发展。

5. 远程教育

随着科技的不断进步，视频会议技术已成为教育领域的重要工具。利用这一技术，教师和学生可以跨越地域的界限，实现远程互动教学。这不仅为学生提供了更多的学习机会，让他们能够接触到更多优质的教育资源，还促进了教育资源的均衡分配。无论身处何地，学生都能通过视频会议参与课堂，与教师进行实时互动，享受高质量的教育服务。

6. 智能校园管理

智能校园管理系统的引入，极大地提升了校园管理的效率和安全性。通过智能门禁系统，校园进出管理更加便捷、安全，有效防止了未经授权的人员进入。智能监控系统则全方位覆盖校园，实时监控校园安全状况，及时发现并处理安全隐患。智能照明系统则根据校园环境和人流量自动调节亮度，既节省能源又提供了舒适的学习环境。这些智能化管理措施共同为学生创造了一个更加安全、舒适的学习环境，为他们的成长保驾护航。

7. 教育游戏

在教育领域，游戏化的教学方式正逐渐成为激发学生学习兴趣和积极性的重要手段。通过设计寓教于乐的游戏，让学生在娱乐中轻松掌握知识，不仅让学习过程变得有趣和生动，还极大地提高了学生的学习效果。这种寓教于乐的教学方式，让学生在快乐中学习，既满足了学生的娱乐需求，又促进了他们的知识积累和全面发展。

8. 移动学习

在数字化时代，移动设备的普及为学习带来了革命性的改变。学生们现在可以利用手机、平板电脑等移动设备，随时随地访问丰富的学习资源和工具。这种学习方式打破了传统课堂的时间和空间限制，使学习变得更加灵活和便捷。无论是查阅资料、完成作业，还是参与在线讨论，学生都能轻松实现，从而更好地满足他们的个性化学习需求，提高学习效率和自主性。

案例：

作为全球领先的智能语音技术提供商，科大讯飞一直在积极推动人工智能技术在各领域的创新应用，特别是在教育领域，其智慧教育产品备受瞩目。科大讯飞智慧教育的使命是"让教育更智能"，旨在通过先进的人工智能技术，为教师、学生和家长带来前所未有的教育体验。

科大讯飞智慧教育为教师提供了丰富多样的教学辅助工具。借助智能语音识别技术，教师可以轻松地将口头讲解或课堂讨论内容实时转换成文字，极大地节省了课堂笔记整理的时间，提高了教学效率。同时，智能语音评测技术能够精准评估学生的发音和语调，帮助教师及时纠正学生的语音问题，提升语言教学质量。此外，科大讯飞智慧教育平台还提供了海量的教学资源库，教师可根据学生的具体学习情况和需求，选择适合的教材和教辅材料，实现个性化教学。

对于学生而言，科大讯飞智慧教育提供了定制化的学习方案。平台利用智能学习分析技术，全面跟踪学生的学习进度和表现，深入分析学生的学习习惯和偏好，为每位学生量身打造个性化学习路径。无论是学习进度的调整、学习策略的优化，还是对知识掌握程度的评估，科大讯飞智慧教育都能为学生提供精准的指导和建议，助力他们提高学习效率，取得更好的学习成绩。

科大讯飞智慧教育也为家长提供了全面的教育支持。通过智能家校互动平台，家长可以实时了解孩子的学习进度和表现，与教师进行及时有效的沟通。平台还提供了丰富的家庭教育资源，帮助家长更好地参与孩子的学习生活，实现家庭教育和学校教育的有效衔接。

在人工智能技术的推动下，科大讯飞智慧教育正不断改变着传统的教学方式，引领着教育行业的智能化变革。通过个性化、智能化的教学服务，科大讯飞智慧教育致力于让每位学生都能享受到高质量的教育资源，激发他们的学习潜力，培养他们的综合素质。未来，科大讯飞将继续深化人工智能技术在教育领域的应用，推动教育全面智能化，为教育事业的公平、高效和趣味性贡献更多力量。我们坚信，科大讯飞智慧教育将为教育事业带来更为深刻的变革，为下一代创造更加美好的学习前景。

三、智慧能源

（一）智慧能源概述

智慧能源的内涵在于充分开发人类的智力和能力，通过技术创新和制度变革，在能源开发利用、生产消费的全过程和各环节融汇人类独有的智慧，建立和完善符合生态文明和可持续发展要求的能源技术和能源制度体系。简而言之，智慧能源就是指拥有自组织、自检查、自平衡、自优化等人类大脑功能，满足系统、安全、清洁和经济要求的能源形式。

（二）智慧能源的特征

智慧能源的发展模式以其独特而显著的特征，正逐步引领能源产业迈向全新的发展阶段。这些特征包括智能高效、广泛互联以及清洁低碳。它们共同构筑了智慧能源系统的核心骨架，推动能源生产、传输、消费等多个环节实现动态精益优化与管理，进而促使能源电力系统向"智慧化"的转型升级。

首先，智能高效是智慧能源系统的核心优势。通过先进的信息化、自动化和智能化技术，智慧能源系统能够实时监控、预测和分析能源生产、传输和消费的全过程，实现能源系统的智能调度和优化管理。这种智能高效不仅提高了能源系统的运行效率，还降低了能源损耗，为能源产业的可持续发展提供了有力支撑。

其次，广泛互联是智慧能源系统的另一重要特征。借助物联网、云计算等现代信息技术，智慧能源系统实现了能源设备、能源网络、能源用户之间的广泛互联。这种互联性使能源信息能够实时共享、高效传输，为能源系统的协同优化提供了可能。同时，广泛互联也促进了能源系统的开放性和包容性，为能源产业的创新发展注入了新动力。

最后，清洁低碳是智慧能源系统的核心目标。随着全球气候变化和环境污染问题的日益严峻，清洁低碳已成为能源产业发展的重要方向。智慧能源系统通过采用清洁能源、提高能源利用效率、优化能源结构等手段，实现能源生产的清洁化和低碳化。同时，智慧能源系统还通过智能化管理和优化调度，降低能源消费过程中的碳排放和环境污染，为实现能源产业的绿色转型提供了有力保障。

（三）智慧能源体系

智慧能源体系是一个综合管理系统，它应用互联网、物联网等新一代信息技术对能源的生产、存储、输送和使用状况进行实时监控、分析，并在大数据、云计算的基础上进行实时检测、报告和优化处理。该系统旨在形成最佳状态的、开放的、透明的、去中心化和广泛自愿参与的综合管理系统，从而获得一种新的能源生产及利用形式。

在理论层面，智慧能源体系可以从广义和狭义两个层面进行界定。广义的智慧能源体系是基于"互联网＋智慧能源"的一种泛在能源网络体系。而狭义的智慧能源体系则包括微电网、泛能网、智能电网和能源互联网等多组态能源表现形态，具有多源、互动、自主、协调四大特征的物理能源网络体系。

在技术和应用层面，智慧能源体系涵盖了发展脉络、关键技术、工程实践及当今和未来的商业运营模式。它描绘了通过建设"微电网"或"泛能网"来解决区域用电或用能需求的实现路径，通过建设新一代"智能电网"实现电源、电网、用户间的信息双向流动、高度感知和灵活互动，通过建设具有能量流、信息流、业务流相互融合功能的"能源互联网"实现智能电网和互联网的深度融合，以及通过"一带一路"倡议和全球共同发展，实现跨国和跨地区电网互联，探索构建"全球能源互联网"。

此外，智慧能源体系还包括了储能技术和虚拟电厂等重要的组成部分。储能技术通过电池或其他储能装置来管理和储存能量，保证电力系统的稳定性和可靠性。而虚拟电厂则是指电力市场环境下，作为独立主体参与电力市场交易的组织形式，它通过分布式发电、储能、负荷控制等技术手段，将分散式电源、储能装置、负荷等资源通过互联网整合起来，为电力用户提供聚合服务的同时，也为电网提供辅助服务。

总的来说，智慧能源体系是一个复杂的系统，它结合了多种技术和应用，旨在实现能源的高效、安全、环保和节能利用。随着技术的不断发展和应用，智慧能源体系将在未来发挥更加重要的作用。

（四）智慧能源的应用场景

智慧能源的应用场景非常广泛，以下是一些典型的应用场景。

1. 智慧家居

在智能家居系统中，智能控制系统通过集成先进的物联网技术，实现了对家用电器等设备的远程控制和管理。用户只需通过智能手机或智能电视等智能设备，即可随时随地监控和控制家中的各种设备。这种远程控制的方式不仅方便实用，还能帮助用户更加高效地管理家庭能源使用。

智能电网和能源监测系统是智能家居系统中不可或缺的一部分。它们能够实时监测家庭用电情况，并通过数据分析，了解家庭成员的用电习惯和用电需求。基于这些数据，智能控制系统可以自动调整家用电器的运行状态，实现智能化能源分配。例如，当家庭成员离家时，系统可以自动关闭不必要的电器设备，减少能源浪费；而当家庭成员回家时，系统又能提前预热或预冷房间，确保舒适的居住环境。

此外，智能控制系统还可以根据家庭成员的用电习惯和用电需求，提供个性化的节能建议。例如，系统会提醒用户在高峰时段减少使用高能耗的电器设备，以减轻电网负担。同时，系统还会推荐用户购买和使用能效较高的电器设备，从而降低家庭能源消耗。

2. 智慧工业

智慧能源系统在工业生产中的应用，正成为推动工业绿色转型和可持续发展的重要力量。

智能控制系统在工业生产中发挥着至关重要的作用。这一系统通过集成物联网、大数据和云计算等先进技术，能够实现对工业生产设备的集中监控和调度。通过实时收集设备运行数据，智能控制系统能够精确分析设备的运行状态和能耗情况，从而发现潜在的能源浪费问题。在此基础上，系统可以自动调整设备的运行参数，优化生产流程，减少不必要的能源消耗。这种集中监控和调度的方式，不仅能够提高能源利用效率，还能够降低设备的维护成本，延长设备的使用寿命。

智能化的供给系统也是智慧能源系统的重要组成部分。这一系统能够根据工业生产的需求实时调整能源供应的类型和数量，实现供需之间的精准匹配。通过集成能源管理系统和能源储备设施，智能化的供给系统能够实时监测能源供应的状态，并根据生产需求进行动态调整。例如，在电力供应方面，系统可以根据生产设备的电力需求和电网的负荷情况，自动调节电力供应的电压和频率，确保电力供应的稳定性和可靠性。在燃料供应方面，系统可以根据生产设备的燃料需求和库存情况，自动调整燃料的供应量和配比，确保燃料供应的及时性和经济性。这种智能化的供给系统，能够减少能源的浪费和损失，提高能源利用效率，实现工业生产的绿色和可持续发展。

智慧能源系统还能够与其他管理系统进行集成，实现全面的智能化管理。例如，通过与生产管理系统、质量管理系统等集成，智慧能源系统能够实现对整个生产过程的全面监控和管理。通过实时收集和分析生产数据，系统能够发现生产过程中的瓶颈和问题，提出优化方案和建议，提高生产效率和产品质量。同时，系统还能够根据市场需求和产能情况，自动调整生产计划和产能布局，实现资源的优化配置和合理利用。

3. 智慧建筑

智慧能源系统在建筑领域的应用，正日益成为推动建筑节能和低碳发展的关键力量。

智慧能源系统通过集成先进的物联网、大数据、云计算等技术，实现了对建筑物能源使用情况的实时监测、数据分析、优化调度等功能，从而大大提高了建筑的能源利用效率。具体来说，智慧能源系统可以实时监测建筑物的能耗数据，包括电力、燃气、水等资源的消耗情况，并通过数据分析找出能耗高的区域和设备，为节能改造提供科学依据。

在建筑节能方面，智慧能源系统可以通过优化建筑物的供暖、制冷、照明等系统，实现能源的高效利用。例如，通过智能控制系统，可以根据室内外温度、湿度、光照等环境参数自动调节供暖、制冷设备的运行，避免能源浪费。同时，智能照明系统可以根据人员活动情况自动调节照明亮度和开关时间，进一步降低能耗。

在低碳发展方面，智慧能源系统可以引导建筑物使用可再生能源，如太阳能、风能等，减少对化石能源的依赖。通过安装太阳能光伏板、风力发电设备等可再生能源设施，建筑物可以自给自足地产生电能，降低碳排放。此外，智慧能源系统还可以与智能电网连接，实现能源的优化调度和共享，进一步提高能源利用效率。

除了以上功能外，智慧能源系统还可以通过集成安全监控、环境检测等功能，实现建筑物的全面智能化管理。例如，通过安装烟雾探测器、温度传感器等设备，可以实时监测建筑物的安全状况，及时发现并处理火灾、泄漏等安全隐患。同时，通过环境检测系统，可以实时监测建筑物的空气质量、噪声等环境因素，为居住者提供健康舒适的居住环境。

案例：

作为新一轮产业革命的核心驱动力，人工智能正以前所未有的速度推动着各行各业的变革，特别是在电力行业。面对国家"双碳"（碳达峰、碳中和）和"双减"（减少碳排放、减少能源消费）政策的严格要求，电力行业正面临着前所未有的转型压力。在这样的背景下，人工智能成为电力行业智能化发展的必然选择，是推动能源电力行业向绿色、低碳、高效转型的重要战略支持。

国内领先的人工智能软件公司商汤科技，凭借其在人工智能领域的深厚积累，基于其通用大模型，快速推出了针对电力行业需求的电力系统大模型解决方案。这一方案通过运用人工智能技术，全面赋能电力系统的各个环节，从生产、运维到营销服务，助力能源电力行业实现数字化转型。

在电力生产领域，商汤科技的电力系统大模型解决方案建立了以人工智能技术为基础的智能虚拟电厂系统。该系统通过实时数据分析和智能算法，实现资源的灵活集成和智能调控，确保电力生产的稳定性和经济性。同时，该系统还具备智能风险预警功能，能够提前发现并预防潜在的安全隐患，为电力生产提供全方位的安全保障。

在电力运维方面，商汤科技的电力系统大模型解决方案通过智能化巡检流程，实现了电网和变电站的智能化管理。该系统能够自动对电网和变电站进行巡检，主动发现异常情况并进行警告，极大地提高了整体运维效率。同时，通过减少人工巡检的频率和强度，减轻了基层工作人员的负担，让他们能够更加专注于处理复杂和紧急的问题。

在电力营销服务方面，商汤科技的电力系统大模型解决方案为用电客户提供了智能客服服务。该系统能够自动识别客户需求，提供个性化、全天候的用电服务。通过智能客服的引入，电力公司不仅能够提升客户满意度，还能够降低营销成本，提高市场竞争力。

总之，商汤科技的电力系统大模型解决方案是电力行业智能化发展的重要支撑。它通过人工智能技术，全面赋能电力系统的各个环节，帮助电力行业解决业务难题，提升智能化水平。随着人工智能技术的不断发展和完善，相信未来商汤科技的电力系统大模型解决方案将为电力行业带来更多的创新和变革。

四、智慧商业

（一）智慧商业概述

智慧商业是随着人工智能、物联网、云计算、大数据、移动终端技术的快速深度融合发展，商业日益变得智慧、高效和便捷的一种新型商业模式。它实质是以信息技术为支撑，创新人类商业模式及管理手段，提高社会整体效能。

（二）智慧商业的特征

智慧商业的主要特征涵盖了多个方面，这些特征共同形成了其独特的商业模式和商业价值。

1. 技术进步

智慧商业的基石在于技术的不断进步和应用。互联网、人工智能、大数据、云计算等技术的结合，不仅为商业运营提供了全新的工具和手段，还推动了传统企业的创新发展。这些技术使商业行为日益变得信息化、智能化、透明化、可视化、高效化。通过技术的力量，智慧商业打破了传统商业的界限，催生了新的商业形态，如电子商务、无人零售、智能物流等，为商业领域带来了前所未有的变革。

2. 数据分析

在智慧商业中，数据分析扮演着至关重要的角色。商家通过先进的数据采集技术和数据挖掘工具，能够获取海量的客户数据。这些数据原本是无序的、碎片化的，但通过数据分析，商家可以将这些数据转化为有价值的信息。通过对客户数据的详细分析，商家可以深刻地了解客户的喜好、需求、购买偏好等，从而更准确地把握市场趋势和消费者需求。这种基于数据的决策方式使商家的决策更加科学、精准，能够及时做出针对性决策，提高商业运营的效率和效果。

3. 个性化服务

智慧商业的另一个重要特征是个性化服务。随着消费者对个性化需求的不断增加，商家需要提供更加个性化、差异化的服务来满足消费者的需求。先进的智能产品和技术能够根据消费者的需求和使用情况，提供个性化的服务。例如，智能推荐系统可以根据消费者的购买历史和浏览行为，为其推荐符合其喜好的商品；智能客服系统可以识别消费者的语音和文本信息，为其提供个性化的咨询和解答。这些个性化服务不仅提高了消费者的满意度和忠诚度，还增加了用户黏性和口碑，降低了客户流失率。

（三）智慧商业的应用场景

智慧商业的应用场景十分广泛，涵盖了多个领域。以下是几个主要的应用场景。

1.智慧商场

顾客可以通过扫码、人脸识别等方式进入商场，并使用智能购物车、自助结账等设备完成购物过程，从而提高购物效率。智慧商场通过物联网技术连接货架和商品，实时监测商品库存情况，准确预测销售情况，实现智能补货和库存管理，提高货架利用率和销售效益。通过数据分析和智能算法，智慧商场可以优化营销活动的策划和执行，提高营销效果。智慧商场利用视频监控、人脸识别、门禁系统等技术，实现对商场安全的监控和管理，及时发现异常行为和安全隐患，并采取相应措施保障商场和顾客的安全。智慧商场通过线上线下融合的方式，提供一体化的购物服务，使顾客享受更加便捷、丰富的购物体验。

2.餐饮行业

智慧餐厅借助先进的数字化技术，为顾客带来了前所未有的便捷和个性化的用餐体验。步入这样的餐厅，首先映入眼帘的便是自助点餐系统，顾客可以自由地浏览菜单，选择心仪的菜品，甚至可以根据个人口味调整食材的配比，实现真正的定制化服务。而智能支付系统的引入，更是让结账过程变得简单快捷，无需等待，一键即可完成支付，极大地提升了用餐效率。

智慧餐厅的食堂管理系统也为后厨运营带来了革命性的改变。通过这套系统，后厨的每一个环节都实现了透明化，从食材的采购、储存到加工、烹饪，每一步都清晰可见，确保食品的安全和卫生。这不仅让顾客吃得放心，也为餐厅赢得了良好的口碑。

智慧餐厅还利用数据分析技术，对餐厅的运营情况进行深入的剖析。通过收集顾客的点餐数据、消费习惯等信息，管理者可以准确地掌握市场需求，从而制定出更科学的经营策略。比如，根据数据分析结果，管理者可以优化菜单组合，推出更符合顾客口味的菜品；也可以调整营业时间、促销活动等，以吸引更多的顾客。

3. 金融行业

商业智能技术可以帮助金融服务机构有效地识别、评估和应对各种风险，如信用风险、市场风险等。通过深入的数据分析和详细的报告，金融机构能够更全面地理解市场趋势、行业动态以及客户需求，从而制定出更精准的风险管理策略。

在风险管理中，商业智能技术能够实时收集和处理大量的市场数据，运用先进的算法和模型进行风险评估和预测。这不仅提高了风险管理的准确性和效率，还使金融机构能够更快速地响应市场变化，降低潜在风险。

商业智能技术还可以助力金融机构在投资决策方面取得优势。智能投顾作为商业智能技术的一个重要应用，利用人工智能技术对大量的投资数据进行分析和挖掘，为客户提供个性化的投资顾问服务。通过智能投顾，客户可以获得专业的投资建议和资产配置方案，实现投资目标。

案例：

近年来，我国电子商务市场蓬勃发展，各类电商模式如雨后春笋般涌现。这一繁荣景象不仅源于消费者对线上购物的便捷性和丰富性的追求，也得益于人工智能技术的快速发展及其在电子商务领域的广泛应用。由于人工智能与互联网电子商务之间存在天然的契合度，电子商务行业成为了最早应用人工智能的行业之一。

在电子商务领域，人工智能的应用极大地提升了服务效率和用户体验。京东作为中国电商行业的领军企业之一，就推出了自主研发的人工智能客服系统——京东JIMI。京东JIMI不仅具备强大的智能处理能力，还能够根据用户的查询和提问，提供准确、及时的回复和解决方案。目前，京东JIMI已经承担了大量的客服工作，不仅在京东商城的各类业务中得到了广泛应用，还扩展至京东物流、京东金融等多个业务领域，服务范围不断扩大。

实践证明，在简单而重复的工作中，京东JIMI展现出了巨大的优势。特别是在劳动密集型的客服领域，京东JIMI能够高效处理大量用户咨询和投诉，大大减轻了人工客服的工作压力。截至目前，京东JIMI已经为用户提供了超过亿级次的服务，有效缓解了人工客服的压力，提高了整个客服团队的工作效率。

除了京东外，阿里巴巴公司也推出了智能客服产品——阿里小蜜。阿里小蜜集成了多种人工智能技术，如语音识别、深度学习和个性化推荐等，为用户提供了更加智能、便捷的在线服务。通过与阿里巴巴平台的紧密集成，阿里小蜜能够顺畅对接外部消费场景与阿里后台关键业务流程，为用户提供一站式服务体验。

通过对积累的巨大客服数据进行深入分析，阿里巴巴公司能够预测用户信息需求，并即时从知识库中检索相关知识以回答用户问题。这种基于大数据和人工智能技术的智能客服系统，不仅降低了人工客服的求助率，还提高了用户满意度。同时，基于阿里巴巴在语音识别领域所积累的丰富知识，阿里小蜜不断提升语义识别的准确性，使智能客服能够像人类一样灵活、富有人情味地回答用户问题，与用户进行深度互动。

这种深度互动不仅提升了用户体验，也为电子商务行业带来了新的发展机遇。未来，随着人工智能技术的不断进步和创新，智能客服系统将在电子商务领域发挥更加重要的作用，成为提升用户体验、增强企业竞争力的重要工具。

五、智慧制造

（一）智慧制造概述

智慧制造是一种面向服务、基于知识运用的人机物协同制造模式。在人工智能、物联网、先进制造技术等的支持下，智慧制造将各种制造资源连接在一起形成统一的资源池，根据客户个性化需求和情境感知，在人机物共同决策下做出智能的响应，在制造全生命周期过程中为客户提供服务。

智慧制造的主要内容包括智慧产品、智慧生产、智慧工厂和智慧物流等。智慧产品是指通过应用物联网、大数据等技术，实现产品的智能化和互联化，提高产品的附加值和用户体验。智慧生产是指通过应用先进的信息技术和制造技术，实现生产过程的自动化、智能化和高效化，提高生产效率和产品质量。智慧工厂是智慧制造的物理基础，它集成了各种先进的制造设备、信息系统和智能技术，形成了一个高效、灵活、智能的生产环境。智慧物流则是指通过应用物联网、大数据等技术，实现物流过程的智能化和协同化，提高物流效率和服务质量。

（二）智慧制造的特征

智慧制造作为制造业的未来发展趋势，展现出了四大鲜明特征，这些特征共同构成了智慧制造的核心竞争力。

第一，智慧制造以智慧工厂为载体。智慧工厂是智慧制造的重要物理基础，它集成了各种先进的制造设备、信息系统和智能技术，形成了一个高效、灵活、智能的生产环境。在智慧工厂中，各种设备和系统能够互联互通，实现数据的实时采集、分析和处理，为制造过程提供强大的支持。

第二，智慧制造以关键制造环节的智慧化为核心。在制造业中，存在着一些关键的制造环节，如加工、装配、检测等。这些环节对产品的质量和性能有着至关重要的影响。智慧制造通过对这些关键环节的智慧化改造，实现了制造过程的自动化、智能化和高效化。通过引入先进的传感器、控制器和执行器等设备，以及运用人工智能、大数据等技术，智慧制造能够实现对制造过程的精准控制和优化，提高产品的质量和性能。

第三，智慧制造以端到端数据流为基础。在智慧制造中，数据是驱动制造过程的核心要素。通过端到端的数据流，智慧制造能够实现对制造全过程的实时监控和预测。从原材料的采购、加工、装配到产品的质量检测、包装、物流，智慧制造都能够通过数据流进行连接和协同。这种端到端的数据流不仅能够提高制造过程的透明度和可追溯性，还能够为企业提供更加精准的市场分析和预测，帮助企业做出更加明智的决策。

第四，智慧制造以网通互联为支撑。在智慧制造中，各种设备和系统需要实现互联互通，形成一个统一的生产网络。这个网络需要支持各种通信协议和接口标准，确保各种设备和系统之间的无缝连接。通过网通互联，智慧制造能够实现制造过程的协同和优化，提高生产效率和资源利用率。同时，网通互联还能够为智慧制造提供强大的信息安全保障，确保制造过程的安全性和可靠性。

（三）智慧制造体系

智慧制造体系是一个涵盖了智慧制造系统、智慧制造技术、智慧制造装备和智慧制造服务的综合性系统。这些组成部分相互关联、相互依存，共同推动了制造业的发展。

1. 智慧制造系统

智慧制造系统是整个智慧制造体系的核心，它集成了各种先进的信息技术、物联网技术和制造技术，实现了制造过程的智能化、网络化和自动化。该系统通过实时数据采集、分析和处理，对制造过程进行精确控制，提高生产效率，降低生产成本，同时确保产品质量。智慧制造系统还可以根据客户需求和市场变化，灵活调整生产计划，实现定制化生产。

2. 智慧制造技术

智慧制造技术是指在制造过程中应用的一系列先进技术，包括物联网、云计算、大数据、人工智能等技术。这些技术使制造过程更加智能化、高效化和精准化。例如，物联网技术可以将生产设备、传感器等连接起来，实现数据的实时采集和传输；云计算技术可以为制造过程提供强大的计算和存储能力；大数据技术可以对海量数据进行分析和挖掘，为制造过程提供决策支持；人工智能技术可以实现生产过程的自动化和优化。

3. 智慧制造装备

智慧制造装备是指具有智能化功能的制造设备，包括工业机器人、自动化设备、数字化生产线等。这些装备通过应用传感器、控制器、执行器等设备，实现制造过程的自动化和智能化。智慧制造装备具有高精度、高效率、高可靠性等特点，可以提高生产效率和产品质量，降低生产成本和人力成本。

4. 智慧制造服务

智慧制造服务是指在制造过程中提供的各种智能化服务，包括远程监控、故障诊断、预测性维护、供应链管理等。这些服务通过应用人工智能、云计算、大数据等技术，实现对制造过程的实时监控和管理，提高制造过程的透明度和可控性。智慧制造服务还可以根据客户需求和市场变化，提供定制化的服务方案，满足客户的个性化需求。

（四）智慧制造的应用场景

智慧制造的应用场景主要体现在以下几个方面。实际上，随着技术的不断发展和创新，智慧制造的应用场景将会越来越广泛，为制造业的发展注入新的活力。

1. 智能化生产控制中心

智能化生产控制中心是智慧制造体系的核心，它集成了各种先进的信息技术和制造技术，实现了对生产全过程的实时监控、管理和控制。通过数据控制中心，企业可以对生产全过程进行全面且深入的理解，发现生产中存在的问题，并制定相应的解决策略。此外，数据控制中心还可以实时监控生产过程中的各个环节，一旦发现异常，可以立即发出预警，避免问题的进一步扩大。

2. 智能化生产执行过程管控

在智能化生产执行过程中，通过引入机器人和自动化装置，可以实现生产线上的物料搬运、装配和包装等工作的自动化。同时，通过运用传感器和智能控制系统，可以实现设备的智能监测和故障预警，减少因设备故障而导致的停机时间和生产损失。此外，智慧工厂管理系统可以集成供应链信息和市场需求预测数据，实现精细化的生产计划和调度，避免过量生产和库存积压的问题。

3. 智能化仓储、运输与物流

在智能物流领域，智慧制造发挥了重要作用。通过运用全球卫星定位技术、无线射频技术等，智慧物流实现了采购、生产、仓储、运输、配送等各个环节的信息化、智能化和自动化。这不仅可以提高物流效率，还可以降低物流成本，支持大规模、定制化柔性生产的高效运行。智慧物流系统能与制造企业的业务紧密结合，根据客户订单来安排生产计划，从原材料采购、产成品加工到商品销售，真正实现全产业链的智能物流。

4. 智能化加工中心与生产线

在智能制造生产线中，设备可以完成从在线订单生成到零件打印、质量检测、产品组装、射频身份注册、成品贴标单元、物流运输（或入库）等整个工作循环过程。这种生产线具有高度的自动化、高效率、高精度和运动稳定性等特点。通过人机界面的运用，操作员可以很快掌握设备的操作，实现加工、装配的无人可视化操作。智能制造生产线还可以为客户提供定制化服务，客户可以根据需求在客户端选择所需产品的参数，生产线接到任务后自行组织生产。

案例：

自改革开放以来，老板电器凭借其勤劳奋斗的精神，在浙江制造业中脱颖而出，成为备受瞩目的知名民族品牌。面对全球化和人工智能浪潮的来袭，老板电器紧跟时代步伐，率先迈出了智能化转型的步伐，打造了引领行业趋势的智能化工厂。

老板电器的智能制造之路并非一蹴而就，而是经过了精心规划和逐步实施。起初，公司聚焦于工艺自动化，通过引入先进的生产设备和技术，实现了生产流程的自动化和标准化。随后，公司又推动了产品跟踪全程化，确保每一台产品从原材料到成品的全过程都可追溯。

在信息化深度融合阶段，老板电器建立了智能信息指挥中心，这一核心大脑能够整合并显示产品研发、采购、生产等各个环节的信息，实现统一指挥和调度。通过实时数据的采集和分析，智能信息指挥中心能够迅速响应市场变化，优化资源配置。

除了生产环节的智能化，老板电器还建立了行业领先的智能仓储物流中心。这一物流中心利用智能图像识别、智能运算处理以及任务优先级调度等技术手段，实现了出入库和仓储全流程的自动化和智能化。这不仅提高了物流效率，降低了成本，还确保了产品运输的安全和可靠。

在智能制造二期项目的规划中，老板电器展现了更加宏大的战略布局。公司专注于中央吸油烟机、侧吸式油烟机、嵌入式洗碗机及未来新品类厨电产品的布局，旨在通过技术创新和智能制造，为消费者提供更加优质、高效的厨电产品。在这一阶段，公司计划投资兴建中央吸油烟机实验大楼和高标准的生产工厂，为产品的研发和生产提供硬件支持。

更重要的是，老板电器将二期项目视为制造升级的新契机，以更宏大的视角推进智能制造。公司计划建立应用信息物理系统，通过信息化实现全价值链的贯通，从而实现横向一体化。这意味着公司不仅要关注自身的生产环节，还要与供应商、客户等各方实现信息化互联，共同构建一个高效、协同的生态系统。

在物流和服务方面，老板电器将进一步强化大数据的应用，建立内部供应链管理系统和产品全生命周期系统。通过这些系统，公司能够实时掌握产品的流通情况，优化物流路线和配送时间，确保产品能够快速、准确地送达消费者手中。同时，公司还能为市场和合作伙伴提供最大化的增值服务，如定制化的产品解决方案、及时的售后服务等，从而提升公众对老板电器厨电产品和品牌的认可度。

六、智慧农业

（一）智慧农业概述

智慧农业是农业中的智慧经济，是智慧经济形态在农业中的具体表现，也是智慧经济重要的组成部分。智慧农业是指现代科学技术与农业种植相结合，实现无人化、自动化、智能化管理。具体来说，它是将物联网技术运用到传统农业中，运用传感器和软件通过移动平台或者电脑平台对农业生产进行控制，使传统农业更具有"智慧"。除了精准感知、控制与决策管理外，从广泛意义上讲，智慧农业还包括农业电子商务、食品溯源防伪、农业休闲旅游、农业信息服务等方面的内容。

智慧农业系统集成了物联网、人工智能等技术，实现农业可视化远程诊断、远程控制、灾变预警等智能管理。其技术特点主要体现在物联网技术在现代农业领域的应用，包括监控功能系统、监测功能系统、实时图像与视频监控功能等。

近年来，智慧农业市场正在快速增长，市场规模持续扩大。智慧农业的发展对于国家乡村振兴战略的进一步实施有着重大作用。未来，智慧农业将继续发挥其在农业生产中的重要作用，推动农业的全面升级和可持续发展。

（二）智慧农业的发展方向

智慧农业的发展方向主要体现在以下几个方面。

1. 技术创新

利用物联网、大数据、云计算、人工智能、区块链等现代信息技术，推动农业生产的数字化、智能化和精准化。例如，利用物联网技术，可以实现农业生产的智能感知、智能预警、智能决策、智能分析和专家在线指导。

2. 智能化装备

智能化装备的应用是智慧农业的重要发展方向。智能化装备通过智能化改造和升级，使机器具有一定的智能性，可以全面或部分地辅助人便捷、可靠地完成特定复杂的目标任务。例如，自动驾驶拖拉机、农业机器人和农业无人机等智能化农机装备的应用，将大大提高农业生产的效率。

3. 无人化、少人化

随着农村劳动力的减少和农业生产环境的不确定性，无人化、少人化农场是未来的发展趋势。通过利用物联网、传感器等技术，实现农业生产的自动化、无人化，减少对人力的依赖，降低生产成本，提高生产效率。

4. 农业全产业链信息化

大数据技术将全面渗透农业产业链的全过程，包括种子肥料、生产、加工、配送到消费者餐桌，再到废弃物处理等环节，实现农业全产业链的信息化和智能化。这将有助于提升农业产业链的整体效率和效益，推动农业产业的可持续发展。

5. 农业电子商务

随着互联网的普及和电子商务的发展，农业电子商务将成为智慧农业的重要发展方向。通过电子商务平台，可以实现农产品的线上销售、物流配送和售后服务等环节的智能化和便捷化，提高农产品的销售效率和用户体验。

（三）智慧农业的应用场景

智慧农业的应用场景非常广泛，涵盖了从种植、养殖到农产品加工和销售的整个农业产业链。以下是一些主要的智慧农业应用场景。

1. 智能化温室

利用先进的环境控制系统，现代农业温室能够实现全年无间断的高产、精细种植。该系统通过智能调节温室内的温度、光照、湿度和二氧化碳浓度等关键因素，为作物创造最适宜的生长环境。这种智能化的管理方式使温室可以种植蔬菜、花卉、水果等多种作物，且能够根据市场需求和作物生长特性进行精准调控。

2. 植保无人机

通过搭载高精度的 GPS 系统和传感器，无人机能够精确导航到农田中的目标区域，并按照预设的航线进行药剂喷洒。无人机能够在短时间内覆盖大面积的农田，并且不受地形和作物高度的限制。相比传统的人工或机械喷洒方式，无人机作业效率更高，能够节省大量的人力和时间成本。同时，无人机喷洒药剂时能够减少药剂的飘散和浪费，降低对环境的污染。通过搭载先进的控制系统和传感器，无人机能够实时感知农田环境、作物生长状况和病虫害情况，并根据这些信息自动调整药剂喷洒的剂量和方式。

3. 水肥一体化沙土栽培系统

通过集成自动化设备和传感器技术，该系统能够实现对作物生长环境的实时监测和精准调控。传感器可以收集土壤湿度、养分含量、温度等关键数据，而自动化设备则根据这些数据自动调整灌溉和施肥的量和频率。这种精准的管理方式确保了作物在最佳的生长条件下生长，不仅提高了产量，还改善了农产品的品质。

4. 工厂化育苗

采用现代化技术装备的种苗生产车间，通过集成自动播种、灌溉、施肥、控温等系统，实现了种苗的规模化生产。在这种工厂化育苗模式下，所有生产过程都受到严格的监控和调控，确保种苗在适宜的环境中生长，从而大大提高了种苗的质量和数量。工厂化育苗不仅提高了生产效率，还降低了生产成本，为农业生产提供了稳定、优质的种苗来源。

5. LED 生态种植柜

结合 LED 灯和水培技术的种植柜，为城市农业种植带来了全新的解决方案。这种种植柜利用 LED 灯模拟自然光环境，为蔬菜提供适宜的光照条件，同时结合水培技术，无需土壤，通过营养液直接为植物提供所需养分。

这种种植方式支持多种蔬菜的栽培，如生菜、菠菜、小番茄等，不仅丰富了城市居民的餐桌，还为他们提供了便捷、健康的蔬菜来源。

6. 智能配肥机

依托测土配方施肥的"互联网＋终端智能配肥"模式，通过互联网技术连接农田与智能配肥机，实现了对土壤养分的精准分析和作物需求的科学预测。智能配肥机利用先进的传感器和数据分析技术，对土壤进行实时监测，并根据作物生长的不同阶段和土壤养分状况，自动计算出所需的肥料种类和数量。同时，智能配肥机还能根据气候、环境等因素的变化，及时调整施肥方案，确保作物在最佳的生长条件下生长。

7. 智能孵化机

智能孵化机通过自动控温、控湿、翻蛋、控风等技术，实现对孵化过程的精准控制。在孵化过程中，智能孵化机能够实时监测并自动调整温度、湿度等关键参数，确保孵化环境的稳定性，从而大幅提高孵化率和鸡苗合格率。通过自动翻蛋功能，可以确保鸡蛋在孵化过程中均匀受热，减少死胚和弱雏的发生。同时，控风系统则能有效调节孵化室内的空气流通，防止疾病传播，保障鸡苗的健康。

8. 智能养殖场

智能养殖场充分利用监控、大数据、自动化和物联网系统，实现了对养殖全过程的智能化管理。智能养殖场内，高清监控摄像头全天候无死角地记录着动物的生长情况，确保饲养员能随时掌握动物的状态。同时，环境参数传感器实时收集温度、湿度、光照、空气质量等数据，并通过物联网系统将这些数据传送至中央控制平台。基于大数据的分析，智能养殖场能够准确预测动物的需求，并自动调整饲料投放、饮水供给等养殖环节，确保动物在最佳的生长环境中健康成长。此外，系统还能根据动物的生长曲线和营养需求，为饲养员提供科学、精准的养殖方案，从而提高养殖效益。

此外，智慧农业还包括智能灌溉系统、无人机巡检、精准农业管理、农产品溯源系统等多个应用场景。这些应用场景通过利用人工智能等现代信息技术，实现对农业生产的智能化、精准化、自动化管理，促进农业可持续发展。

案例：

河北省衡水市的一处农业产业园里，有一座现代化的智能温室大棚。工人们正忙碌地穿梭于各个区域，他们手持智能手机，利用手机应用进行日常的管护工作。这座大棚不仅配备了先进的智能温控系统，还集成了物联网、大数据等新一代信息技术，实现了对生长环境的精准调控。

据工作人员介绍，智能温控系统能够根据作物生长的特点，自动调节大棚内的温度和湿度，为作物创造最适宜的生长环境。这使种植作物不再受土地、空间和气候条件的限制，实现了全年无休的连续生长。无论是寒冷的冬季还是炎热的夏季，大棚内的作物都能茁壮成长，为市民提供新鲜、健康的蔬果。

工人们通过手机应用，可以随时随地查看大棚内的各项数据以及蔬果的生长情况。他们可以根据实时数据，调节大棚的通风、光照、湿度、温度以及营养液的比例等，确保作物在最佳的生长环境中生长。这种智能化、精准化的管理方式，不仅提高了工作效率，还降低了成本，使农业生产更加高效、环保。

七、智慧安防

（一）智慧安防概述

智慧安防作为现代安全技术的重要组成部分，正日益成为维护社会安定和人们生活安宁的关键力量。它借助人工智能、云计算、大数据等现代信息技术手段，构建了一个全面、高效、智能的安全防范体系，对安全事务进行全方位的监控、预警、防控和处置。

在智慧安防系统中，人工智能技术发挥着核心作用。通过深度学习、图像识别、自然语言处理等技术，系统能够自动识别异常行为、预测潜在威胁，并采取相应的防控措施。同时，云计算技术为智慧安防提供了强大的数据处理和存储能力，使系统能够实时分析海量数据，提取有价值的信息，为决策提供有力支持。大数据技术的应用则使智慧安防系统能够更加精准地分析安全风险。通过对历史数据的挖掘和分析，系统可以揭示安全事件的规律和趋势，帮助人们提前预知潜在的风险点，并制定相应的防范措施。这种基于数据的分析方式，不仅提高了安全防范的精准度，还使系统具备了自我学习和优化的能力，能够不断适应新的安全威胁和挑战。

（二）智慧安防的特点

智慧安防通过整合各种智能设备与技术，实现了对监控设备的智能化管理及控制，为人们带来了更加安全、便捷、高效的安防解决方案。智慧安防的特点主要体现在以下几个方面。

1. 信息化

智慧安防通过无缝融合视频和数据信息，实现了多路信号的统一处理，丰富了信息获取手段，有助于精准辅助决策。

2. 可视化

采用先进、融合的数据处理技术，使设备互联互通，提高了指挥调度的效率，并降低了人工费用。通过视频监控、智能识别等技术，将传统安防升级为可视化、智能化的管理方式。

3. 智能化

智慧安防通过人工智能、云计算、大数据等技术手段，实现了自动化、智能化的安全防范系统。这种系统能够智能识别和分析数据，提供实时的监控画面，并支持对异常行为和人员的主动识别。

4. 安全化

智慧安防系统具备全面的权限控制和管理功能，可以保障数据的安全使用，并杜绝人为破坏。此外，通过各种安全认证和加密技术，智慧安防能够保障数据的安全性和完整性，防止安全事故的发生。

5. 集成化

智慧安防可以实现多种技术的集成，包括视频监控、智能识别、人脸识别、车辆识别、无线通信等，从而提高安全防范的效率和精度。

6. 移动化

智慧安防可以通过移动终端等方式，实现随时随地的安全防范和管理。用户可以通过手机、电脑等终端随时查看监控画面，调整报警设置，大幅提升管理便捷性与效率。

7.云端化

智慧安防可以将数据存储在云端，实现数据共享和集中管理，提高数据的安全性和可靠性。这种方式有助于用户随时访问和查看数据，以及进行远程管理和控制。

（三）智慧安防的应用场景

智慧安防的应用场景非常广泛，涵盖了多个领域，以下是一些常见的应用场景。

1.公共场所与城市智能安防

在大型公共场所，如公园、商场、火车站等，智慧安防系统通过视频监控、人脸识别等技术，实时监控人流情况，有效预防和应对各种突发事件。此外，城市智能安防系统还可以集成智能交通系统、智能监控系统等技术，实现城市资源的有效管理和智慧平安城市的打造。

2.工厂与园区安防

在工厂和园区，智慧安防系统主要用于保障生产安全和防止盗窃等犯罪行为。通过部署安防摄像机、智能传感器等设备，系统可以实时监控生产线的运行情况和周边环境，及时发现和处理各种安全隐患。

3.社区智能安防

在社区管理中，智慧安防系统发挥着重要作用。通过人脸识别、门禁系统、监控视频等技术，系统可以实现对小区治安的有效管理和车辆出入的精准管控。例如，智慧门禁系统支持人脸识别、手机扫码等多种方式，使业主出入更加便捷和安全。同时，智慧监控系统可以及时发现和处理各种异常情况，如人员聚集、意外摔倒、高空抛物等。

案例：

在湖南举办的第24届智慧安防产品博览会上，各种前沿的智能安防科技纷纷亮相，吸引了众多观众的目光。这些科技不仅展示了安防技术的最新发展，也涵盖了多个领域，为市民提供了更加全面、高效的安全保障，极大地提高了人们的安全感。

随着中国社会老龄化程度的加深，越来越多的老年人选择居家养老。如何改善居家环境，使其更安全、更适合老年人居住，成为提升居家养老生活质量的重要课题。在这一背景下，厦门立林科技推出的智慧养老康养平台成为展会的一大亮点。

该平台集成了软件、智能无线门铃和智能紧急求助按钮等多种设备，为老年人提供了全方位的居家安全保障。安装在老人房间内的设备可以实现报警求助、对讲求助、门铃提醒、远程看护等功能，让老人感到更加安心。当老人需要理发、用餐等服务时，只需按下"小立管家"按钮，即可通过语音对讲与呼叫中心联系，轻松下单。在紧急或危险情况下，老人只需按下按钮或拉动拉绳，平台即可立即发出求助信号，并通知家人或相关机构，确保老人得到及时的救助。

除了厦门立林科技外，安防企业海康威视集团也在博览会上展示了其智慧安防产品和多场景解决方案。其中，防爆型声波成像仪是海康威视集团的一大创新产品。这款仪器能够在15米的地方捕捉到微小的燃气泄漏声音，并通过先进的声波成像技术将声音转化为可视化的图像，帮助用户及时发现并识别安全隐患。这一技术的应用，不仅提高了燃气使用的安全性，也为用户的生命财产安全提供了更加坚实的保障。

通过第24届智慧安防产品博览会，我们可以看到，随着科技的不断进步和创新，智慧安防技术正在不断发展和完善，为人们提供了更加安全、便捷的生活体验。这些技术不仅应用于公共场所和大型企业，也开始逐渐渗透到人们的日常生活中。未来，我们有理由相信，智慧安防技术将在更多领域发挥重要作用，为人们的生活带来更多便利和保障。

八、智慧交通

（一）智慧交通概述

智慧交通是一种交通发展新模式，它以互联网、物联网等网络组合为基础，融合了智慧路网、智慧装备、智慧出行、智慧管理等内容。这种模式的核心在于通过高新技术，如物联网、云计算、大数据、人工智能等，汇集交通信息，提供实时交通数据下的交通信息服务。

智慧交通是在智能交通的基础上发展而来，但它在智能交通的基础上，加入了更多的高新 IT 技术，使系统更加智能、高效。它大量使用了数据模型、数据挖掘等数据处理技术，实现了系统性、实时性、信息交流的交互性以及服务的广泛性。智慧交通极大地优化了出行路线，促进了交通安全，并且实现了节能降耗。

在智慧交通的发展过程中，物联网、云计算、人工智能、自动控制、移动互联网等现代电子信息技术起到了关键的作用。这些技术使交通系统具备了感知、互联、分析、预测、控制等能力，能够充分保障交通安全，发挥交通基础设施效能，提升交通系统运行效率和管理水平。

（二）智慧交通的应用场景

智慧交通的应用场景非常广泛，以下是一些主要的应用场景。

1. 实时交通信息

通过智能手机应用、车载导航系统等设备，提供实时的交通路况、事故信息、道路封闭情况等，帮助驾驶员选择最佳路线，减少拥堵和延误。

2. 智能交通信号灯

利用交通流量数据和实时路况信息，调整交通信号灯的时序，优化交通流动，减少交通拥堵和排队时间。

3. 智能停车系统

利用传感器和摄像头等设备，监测停车场的空位情况，提供实时的停车位导航和预约服务，减少寻找停车位时间和资源浪费。

4. 电动车充电桩管理

通过智能充电桩管理系统，实现对电动车充电桩的监控和管理，包括充电桩的位置、使用情况和充电状态等，提供充电桩的实时信息和预约服务。

5. 智能公交系统

通过 GPS 定位和实时交通信息，提供公交车的实时位置和到站时间，帮助乘客合理安排出行时间。此外，智能公交系统还可以结合乘客的出行需求，优化线路和班次规划，提高公交服务的效率和准点率。

6. 智能交通安全监控

利用摄像头、传感器等设备，监测道路交通安全情况，包括交通违法行为、交通事故等，提供实时的交通安全监控和预警服务。

7. 高速卡口运行管理

精确反映高速卡口的布局、车道分布、车辆流量、车速、车距等信息，结合实时数据采集和分析，高效监测交通流量、预测拥堵情况，支持卡口闸机远程控制，提高通行效率。

8. 智慧高铁综合管理平台

在智慧高铁领域，数字技术应用于高铁站建设和运营管理，以提升服务质量、提高效率和便利乘客出行。

除了以上主要应用场景外，智慧交通还可以应用于车辆识别、道路维护、应急响应等多个方面。这些应用使交通系统更加智能、高效，提升了交通管理的水平和效率，同时也为公众提供了更加便捷、安全的出行体验。

案例：

滴滴出行作为现代化出行方式的引领者，在人工智能技术的推动下，成功构建了智能化的人工智能调度系统。该系统凭借大数据、云计算、机器学习等尖端技术，构建起了滴滴交通大脑，用于实时搜集、处理和分析城市的交通数据，从而为用户提供更加高效、便捷的出行服务。滴滴的人工智能调度系统拥有多个核心功能，这些功能共同协作，使滴滴在出行市场中保持领先地位。

第一，目的地预测功能是滴滴人工智能调度系统的一大亮点。该系统能够高效精准地定位用户位置，并结合天气、时间、历史记录数据等多元信息，预测用户的目的地。通过大数据和人工智能技术对海量用户数据的深度挖掘与分析，滴滴出行能够洞察用户的出行习惯，进而预测出他们的目的地，从而为用户提供更加个性化的出行建议。

第二，价格估算功能也是滴滴出行的一大特色。滴滴的估价系统不仅仅基于距离进行价格估算，还综合考虑了路线规划、路况分析等多个因素。在复杂的城市交通网络中，系统能够为用户规划出最佳路线，并结合实时路况预估到达时间，最终给出合理的价格估算。这种价格估算方式既保证了公平性，又兼顾了用户的出行需求。

第三，拼车服务功能的实现也离不开人工智能技术的支持。滴滴出行的拼车功能运用了机器学习等先进技术，能够根据用户的拼车请求，计算用户与其他拼车用户在同一路线上相遇的可能性。通过智能匹配算法，系统能够为用户找到最合适的拼车伙伴，降低出行成本，同时也减少了城市交通拥堵。

第四，在订单分配方面，滴滴出行更是下足了功夫。为了确保需求方和服务提供方能够高效对接，减少资源浪费，滴滴采用了先进的匹配度指标进行订单分配。为此，滴滴出行研发了机器学习系统，该系统能够实时分析车辆反馈的速度、路况等信息，探索海量离散且无序数据背后的规律，从而建立订单分配模型。此外，滴滴旗下的创新研究机构——滴滴研究院，还研发了一套深度学习系统，该系统能够利用实时路况、历史记录等数据进行路线规划和时间预估，实现高效精准的订单分配。

第五，数据可视化系统为滴滴出行的运营管理提供了有力支持。该系统能够将订单行程中的各类数据以图形化的方式展示出来，帮助滴滴出行更好地了解用户需求、交通状况等信息。通过可视化系统，滴滴出行能够直观地看到哪些区域用户需求集中、哪些区域容易发生交通事故等，从而采取相应的措施进行改进。此外，可视化系统还能够展示区域数据的变化趋势，帮助滴滴出行进一步分析这些数据变动背后的影响因素，提升运营管理水平。

第二节 人工智能在企业管理中面临的问题与对策建议

一、人工智能在企业管理中面临的问题

在当下信息化智能化不断发展、不断深入的时代背景下，人工智能作为一项新型科学技术，作为国家近几年重点规划、大力发展的新兴产业，逐渐走进了人们的日常生活，也在众多企业中得到了广泛应用。[①] 人工智能

① 李玉颖.人工智能时代下企业管理的改革［J］.中小企业管理与科技，2022（3）：17-19.

在企业管理中的应用带来了便利和效率提升，但同时也带来了一些问题和挑战。以下是人工智能在企业管理中可能引发的一些问题。

（一）数据隐私和安全问题

人工智能系统的运行依赖于海量的数据，这些数据中不乏个人及敏感信息。在数据驱动的时代，数据的安全与隐私保护显得尤为关键。一旦数据没有得到充分的加密和防护，就可能面临泄露的风险，进而引发严重的隐私侵犯问题。此外，随着人工智能系统的普及，它们也成为网络攻击者的目标。若系统安全性存在漏洞，企业数据不仅可能被非法窃取，还可能被恶意篡改，对企业造成不可估量的损失。

（二）伦理和道德问题

人工智能决策在现代社会扮演着越来越重要的角色，然而，其决策过程并非完全无懈可击。由于算法偏见或数据偏差的存在，人工智能系统可能产生不公平的结果，这些问题可能涉及性别、年龄等多个方面。此外，人工智能决策的透明度和可解释性往往不足，使企业难以向公众解释其复杂的决策过程，进而引发公众的信任危机。因此，确保人工智能决策的公正性和透明度成了亟待解决的问题。

（三）自动化导致的就业问题

人工智能和自动化技术的迅猛发展，在极大地提高生产效率的同时，也可能导致一些传统工作岗位的消失或变革，从而使部分员工面临失业或工作不稳定的风险。为了应对这一挑战，企业需要在追求自动化带来的效率提升与保障员工福利之间找到平衡。这要求企业在推进技术革新的同时，也要关注员工的培训和转岗，以减少失业影响，避免引发员工不满和社会问题。

（四）技术成本和复杂性

人工智能系统的开发、部署和维护成本往往较高，这对于资金有限的中小企业而言，无疑是一项沉重的负担。从开发阶段开始，就需要投入大量的研发经费和人力资源。到了部署阶段，还需考虑硬件设备的购置和软件的集成。而后续的维护和升级工作更是需要专业的技术团队进行持续支持。由于人工智能系统的复杂性，企业在使用过程中可能会遇到各种技术难题，这都需要专业的技术团队来提供及时的解决方案。

（五）依赖性和脆弱性

当企业过度依赖人工智能系统进行决策时，可能会逐渐削弱人类的判断力和创造力，使企业变得过于依赖技术而缺乏自主应对复杂问题的能力。这种脆弱性不仅可能限制企业的创新能力，还可能导致在面对突发状况时，企业因缺乏灵活应对的能力而陷入困境。此外，人工智能系统虽然强大，但也并非完美无缺，一旦出现错误或故障，若企业没有制定相应的应对策略，可能会引发严重的后果，甚至给企业带来无法挽回的损失。

（六）法律和监管问题

随着人工智能技术的飞速发展，相关的法律和监管政策也在不断地进行完善与更新。对于企业而言，必须时刻保持对最新法律法规的敏锐感知，确保自身业务活动始终符合法规要求，实现合规经营。同时，不同国家和地区对人工智能技术的监管政策可能存在显著差异，这就要求企业在进入新市场时，必须充分研究当地的监管要求，以应对多样化的法律环境，确保在全球范围内的稳健发展。

（七）用户接受度和信任度

面对新兴的人工智能技术，消费者往往抱有疑虑，担心其决策过程和结果的可靠性。这种不信任可能阻碍技术的广泛应用。因此，企业需要采取积极的沟通和营销策略，向消费者详细解释人工智能的工作原理、优势以及应用实例，同时积极回应消费者的疑虑和关切。通过透明的沟通、专业的解答和实际的案例展示，企业可以逐步建立起用户对人工智能技术的信任，为其未来的广泛应用奠定坚实基础。

二、加快人工智能发展的对策建议

为了加快人工智能的发展，以下提出一些对策建议。

（一）加大政策扶持力度

政府作为推动科技创新的重要力量，应积极制定和完善人工智能发展的相关政策。通过提供税收优惠、资金扶持等激励措施，政府可以鼓励企业加大在人工智能领域的研发投入，推动技术创新。同时，设立人工智能专项基金，专门用于支持人工智能项目的研发、应用和推广，将有助于加速人工智能技术的产业化进程，促进其在经济社会的广泛应用，从而推动经济的高质量发展。

（二）加强人才培养

为了加强人工智能领域的学科建设和人才培养，政府应鼓励高校开设相关课程和设立专门的研究机构。这些课程和机构应涵盖人工智能的理论基础、技术应用和前沿研究，为学生提供全面而深入的学习和研究机会。同时，支持企业、高校和科研机构联合开展人工智能人才培养项目，通过产学研合作，培养具备跨学科知识和创新能力的人才。此外，还应积极吸引和留住海外高层次人才，加强与国际一流人才团队的交流合作，共同推动人工智能领域的发展。

（三）加强数据基础设施建设

为了促进人工智能技术的持续发展，需要加快数据资源的积累和优化。为此，必须建立统一、规范的数据标准和数据共享机制，以打破数据孤岛，实现数据的高效流通和共享。同时，提升数据存储、传输和处理能力也至关重要，以满足人工智能应用对大规模数据的需求。在此过程中，还应加强数据安全保护，通过严格的数据加密、访问控制和审计机制，确保数据安全和隐私保护，为人工智能技术的健康发展提供坚实保障。

（四）促进产学研用深度融合

为了推动人工智能技术的研发和应用，应鼓励企业、高校和科研机构之间建立紧密的合作关系。这种合作将促进知识、技术和资源的共享，共同开展人工智能领域的研发工作。同时，搭建人工智能产业创新平台，为技术成果的转化和产业化提供有力支持，加速科技成果的商业化进程。此外，通过举办人工智能领域的学术交流和产业对接活动，我们可以进一步推动产学研用的深度融合，为人工智能技术的创新和发展注入新的活力。

（五）加强国际合作与交流

在全球化的背景下，积极参与国际人工智能领域的合作与交流对于提升我国在该领域的竞争力至关重要。我们应主动学习借鉴国际先进经验和技术，以加速我国人工智能技术的创新和发展。同时，加强与国际一流企业和研究机构的合作，共同开展研发项目，共享资源，推动人工智能领域的创新突破。此外，举办国际人工智能大会等活动，不仅可以促进国际间的交流与合作，还能提升我国在国际人工智能领域的影响力，为我国在该领域的发展赢得更多机遇。

（六）加强伦理规范和法律法规建设

为确保人工智能技术的健康有序发展，必须制定和完善相关领域的伦理规范和法律法规。这些规范将指导我们如何合理使用人工智能，避免其带来的潜在风险。同时，加强监管和评估也至关重要，以防止技术的滥用和误用。此外，建立人工智能技术的安全评估机制，对技术的安全性和可靠性进行定期评估，将确保在享受技术带来的便利时，也能保障社会的安全和稳定。这些措施的实施将为人工智能技术的发展提供坚实的法律支撑和制度保障。

（七）推动应用场景的拓展

为了充分发挥人工智能技术的潜力，应鼓励和支持企业在多个领域广泛应用该技术。在智能制造、智慧城市、智慧医疗等领域，人工智能技术的应用将极大地提升效率和服务质量。通过建立人工智能应用的示范项目和标杆案例，不仅可以展示这些技术的先进性和实用性，还能引导企业和社会各界深入了解并认可人工智能技术的价值。这将有助于推动应用场景的进一步拓展，为人工智能技术的广泛应用奠定坚实基础。

第三节　人工智能在未来企业管理中的发展趋势

一、未来人工智能企业的竞争格局

近年来，平台化已成为人工智能发展的主要趋势，这一趋势不仅推动了技术的迅速进步，还促进了各行各业在人工智能领域的深入探索和创新。随着人工智能技术的广泛应用，各家企业开始在激烈的竞争中寻求自身的发展路径，主要探索以下几种模式。

第一，一些企业选择建立生态体系作为发展策略。这类企业往往是互联网行业的领军企业，它们凭借强大的技术实力和丰富的资源，专注于技术发展和基础设施建设。通过建立完善的人工智能产业链生态系统，并将其应用于不同场景，这些企业能够提升自身的竞争力，并推动整个生态系统的繁荣和发展。

第二，一些企业选择专注于技术算法的研发。这些企业多为软件公司或科技公司，它们将技术研发和算法运营作为核心竞争力。通过不断开发新技术、优化算法，并探索新的应用场景，这些企业能够吸引更多的用户，打造具有影响力的人工智能应用平台。同时，它们还能够为其他企业提供技术支持和解决方案，实现合作共赢。

第三，一些企业以场景应用为重点。这类企业大多来自传统行业或初创企业，它们拥有丰富的行业数据和资源，能够深入了解行业需求和痛点。通过利用人工智能技术，这些企业能够推动特定领域的应用与发展，为行业带来更高效、更智能的解决方案。例如，在医疗、金融、教育等领域，这些企业已经取得了显著的成果，并赢得了市场的认可。

第四，一些企业选择率先布局垂直领域。这类企业首先在受众广泛的领域推出人工智能应用，如智能家居、智能安防等。通过不断优化产品和服务，它们逐步扩大用户群，提高市场份额。同时，借助人脸识别、语音识别等先进技术，这些企业能够拓展市场，带动整个行业的发展升级。这种策略不仅有助于企业快速获得市场份额，还能够推动整个行业的进步和发展。

第五，一些企业专注于基础设施服务。这些企业主要提供人工智能相关的基础设施服务，包括硬件产品、芯片开发、云计算等。通过不断投入研发和创新，这些企业逐步向数据分析和算法应用领域拓展，实现产业链的全方位发展。这种策略有助于企业建立完整的产业生态链，提高整体竞争力，并为其他企业提供强有力的支持。

二、人工智能在未来企业管理中的发展趋势

数据资源的深度累积与持续优化、运算能力的迅猛增强，以及核心算法的日趋完善，共同推动着人工智能领域进入第三次浪潮的繁荣时期。如今，人工智能产业正处在一个由感知智能向认知智能迈进的关键转变阶段，这一变革不仅代表着技术层面的飞跃，更是智能服务全面升级和发展的重要标志。在这一背景下，人工智能在企业管理中的发展趋势展现出多方面的鲜明特点。

（一）在智能服务方面，线下和线上的紧密结合正成为引领行业发展的主流趋势

随着分布式计算平台、云计算、大数据等技术的广泛部署和应用，线上服务的适用范围得到了极大拓展。传统的线上服务，如电子商务、在线支付、远程办公等，已经深入人心。而现在，随着人工智能技术的融入，线上服务正变得更加智能和高效。与此同时，线下服务也在经历着智能化的变革。各类智能技术产品如智能家居、智能机器人、自动驾驶汽车等不断涌现，它们不仅为消费者带来了前所未有的便利体验，更为智能服务开

辟了新的渠道和传播模式。智能家居系统可以根据用户的生活习惯和喜好，自动调节家中的温度、湿度和照明，为用户提供舒适的生活环境。智能机器人则可以在餐厅、酒店等场所提供点餐、送餐、接待等服务，减轻人工劳动负担。自动驾驶汽车则通过高精度地图、传感器和人工智能算法等技术，实现车辆的自主导航和行驶，提高交通效率和安全性。

线上服务与线下服务的融合，不仅为用户带来了更加便捷、高效和个性化的服务体验，也推动了多产业的全面升级。在零售领域，通过线上线下融合，企业可以实现库存的实时共享和调度，提高库存周转率。在医疗领域，通过远程医疗和智能诊断等技术，患者可以享受到更加便捷和高效的医疗服务。在金融领域，通过智能风控和信用评估等技术，金融机构可以更好地控制风险并提高效率。

近年来，5G、物联网、边缘计算等技术不断发展和应用，线上服务和线下服务的融合也将更加紧密和深入。智能服务将不再局限于某个领域或行业，而是将渗透到人们生活的方方面面。同时，这也将对产业创新和升级产生深远的影响，推动传统产业向数字化、智能化和绿色化方向转型和发展。

（二）智能化应用场景的发展正在经历一个从单一到多元的转变

当前，人工智能在各领域的应用大多处于专业阶段，比如人脸识别、语音识别等。这些应用主要聚焦于完成特定任务，虽然技术成熟度高，但应用场景相对单一，覆盖领域有限。它们通常被应用于特定的行业或场景，如安全监控、语音识别服务等，虽然解决了许多实际问题，但产业化水平尚待提高。

然而，随着技术的不断革新，人工智能的应用前景正在发生深刻变化。智能家居、智慧物流等产品的不断推陈出新，为我们展示了人工智能在更为复杂场景中的应用潜力。这些产品不仅集成了多种智能技术，如物联网、云计算、大数据等，还通过智能算法和模型，实现了对家居、物流等行业的智能化管理和优化。

这些复杂场景的应用不仅推动了人工智能技术的进一步发展，也为社会生产效率和生活品质的提升带来了巨大潜力。通过智能化管理和优化，可以实现对资源的高效利用和配置，提高生产效率、降低成本。同时，智能化应用还可以为人们提供更加便捷、舒适和个性化的服务体验，提高生活品质。

（三）人工智能与实体经济深度融合的进程有望进一步加快，为经济发展注入新的活力

当下，随着制造强国战略的加速推进，人工智能等新一代信息技术产品将迎来蓬勃发展和广泛应用的新阶段。这一战略的实施旨在推动制造业向高端化、智能化、绿色化方向发展，而人工智能正是实现这一目标的关键技术之一。通过引入人工智能技术，企业可以优化生产流程，提高生产效率，降低生产成本，从而实现传统产业的转型升级。同时，人工智能还可以应用于产品研发、设计、制造等各个环节，推动产品创新和质量提升。

与此同时，战略性新兴产业也将迎来关键性突破。人工智能作为这些新兴产业的核心技术之一，将发挥重要作用。例如，在新能源汽车、高端装备制造、生物医药等领域，人工智能可以帮助企业实现智能化生产、精准医疗、智能物流等应用，推动这些产业向更高水平发展。

另外，随着人工智能底层技术的逐渐开放和普及，传统行业将更快地掌握人工智能的基础技术。过去，由于技术门槛高、人才短缺等原因，传统行业在人工智能领域的应用相对滞后。然而，人工智能技术的不断发展和普及，使得越来越多的底层技术和算法被开源和共享，传统行业也能够快速掌握和应用这些技术，这将极大地促进人工智能与实体经济的深度融合创新。

参 考 文 献

[1] 安景文，荆全忠.现代企业管理［M］.北京：北京大学出版社，2012.

[2] 毕宏伟.企业管理数字化转型的要点和发展措施探讨［J］.科技创新与生产力，2022（6）：99-101.

[3] 陈静怡.数字化情境下客户参与企业价值共创的机理研究［J］.内蒙古财经大学学报，2024，22（2）：83-92.

[4] 陈梦彤.中小型企业人力资源规划面临的问题及对策研究［J］.商场现代化，2024（7）：71-73.

[5] 陈秋荣.生产运营管理［M］.北京：机械工业出版社，2010.

[6] 陈晓岚.大数据时代企业人力资源管理模式的创新研究［J］.现代营销（下旬刊），2024（3）：154-156.

[7] 丁世飞.人工智能导论（第3版）［M］.北京：电子工业出版社，2020.

[8] 董皓.智能时代财务管理［M］.北京：电子工业出版社，2018.

[9] 杜尚霖.数字经济时代企业财务管理转型模式创新研究［J］.中国集体经济，2024（11）：137-140.

[10] 方晓龙.数字经济背景下企业经营管理创新分析［J］.财经界，2022（15）：26-28.

[11] 房文涛.数字化时代企业组织管理的转型措施研究［J］.商场现

代化，2022（13）：63-65.

　　［12］傅卫平.现代物流系统工程与技术［M］.北京：机械工业出版社，2006.

　　［13］高程德.公司组织与管理［M］.北京：北京大学出版社，2005.

　　［14］高志.现代企业管理［M］.北京：北京大学出版社，2010.

　　［15］郭静.人工智能时代的机遇与挑战［J］.金融经济，2017（15）：11-13.

　　［16］韩福荣.现代企业管理教程［M］.北京：北京工业大学出版社，2001.

　　［17］韩松岩.人工智能技术对企业数字创新的影响研究［J］.工业技术经济，2022，41（11）：13-22.

　　［18］韩晔彤.人工智能技术发展及应用研究综述［J］.电子制作，2016（12）：95.

　　［19］何荣宣.现代企业管理（第2版）［M］.北京：北京理工大学出版社，2021.

　　［20］贺倩.人工智能技术发展研究［J］.现代电信科技，2016，46（2）：18-21.

　　［21］黄健，何丽.人工智能在企业管理中的应用［J］.科技创业月刊，2018，31（12）：125-127.

　　［22］黄顺春.现代企业管理教程［M］.上海：上海财经大学出版社，2011.

　　［23］焦玥，王胜桥.我国零售企业商业模式创新研究：热点、案例与展望［J］.商业经济研究，2024（8）：147-152.

　　［24］柯丽娥.企业财务管理目标及企业财务战略分析［J］.财会学习，2023（31）：20-22.

　　［25］黎凯.大数据时代下企业市场营销方式变革及创新研究［J］.商展经济，2024（7）：56-59.

　　［26］李东进，秦勇，陈爽.现代企业管理理论、案例与实践［M］.北京：人民邮电出版社，2020.

［27］李小燕.基于"互联网+"的中小企业市场营销模式创新研究［J］.现代营销（下旬刊），2024（3）：40-42.

［28］李旭.企业管理（第二版）［M］.北京：经济科学出版社，2016.

［29］李艳妮.企业财务管理信息系统的设计［J］.科技情报开发与经济，2011（9）：146-148.

［30］李勇.人工智能与企业管理创新结合研究［J］.企业科技与发展，2022（10）：171-173.

［31］李玉颖.人工智能时代下企业管理的改革［J］.中小企业管理与科技，2022（3）：17-19.

［32］厉杰.企业智能化助力人力资源管理工作研究［J］.商展经济，2023（15）：161-164.

［33］连波，王琨.基于供应链的企业管理战略研究［J］.中国管理信息化，2023，26（23）：119-122.

［34］凌大兵，鄢仁秀，许继潇.数字经济背景下的企业组织结构创新模式研究［J］.新型工业化，2023，13（Z1）：45-54.

［35］刘刚，张果峰，周庆国.人工智能导论［M］.北京：北京邮电大学出版社，2020.

［36］刘璐.人工智能对企业财务会计工作的影响分析［J］.商场现代化，2024（6）：155-158.

［37］刘晓冰.运营管理［M］.北京：清华大学出版社，2011.

［38］刘岩.客户关系管理在企业市场营销中的价值探讨［J］.北方经贸，2024（3）：127-130.

［39］刘玉然.谈谈人工智能在企业管理中的应用［J］.价值工程，2003（4）：95-96.

［40］娄伟.现代企业管理［M］.北京：中国财富出版社，2011.

［41］卢家仪，杜勇，刘新智.财务管理［M］.北京：清华大学出版社，2008.

［42］卢竞攸.基于大数据技术的企业管理数字化转型方法探析［J］.现代商业，2023（11）：89-92.

［43］卢雅妃.共享经济视角下企业人力资源管理创新模式研究［J］.

商场现代化，2024（6）：74-76.

［44］卢阳．人工智能在企业财务管理中的应用［J］．天津经济，2023（9）：36-38.

［45］吕文敏．人工智能背景下企业管理的发展路径［J］．支点，2024（3）：82-84.

［46］马汉武．设施规划与物流系统设计［M］．北京：高等教育出版社，2005.

［47］马嘉怡，段宇慧，黄玉婷．中国企业数字经济创新发展的技术选择与效果评估［J］．现代商业，2024（6）：42-45.

［48］孟英玉，张爱娜．企业管理基础［M］．天津：天津大学出版社，2016.

［49］缪晓楠．数字化转型对制造业企业创新能力的影响研究［J］．产业创新研究，2024（6）：13-18.

［50］欧厚兰．基于数字化背景下的企业财务信息化建设［J］．中国中小企业，2024（2）：147-149.

［51］欧阳秀子．人工智能对企业的影响［J］．产业创新研究，2022（17）：160-162.

［52］彭艳，马娅，李丽．现代企业管理［M］．南昌：江西高校出版社，2019.

［53］祁浩铭．人工智能技术在企业管理中的应用［J］．商讯，2018（21）：99.

［54］任慧萍．管理会计在企业经营决策中的分析［J］．时代经贸，2022，19（12）：62-64.

［55］阮闯．企业大脑：人工智能时代的全数字化转型［M］．北京：经济管理出版社，2017.

［56］宋莹莹．企业人力资源管理创新路径研究［J］．产业创新研究，2024（3）：165-167.

［57］孙洁．企业财务危机预警的智能决策方法［M］．北京：中国社会科学出版社，2013.

［58］孙玉堂．论加强企业管理对提高企业竞争力的重要性［J］．现代

商业，2012（26）：98-100.

［59］田园.战略人力资源管理在企业管理中的作用研究［J］.河北企业，2024（3）：116-118.

［60］万硕.创新平台建设助力企业高质量发展［J］.大众标准化，2024（8）：16-18.

［61］王德清.中外管理思想史［M］.重庆：重庆大学出版社，2005.

［62］王福刚.企业财务分析存在的问题及应对之策［J］.金融文坛，2022（9）：77-80.

［63］王琳.大数据时代企业人力资源管理变革策略［J］.商场现代化，2024（7）：74-76.

［64］王美艳.信息时代企业人力资源管理新思维探析［J］.商场现代化，2024（7）：83-85.

［65］王茜.人工智能时代企业财务会计面临的问题［J］.合作经济与科技，2023（10）：150-151.

［66］王少杰.客户关系管理在企业市场营销中的运用［J］.中国集体经济，2023（15）：46-48.

［67］王燕飞.数字经济时代企业人力资源管理模式创新发展研究［J］.企业改革与管理，2024（6）：102-104.

［68］吴丹.基于人工智能的企业人力资源管理策略研究［J］.上海商业，2022（12）：205-207.

［69］吴何.现代企业管理：激励、绩效与价值创造［M］.北京：中国市场出版社，2010.

［70］吴佳.人工智能下企业财务会计向管理会计转型研究［J］.财富生活，2023（16）：103-105.

［71］吴军.智能时代［M］.北京：中信出版社，2016.

［72］武国丽.数字化环境下企业招聘策略的优化与创新［J］.中国集体经济，2024（10）：101-104.

［73］武欣.绩效管理实务手册［M］.北京：机械工业出版社，2001.

［74］肖健.数字化转型背景下企业组织结构创新研究［J］.商场现代化，2023（3）：109-111.

［75］邢曦月.探讨人工智能在企业财务管理中的应用［J］.财讯，2023（14）：183-185.

［76］熊情.新形势下企业组织结构优化设计及方法分析［J］.商场现代化，2023（18）：104-106.

［77］徐伦占.互联网时代企业人力资源管理的挑战与机遇［J］.中国中小企业，2024（2）：189-191.

［78］徐文伟，肖立志，刘合.我国企业人工智能应用现状与挑战［J］.中国工程科学，2022，24（6）：173-183.

［79］杨爱华，梁朝辉，吴小林.企业管理概论［M］.成都：电子科技大学出版社，2019.

［80］杨明琪，谷昕格，陈仲瑜.企业文化建设与人力资源管理融合发展策略［J］.企业文明，2024（4）：82-83.

［81］杨晓彤.人工智能时代会计转型对企业战略管理的影响［J］.产业创新研究，2022（1）：117-119.

［82］杨阳.数字经济背景下企业财务共享服务中心构建探析［J］.现代商业，2022（12）：153-155.

［83］杨正洪，郭良越，刘玮.人工智能与大数据技术导论［M］.北京：清华大学出版社，2019.

［84］杨志华.财务管理软件的数据安全性研究［J］.中国集体经济，2012（3）：172-173.

［85］于卫东.现代企业管理［M］.北京：机械工业出版社，2010.

［86］张广芸，张祎.人工智能背景下制造型企业信息化建设的策略研究［J］.中国管理信息化，2022，25（22）：101-103.

［87］张泽鹏.企业人力资源管理的价值及对策研究［J］.商场现代化，2024（6）：71-73.

［88］张振刚.现代企业管理实务［M］.北京：化学工业出版社，2010.

［89］赵传鹏.人工智能时代企业管理的发展路径探索［J］.企业科技与发展，2023（1）：126-128.

［90］赵春江.智慧农业发展现状及战略目标研究［J］.智慧农业，2019（1）：1-7.

［91］赵曙民．人力资源管理与开发［M］．北京：中国人民大学出版社，2007．

［92］周苏，张泳．人工智能导论［M］．北京：机械工业出版社，2020．

［93］朱彤．大数据时代企业财务会计向管理会计转型探究［J］．投资与创业，2024，35（4）：76-78．